CHRONIQUE

PARISIENNE

ANONYME

DU XIVᵉ SIÈCLE

PUBLIÉE POUR LA PREMIÈRE FOIS

D'APRÈS LE MANUSCRIT UNIQUE DE LA BIBLIOTHÈQUE MUNICIPALE
DE ROUEN

POUR LA SOCIÉTÉ DE L'HISTOIRE DE PARIS

PAR

A. HELLOT

NOTAIRE HONORAIRE

NOGENT-LE-ROTROU

IMPRIMERIE DAUPELEY-GOUVERNEUR

1884

CHRONIQUE

PARISIENNE

ANONYME

DU XIVᵉ SIÈCLE

PUBLIÉE POUR LA PREMIÈRE FOIS

D'APRÈS LE MANUSCRIT UNIQUE DE LA BIBLIOTHÈQUE MUNICIPALE
DE ROUEN

POUR LA SOCIÉTÉ DE L'HISTOIRE DE PARIS

PAR

A. HELLOT

NOTAIRE HONORAIRE

NOGENT-LE-ROTROU

IMPRIMERIE DAUPELEY-GOUVERNEUR

1884

CHRONIQUE PARISIENNE

ANONYME

DE 1316 A 1339

PRÉCÉDÉE

D'ADDITIONS A LA CHRONIQUE FRANÇAISE

DITE DE GUILLAUME DE NANGIS

(1206-1316).

INTRODUCTION.

Le document que nous publions n'est pas seulement inédit ; il était, de plus, resté jusqu'alors complètement ignoré, bien que l'existence du manuscrit de Rouen qui nous l'a conservé fût parfaitement connue.

Trompé par l'intitulé d'une chronique dont ce document semblait faire partie intégrante, nous avions cru tout d'abord n'avoir sous les yeux qu'un des nombreux exemplaires de la rédaction développée de la *Chronique française dite de Guillaume de Nangis*[1] ; des recherches entreprises au sujet des joutes solennelles de 1330 nous ont mis sur la trace de la vérité. Ces joutes entre les bourgeois de Paris et ceux de Rouen et autres bonnes villes n'avaient été signalées par aucun écrivain moderne, et l'existence de semblables fêtes était inconnue à plusieurs savants que nous avions consultés ; il importait de savoir si les manuscrits de la *Chronique française* que possède la Bibliothèque

---

1. Voir une notice de M. L. Delisle dans les *Mémoires de l'Académie des Inscriptions et Belles-Lettres*, t. XXVII, 2ᵉ partie, p. 342 et suivantes.

nationale ne pourraient pas fournir des variantes intéressantes ; examen fait, nous acquîmes la preuve qu'aucun d'eux ne renfermait le
récit des joutes de 1330, non plus que celui des joutes de 1305 et de 1331.

Ce premier résultat nous engagea à vérifier s'il en était de même
pour un certain nombre de faits, relatifs à l'histoire de Paris, qu'avaient
omis les *Grandes Chroniques* de Saint-Denis, les seules que nous
eussions à notre disposition comme terme de comparaison. Cette
vérification, faite obligeamment par M. Deprez, bibliothécaire au
département des manuscrits, d'après une copie partielle fournie par
nous, eut la même issue que nos recherches sur les joutes.

Enfin, après avoir constaté par nous-même que, pour la période de
1316 à 1339, le manuscrit de Rouen présentait une rédaction entièrement originale et complètement distincte de la *Chronique française*,
nous avons, sur l'insistance bienveillante de M. L. Delisle, entrepris
cette édition, que nous espérons, n'ayant pas su la faire savante,
donner tout au moins rigoureusement exacte.

I.

Le manuscrit auquel nous avons fait allusion est unique. Il est
conservé à la Bibliothèque municipale de Rouen, où il est catalogué,
avec le seul titre d'*Histoire universelle*, sous le n° 56 de la série Y,
ancien fonds.

C'est un in-folio de 39 centimètres de haut sur 28 centimètres de
large ; il a conservé son ancienne reliure en bois recouvert de parchemin, mais il a perdu ses fermoirs et ses coins, dont il ne reste plus
que les traces. Il se compose de 195 folios non numérotés, écrits à
longues lignes, en écriture cursive du xv° siècle, avec initiales et
titres à l'encre rouge et avec majuscules courantes rehaussées de
jaune.

Ces 195 folios forment quatorze cahiers composés chacun de six
feuilles de papier (moins le dernier, qui l'est de six feuilles et demie)
encartées dans quatorze feuilles de parchemin. Ils sont écrits en
entier, sauf le verso du dernier feuillet de papier qui est resté en
blanc, et sauf le premier feuillet de la première feuille de parchemin
et le second feuillet de la dernière, qui servent de gardes.

Les feuillets 119, 120 et 121, d'abord enlevés au moyen d'un ins-
trument tranchant, ont été rétablis à leur première place à l'aide de
bandes de papier collées. Quelques-unes de leurs marges sont rognées,
mais le texte est demeuré intact.

Le papier, vergé, du manuscrit porte pour filigrane le plus souvent
le globe du monde surmonté de la croix et parfois une feuille de
trèfle.

Le ms. Y. 56 provient de la célèbre abbaye de Saint-Wandrille, où il était catalogué sous le n· 24, comme nous l'apprennent deux mentions inscrites l'une au verso du premier feuillet de garde et l'autre en tête du premier folio de texte :

Il se termine par ce vers, forgé par quelque copiste altéré du moyen âge :

Explicit hoc totum ; pro pena da michi potum,

et par la mention suivante, qui nous fournit le nom du transcripteur, le lieu et la date de la transcription : « Cest livre a fait faire et escripre domp Jehan de Brametot, abbé de Saint-Wandrille, par la main par (*sic*) Jehan Raveneau, religieux de la dicte abbaye, l'an Mil iiij⁰ lxvij. »

Cette mention, qui émanait du copiste même du manuscrit, a été biffée, puis reproduite au-dessous, moins les mots *par la main*, et avec addition du mot *frère* devant le nom de Jehan Raveneau, nom que l'on a fait suivre de son titre nouveau de *prieur de Marcoussis.*

« Frère Guillaume La Vieille, » auteur de cette nouvelle mention, et dont le nom a été intercalé, notamment aux f⁰ˢ 24 et 43, comme étant celui du propriétaire du manuscrit, fut pareillement « religieux de Saint-Wandrille et prieur de Saint-Wandrille de Marcoussis et de Saint-Wandrille de Milleboz, près Gamaches. »

Outre divers fragments hagiologiques qui nous ont conduit à supposer, comme nous l'avons dit ailleurs [1], que le manuscrit ou les manuscrits copiés par Raveneau provenaient de l'abbaye de Saint-Denys, le manuscrit de Rouen renferme plusieurs documents historiques, dont les deux principaux sont : la *Chronique française dite de G. de Nangis,* augmentée de l'œuvre que nous publions (du f⁰ 67 v·, 24· ligne, au f⁰ 156 r·, 42· et avant-dernière ligne), et la *Chronique de Rains,* publiée, d'après d'autres manuscrits [2], par M. N. de Wailly, sous le titre de *Récits d'un ménestrel de Reims au XIII· siècle* (du f· 157 r·, 1ʳᵉ ligne, à la 46· et dernière ligne du f· 178 r·).

Le début de la *Chronique française* dans notre manuscrit se lit aussi au commencement de la plupart de ceux que possède la Bibliothèque nationale : « Icy commencent les croniques des gestes royaulx et franchoises. — Pour ce que mont de gens et mesmes les haux hommes et les nobles, qui souvent viengnent en l'eglise monseigneur Saint-Denis de France, a [où] grant partie des vaillans roys de France gisent en sepulture, desirent acongnoistre la naissance et la descendue de leur très noble generacion et les merveilleux faiz qui sont faiz et racontez par maintes terres des devant dis roys de France, Je Guillaume de Nange [Nangis], moygne de la dicte abbaie de

---

1. *Revue des Sociétés savantes,* 1882, VI, p. 330-338.

2. On trouve encore un extrait de la *Chronique de Rains,* du fol. 76 v⁰ au fol. 80 r·, dans le ms. 5027 dont il sera parlé plus loin.

Saint-Denis, ay translaté de latin en franchois, en la requeste de bonnes gens, ce que j'avoie autrefois fait en latin selon la fourme d'un arbre de la generacion des diz roys, pour que ceux qui latin n'entendent puissent sçavoir et congnoistre donc si noble gent et si vertueuse lignie vint et descendi[1]. »

Du f° 88 v° au f° 124 r° du manuscrit de Rouen, sont intercalés les passages qui forment la première partie de notre publication.

A la 44° ligne du f° 124 r°, commence, après le premier paragraphe de notre seconde partie, la chronique originale que nous avons eu la bonne fortune de découvrir, et elle se continue jusqu'au f° 156 r°.

Le manuscrit de Raveneau n'est pas exempt de fautes et il renferme quelques bourdons; mais il paraît avoir été copié sans altération volontaire du texte original, sauf pour un mot sans importance et sauf peut-être aussi quant à l'orthographe. Malheureusement le religieux de Saint-Wandrille n'a eu à sa disposition ni le manuscrit primitif ni même une des premières copies de ce manuscrit, ce que démontrent certaines interpolations et transpositions que nous signalerons en note; et néanmoins l'étude que nous avons faite du ms. Y. 56 nous a convaincu qu'en supprimant les unes et réparant les autres, on rendrait à l'œuvre du chroniqueur, à fort peu de chose près, sa physionomie originelle.

Comme nous l'avons dit, le manuscrit de Rouen est unique, ce qui le rend d'autant plus précieux, mais ce qui, par contre, empêche l'établissement d'un texte critique, les éléments de contrôle et de comparaison faisant défaut.

Il est pourtant un autre document qui paraîtrait devoir fournir quelques-uns de ces éléments : c'est le manuscrit 5027 du fonds latin de la Bibliothèque nationale (autrefois 4503. 3, auparavant 567 de Baluze), dont certains extraits ont été imprimés, sous le titre de *Chronique anonyme finissant en 1383*, dans le tome XXI des *Historiens des Gaules et de la France*, pp. 142 à 145. Le transcripteur de ce document a eu certainement entre les mains un manuscrit de la même famille que celui copié par Raveneau; mais, au lieu de conserver intégralement, comme l'a fait celui-ci, le texte de son modèle, il en a supprimé un grand nombre de passages (et non des moins intéressants), et, quant aux autres, il les a plutôt résumés que reproduits. Aussi le ms. B (c'est ainsi que nous désignerons dorénavant le ms. 5027, de même que nous appliquerons la lettre A au ms. Y. 56), aussi le ms. B, disons-nous, ne nous a-t-il procuré que quelques variantes sans grande importance, et n'y retrouve-t-on (encore sont-

---

1. On sait que Guillaume de Nangis mourut vers 1300; par conséquent, toute la partie postérieure des chroniques qui portent son nom est l'œuvre de continuateurs inconnus qui se sont couverts de ce nom.

ils très abrégés) qu'un peu moins du tiers des paragraphes de notre
édition ; ce sont, rangés dans l'ordre suivant, les paragraphes II, III,
IV, V, VII, VIII, *IX[1]*, X, XII, *XIV, XV, XVII, XVIII* et *XXI* ; 4,
5, 11, 13, 15, 17, *18*, 21, 22, *24, 30*, 35, *36, 43, 45, 48*, 49, 53, 63,
67, 77, 78, *81, 83*, 82, 88, 89, 90, 119, 127, *128, 129, 130*, 136,
137, 139, 141, 142, 145, 147, *148, 143, 144*, 149, *150, 152, 154,
155, 156*, 157, 158, 160, *164, 166, 167, 168*, 170, *169, 173, 174*,
175, 176, 178, 179, 180, 181, 182, 184, 186, 188, 189, 201, 203, 206,
208, 212, 213, 214, 228, 230, 234, 240, 270, 257, 258, 259, 273, 274,
275, 290, 291, 295 et 313[2].

II.

L'histoire de Paris tient une grande place dans l'œuvre de notre
auteur, et il ouvrira maintenant la série des chroniqueurs parisiens[3],
qui jusqu'ici ne commençait qu'au xv⁰ siècle. Nous lui devrons la
connaissance de bon nombre de faits nouveaux, en même temps que
de précieux renseignements sur l'état social et les mœurs au commencement du xiv⁰ siècle, sur la bourgeoisie et sur les commerçants
parisiens en particulier.

Mais si l'histoire locale, surtout, est appelée à profiter des lumières
inattendues qu'apporte notre chronique, l'histoire générale de la
France et de ses institutions ne laissera pas d'y puiser d'utiles indi-
cations ; et de même peut-être l'histoire littéraire.

Nous ne relèverons pas ici les points qui méritent de fixer l'attention du lecteur ; un coup d'œil jeté sur la table analytique des
matières suffira pour l'édifier à cet égard.

III.

Notre chroniqueur ne s'est pas borné à raconter les événements
concernant directement la France. Si, pour l'Allemagne, l'Espagne

---

1. Les nombres imprimés ici en italiques désignent les paragraphes que
les éditeurs du tome XXI des *Historiens de la France* ont publiés en tout ou
partie d'après le ms. B (ce manuscrit est un de ceux dont des fragments
existent dans la collection Barrois ; *Bibl. de l'École des Chartes*, 1869,
p. 212, note de M. L. Delisle). A partir de 1339, le ms. B suit de nouveau
la *Chronique française de Nangis*, telle qu'on la lit dans les autres mss. de
la Bibliothèque nationale (et non les *Grandes Chroniques*, car, par exemple,
il rapporte à l'année 1340 l'érection de la seigneurie d'Harcourt en comté,
érection que les *Grandes Chroniques* relatent sous l'année 1338).

2. Ms. B : du fol. 80 r⁰ au fol. 85 r⁰, pour les paragraphes II à XXI ; du
fol. 86 r⁰, ligne 16, au fol. 89 v⁰, ligne 30, pour les paragraphes 4 à 313.

3. Ayant écrit *en français ;* — car M. L. Delisle a signalé, en 1877, une
chronique parisienne *latine* du xiii⁰ siècle (*Mémoires de la Société de
l'Histoire de Paris*, t. IV, p. 184).

et l'Italie, il n'a réuni que des renseignements très sommaires et peu précis en général, si, pour la « Terre sainte d'oultre mer, » il n'a guère recueilli que des légendes, il a su se procurer, sur l'histoire intérieure de l'Angleterre et de l'Écosse, principalement à partir de 1321, des données qui, dans leur précision et leurs développements (supérieurs à ceux des *Grandes Chroniques*), sont dignes d'attention et d'examen.

Il a eu certainement sous les yeux, comme il le déclare d'ailleurs lui-même, des chroniques anglaises originales, et c'est dans ces chroniques qu'il a puisé le récit rétrospectif des luttes auxquelles donnèrent naissance la question de suzeraineté, puis la conquête de l'Écosse. Mais, à partir de 1321, il a dû, de plus, s'appuyer sur les témoignages oraux des Anglais qui fréquentaient la cour de France ou que les alternatives de succès et de revers forçaient, après les révoltes tentées contre Edouard II, à se réfugier de ce côté-ci du détroit. Ces témoignages, variables selon que tel ou tel parti était vaincu, expliquent, par exemple, comment, après avoir condamné les trahisons de Thomas de Lancastre, le chroniqueur en est venu à se déjuger en représentant implicitement son exécution comme un crime digne de vengeance ; ils expliquent aussi la sévérité des jugements qu'il a portés contre Ysabel, reine d'Angleterre, sévérité qui tranche singulièrement avec l'indulgence du Continuateur de Nangis.

Nous aurions voulu rechercher quelles sont ces chroniques contemporaines que notre auteur a compulsées ou dont il a même pu connaître les rédacteurs. Mais, si intéressant que fût cet examen, nous avons dû y renoncer, faute de documents à notre portée, et nous nous contentons, bien malgré nous, de le signaler à la curiosité des érudits.

IV.

Notre chroniqueur a gardé l'anonyme, et, comme on le verra, il a tenu, jusqu'à la fin, à laisser croire à ses lecteurs qu'il ne faisait qu'un avec l'auteur de la *Chronique française de Nangis*[1]. Le succès de cette innocente supercherie dut encore être facilité par l'imitation du style de la même chronique, imitation à laquelle il fut amené sans doute, moins par l'admiration (que ce style ne mérite guère) que par la paresse, l'inexpérience, et un sentiment de défiance de soi-même. Expressions, phrases, alinéas même presque tout entiers, sont si

---

1. Ainsi, chaque fois qu'il rappelle un événement d'une date antérieure à 1300, époque où il n'avait pas encore commencé à écrire, il se sert de ces formules « si comme nous avons dit devant », « pour les causes que nous avons dist ès ans... » Nous avons rejeté en note ces formules qui renvoyaient à des faits qu'exclut le cadre de notre publication.

souvent empruntés par lui à son modèle[1] que, si ces emprunts ne remontaient pas trop haut dans la *Chronique française*, on serait tenté de conclure de l'identité du style à l'identité de la personne du rédacteur de l'une et l'autre chronique.

Puisque nous devons nous résigner à ignorer le nom de notre chroniqueur parisien, serait-il impossible de découvrir au moins quels étaient sa condition sociale, le lieu et le temps où il a écrit?

C'est à partir de l'expédition dirigée par le régent Philippe, comte de Poitiers, contre Robert d'Artois, en octobre 1316, que l'auteur, — qui avait débuté en intercalant, dans sa copie de la *Chronique française*, quelques faits puisés à d'autres sources et, pour ceux postérieurs à 1297, dans ses souvenirs personnels, a laissé de côté le manuscrit[2] qu'il avait suivi jusque-là, et a fait œuvre complètement originale jusqu'au moment où il a cessé subitement d'écrire, c'est-à-dire dans la seconde moitié de l'année 1339.

Jusqu'en 1329 au moins, il eut, sinon son domicile unique, tout au moins sa résidence habituelle à Saint-Denis[3], où il occupait peut-être quelque fonction relevant de l'abbaye de ce nom. Aussi, en 1314, note-t-il que la sentence d'excommunication portée contre les Flamands fut affichée dans l'église de cette même abbaye; en 1319, il rapporte que l'abbé de Saint-Denis triompha de ses moines dans une action intentée par eux devant le pape (ces deux premiers faits, omis par le continuateur de Nangis, moine de Saint-Denis, comme par le rédacteur des *Grandes Chroniques*, ne sont relatés que par notre auteur); en 1323, racontant l'entrée solennelle de Charles le Bel et de Marie de Luxembourg à Paris, il écrit que les bourgeois et les métiers *vinrent* (et non pas *allèrent*) de Paris[4] au devant du roi et de la reine *jusque bien près du champ de Lendit*, qui était situé vers Saint-Denis; en 1329, lorsqu'il rapporte un vol sacrilège commis à Paris dans l'église Saint-Gervais, c'est *en ceste ville de Saint-Denys*, écrit-il, que le coupable emporta et tenta de vendre le calice soustrait par lui.

En 1330, sa résidence fut sans doute définitivement transférée à Paris, car, après 1329, non seulement il ne cite plus un seul fait

---

1. Nous avons signalé en note les principaux exemples; mais nous aurions pu multiplier beaucoup ces rapprochements de textes.

2. Peut-être aussi ce manuscrit s'arrêtait-il à cette même époque d'octobre 1316, car, de ce moment jusqu'à l'année 1322, la *Chronique française* n'est qu'un extrait littéral des *Grandes Chroniques*.

3. Ce qui ne l'empêchait pas d'assister à Paris aux exécutions criminelles, qu'il raconte en témoin oculaire.

4. Remarquer que ces mots *de Paris* ont été ajoutés par lui au récit plus ancien qu'il copiait comme style.

concernant spécialement la ville ou l'abbaye de Saint-Denis, mais son récit des joutes solennelles est d'un habitant de Paris : pour lui, Renier Le Flamenc est *notre* roi Priam.

Cette dernière expression nous autoriserait même à croire qu'il appartenait à la bourgeoisie parisiénne ; toutefois cet indice ne laisse pas d'être contre-balancé par le soin que prend le chroniqueur de mentionner toujours la présence du *menu peuple* aux fêtes et aux prédications, aussi bien qu'aux supplices (à propos de l'émeute de 1307, il va même jusqu'à citer les noms des petites gens qui furent pendus), par certains détails favorables aux Pastoureaux, etc.

Son indignation contre les prévôts de Paris, Le Jumiaux et Loncle, qui avaient osé violer les privilèges des clercs et des écoliers de l'Université, montre que lui-même avait droit ou avait eu droit à ces privilèges. On doit supposer, au reste, qu'il n'était que simple tonsuré, car les études théologiques les plus élémentaires lui auraient évité de commettre certaines inadvertances, par exemple de qualifier saint Laurent d'*apôtre* et la fête de la Trinité de *Trinité Notre Seigneur*[1], inadvertances qu'on ne saurait attribuer à Jehan Raveneau sans faire injure à celui-ci et dont la reproduction fait honneur, au contraire, à sa fidélité de copiste.

La foi à la sorcellerie et aux miracles les plus apocryphes était si générale au moyen âge qu'on ne saurait tirer aucune induction de la crédulité du chroniqueur sur ces deux points.

Il est certain qu'il appartenait, comme nous dirions aujourd'hui, au monde judiciaire. Nous n'en voulons pour preuves que ses appels au *droit*, au *droit escript*, c'est-à-dire au droit romain, base des doctrines des nouveaux juristes, sur lesquels s'appuyait l'absolutisme royal[2], — sa transcription de diverses ordonnances, spécialement de celle sur le payement des frais et dépens, — son exaspération à propos de la taille mise (pour la première fois, dit-il) sur les avocats et procureurs, — sa connaissance de certaines pièces de procédure criminelle, qu'il cite textuellement.

Ses fonctions d'avocat ou de procureur l'avaient mis sans doute en relations suivies avec les Anglais établis ou résidant à Paris, car, bien que les autres chroniqueurs français aient en général désapprouvé la spoliation de ces étrangers en 1326, il n'en est pas un qui ait flétri avec autant d'énergie et d'insistance les procédés fiscaux de Charles le Bel, ni poursuivi de ses ressentiments l'un des inspirateurs de la mesure, Jean de Cherchemont, au point de présenter en quelque sorte sa mort subite comme un châtiment céleste. Aucun de

---

1. Voir paragraphes 21 et 22, XV et 34.
2. Voir surtout le paragraphe 156.

ces chroniqueurs, non plus, n'a su nous apprendre, comme l'a fait notre auteur, dans quelles proportions la confiscation avait atteint les Anglais mariés à des Françaises et les Anglaises qui avaient épousé des Français.

Les relations d'affaires auxquelles nous avons fait allusion ci-dessus expliquent encore l'exactitude des récits de notre chroniqueur touchant l'histoire contemporaine de l'Angleterre, et aussi, il faut bien le dire, son antipathie pour les Écossais, son animosité ou son dédain [1] à l'égard de Charles, comte de Valois, adversaire ordinaire des Anglais dès le temps de Philippe le Bel, et la défaveur avec laquelle il accueille toute entreprise militaire dirigée contre eux ; en effet, tandis qu'il exalte patriotiquement les succès remportés sur les Flamands, il raconte froidement, sinon d'une manière hostile, toute heureuse expédition, maritime ou terrestre, des Français contre les sujets du roi d'Angleterre ; et il est remarquable qu'il n'ait pas trouvé un mot pour désapprouver expressément les prétentions d'Édouard III à la couronne de France.

Malgré ces considérations, qui pourraient faire tenir en suspicion sur quelques points l'impartialité de notre auteur, son œuvre nous paraît digne de faire presque constamment autorité pour les événements de la trop courte période qu'elle comprend, événements qu'il semble avoir consignés par écrit au fur et à mesure qu'ils se produisaient ou, pour quelques-uns, tout au moins à une date fort rapprochée. On ne trouve pas, en effet, dans le ms. A, d'allusions à des faits postérieurs à l'événement raconté, allusions qui ne manquent pas, au contraire, dans le ms. B, reproduction tout à la fois moins complète et moins fidèle du texte primitif. Notre conviction au sujet de la valeur de la chronique publiée par nous sera, nous l'espérons, partagée par le lecteur, quand il aura vérifié combien sont relativement rares les erreurs certaines de l'auteur, même si l'on met à sa charge celles dont ses copistes successifs sont seuls responsables, et combien, en revanche, sont nombreux les faits racontés dont l'exactitude est dès aujourd'hui démontrée.

Malheureusement, à l'avantage de combler en partie le vide pour une période très pauvre en documents originaux, notre chronique ne joint pas le mérite qui en aurait rendu la lecture attrayante, nous voulons dire le style. Sans atteindre à la perfection d'un Joinville ou d'un Froissart, l'auteur [2] aurait pu trouver matière à quelques récits pittoresques et d'allure aisée comme ceux du chroniqueur des *Quatre premiers Valois*. Loin de là : pour les combats singuliers par exemple, même pour ceux auxquels il a assisté, il répète à satiété les mêmes

---

1. Voir notamment les paragraphes 64, 69 et 131.
2. Il écrivait à peu près entre la mort de l'un et la naissance de l'autre.

formules; et elles ne sont pas des plus heureuses. Deux fois seulement
il a tenté, non sans succès, de faire œuvre d'écrivain : malgré
l'incorrection et l'embarras du style, ses descriptions de la bataille de
Cassel et des joutes de 1330 sont des pages colorées et vivantes. Mais
c'est là de sa part un effort exceptionnel; presque toujours sa chronique a le caractère de simples notes jetées avec indifférence sur le
papier. Tantôt le verbe manque, tantôt la phrase reste inachevée;
aussi est-il fort difficile parfois d'établir, pour le texte, une ponctua-
tion satisfaisante. Et cependant notre chronique, ne fût-ce que pour
nous avoir révélé certains mots de la langue usuelle et quelques accep-
tions nouvelles de certains autres, ne sera pas considérée, nous le
pensons, comme dénuée d'intérêt même au point de vue littéraire.

V.

Nous avons divisé notre publication en deux parties.

La première comprend les *Additions à la Chronique française de
G. de Nangis*, c'est-à-dire les passages, antérieurs à la seconde moitié
de l'année 1316, qui ne se rencontrent dans aucun des manuscrits[1]
de cette chronique existant à la Bibliothèque nationale, et spécialement dans le ms. Fr. 17267, que, grâce à l'autorisation de M. le
Ministre de l'Instruction publique, nous avons pu plus particulière-
ment étudier à Rouen, où il nous a été communiqué avec le ms. du
fonds latin 5027. A nos yeux, le style et l'esprit de ces passages, à
partir du paragraphe XIV inclus, prouvent qu'ils ont pour auteur le
même personnage que la seconde partie et qu'ils reposent, comme nous
l'avons déjà dit, sur des souvenirs personnels au chroniqueur. Quant
aux paragraphes I-XIII, qui n'offrent d'ailleurs qu'un intérêt restreint,
il a dû en puiser la matière à d'autres sources que nous n'avons pas
su découvrir.

La seconde partie, — sauf le paragraphe 1er, préambule nécessaire
emprunté à la *Chronique française*, — est tout entière une œuvre
originale, à laquelle nous avons donné le titre de *Chronique parisienne*, que justifient le domicile, sinon même le lieu de naissance de
l'auteur, et surtout les nombreux faits d'histoire locale, qui ont été de
sa part l'objet d'une préoccupation toute particulière.

Dans le ms. A, le texte est divisé en alinéas généralement très longs
et dans lesquels sont souvent réunis des récits sans corrélation nécessaire. Nous avons subdivisé, en conséquence, la plupart de ces alinéas en paragraphes distincts qui ont reçu une série de numéros, de
1 à XXIII pour la première partie, et de 1 à 314 (y compris un
n° 172 bis) pour la deuxième. Seulement, afin de conserver la trace de

[1]. Sauf le ms. B.

la division primitive, nous avons marqué d'un astérisque le commencement de chaque alinéa du texte manuscrit.

Nous nous sommes cru autorisé, par les motifs expliqués dans la note 1 du paragraphe 257, à modifier l'ordre dans lequel le ms. A présentait les paragraphes 257 à 273. C'est là, avec l'intercalation de quelques mots qui étaient faciles à suppléer et que nous avons signalés par des crochets, et avec le rejet en note des quelques membres de phrase dont nous avons parlé plus haut[1], le seul changement que nous nous soyons permis d'apporter au contexte du manuscrit original. Respectant scrupuleusement jusqu'à l'orthographe[2] variable de ce manuscrit, si défectueuse qu'elle soit parfois, nous n'avons pas même tenté de rectifier ou de compléter les phrases les plus incorrectes ou les plus obscures, entreprise hasardeuse qui nous aurait exposé à défigurer les idées du chroniqueur et la physionomie de son œuvre.

Dans les notes qui accompagnent le texte, nous avons réuni les éclaircissements et les justifications qui nous ont paru indispensables ; ces notes confirment le plus souvent les dires du chroniqueur. A ceux de nos lecteurs pour qui l'histoire de Paris est une histoire familière et qui ont le loisir de consulter les nombreux documents originaux dont se sont enrichies la Bibliothèque et les Archives nationales (documents dont quelques-uns seulement ont passé sous nos yeux), nous laissons, à notre grand regret, le soin de compléter ces notes par des recherches et des rapprochements instructifs, auxquels, nous n'en doutons pas, la *Chronique parisienne* fournira ample matière.

Une table analytique termine notre publication. Nous y avons inséré quelques mots de notre vieille langue française, moins usités que les autres, ou qui manquent dans les glossaires, ou dont la signification variable ou indécise pourra être éclaircie par l'emploi qu'en a fait notre chroniqueur.

A. HELLOT.

---

1. Note 1, p. 6 ci-dessus.

2. Il n'est peut-être pas inutile de faire remarquer spécialement que les mots *povair*, *povait*, *fraideur*, *envolaient*, etc., sont orthographiés ainsi dans le ms. A. C'est une des caractéristiques du dialecte parisien.

PREMIÈRE PARTIE.

ADDITIONS A LA CHRONIQUE FRANÇAISE

DITE DE GUILLAUME DE NANGIS

(1206-1316).

I. — En cest an [M. CC. vj][1], commencha l'ordre des Freres Mineurs... (Fol. 88 v°, l. 31.)

II. — Et en yceste mesmes année [M. CC. xvj][1], l'ordre des Freres Prescheurs[2] fut confermée... (Fol. 90 r°, l. 40.)

III. — [M. CC. xxiiij.][1] Icil gentil et vaillant roy de France, Philippe dist Auguste... fut enterré en Saint-Denis, devant le maistre autel, ... et par la main l'archevesque Guillaume de Jainville[2] de Rains, qui luy chanta la messe; et fut faicte à chacune reposée[3] une croix où son image est figurée[4]... (Fol. 91 v°, l. 7.)

IV. — 'Et après, en l'an de grace M. CC. xxvj[1], après mont

I. — 1. On rapporte ordinairement à l'année 1209 la fondation par saint François d'Assise de l'ordre des Frères Mineurs, Franciscains ou Cordeliers.

II. — 1. Ms. B : En l'an m. ijc xv.

2. Fondé par saint Dominique et approuvé par le pape Honorius III en 1216.

III. — 1. Lire 1223.

2. Guillaume de Joinville. Le ms. B ne le nomme pas, mais seulement le légat du pape, Conrart, évêque de Poetrie (Conrad, évêque de Porto), qui célébra, en effet, la messe en même temps que l'archevêque de Reims.

3. Ms. B : et en le portant de Paris à Saint-Denis, à chacune déposée. — La Philippéide de Guill. le Breton (vers 606-611, Recueil des Historiens des Gaules et de la France, XVII, p. 281) ne parle que d'une croix, portant seulement le nom du roi. — Notre paragraphe III est en partie la reproduction presque textuelle du paragraphe 307 des Récits d'un Ménestrel de Reims au XIII° siècle. — Dans les divers mss. qui renferment la Chronique française dite de G. de Nangis, manquent les mots « de Jainville » et la phrase « et fut faicte..... figurée. »

4. Dans le ms. A, les mots « par la main » sont suivis de ceux-ci « aprez lequel roy ainssi enterré, » qui se rapportent aux mots « Louys son filz, » lesquels, après le mot « figurée, » commencent une nouvelle phrase.

IV. — 1. Le 4 octobre. Il s'agit ici, comme dans le paragraphe VI, de saint François d'Assise.

d'agreables fais à Dieu de mons. saint Franchoiz, clouist son desrain jour... (Fol. 92 v°, l. 34.)

V. — Et en ycest an [м. cc. xxx][1], saint Anthoyne[2], de l'ordre
des Freres Mineurs, clouist son desrain jour... (Fol. 94 r°, l. 38.)

VI. — Et en ycest [an м. cc. xxx][1], fut canonizé saint Fran-
choys... (Fol. 94 v°, l. 18.)

VII. — *Après, en l'an de grace ensuivant м. cc. xlvj, saint
Louys, roy de France, à la feste de la Penthecoustes[1], Charles,
son frere, fist nouvel chevalier; et lors luy donna la conté d'Anjou[2]... (Fol 96 r°, l. 16.)

VIII. — [м. cc. l.] Ycil saint roy de France Louys, à la requeste
de ses sergens d'armes, fonda à Paris, delez les murs de la porte
Saint-Anthoine, l'eglise de Sainte-[Katherine], que l'en dist le
Val des Escoliers[1]... (Fol. 97 v°, l. 23.)

IX. — *Après, en l'an de grace ensuivant м. cc. liiij, saint
Louys, roy de France, filz de paix et de concorde, repaira et revint
des parties d'oultre mer. — *Et pource que vous sachés, comme
le saint roy estoit en mer, au revenir qu'il fist de la prison où il
avoit esté en la terre d'oultre mer, comme vous avez ouy cy-des-
sus, ung tourment se esmut et leva en mer, si grant que, se n'eust
esté par la grace de Dieu, le saint roy et les siens eussent esté
selon corps perilz. En ce peril où le roy et le peuple crestien
estoit, le roy demanda au maistre marinier de la nef quelle
heure il estoit; et il luy respondi : « Sire, il est minuit. » Adonc
dist le roy : « A ceste heure, a tant de nos amys de religion
levez qui prient Dieu pour nous que, se Dieu plaist, nous
n'airons mal, et que ce tourment se abaissera. » Tantost que
le saint eust ce dist, par la vertu de Dieu le tourment se cessa
et apaisa[1]. Adonc s'aproucha le roy d'une roche en mer, et

V. — 1. Le 13 juin 1231 (*Art de vérifier les dates*).

2. Saint Antoine de Padoue.

VI. — 1. Le 16 juillet 1228 (*Art de vérifier les dates*).

VII. — 1. Le 27 mai.

2. « Et toute la terre du Maine » (*Grandes Chroniques de France*, édition
Paulin Paris, petit in-folio. Paris, Techener, col. 992).

VIII. — 1. Voy. F. de Guilhermy, *Inscriptions de la France*. Ancien diocèse de Paris, t. I, p. 389 et ss.

IX. — 1. Comparer le paragraphe 70 des *Récits d'un Ménestrel de Reims*,
où semblable question, attribuée à Philippe-Auguste, provoque la même
réponse de la part des mariniers, auxquels il réplique : « Soiez asseur que
nous n'averons garde; car mi ami *de l'ordre de Citiaus* sont relevés pour
chanteir matines et pour prier pour nous. »

lors il senti qu'il y avoit si grant oudeur comme merveillez. Si
fut mont esbahiz que c'estoit, et demanda au marinier que c'estoit ; et il luy dist que là estoient hermites qui le divin service 'faisoient en l'onneur de Dieu et de Nostre-Dame sainte Marie. Adonc
s'approucha le roy d'illec et y arriva. Maiz ceux qui l'ouirent dire
que le roy les debvoit visiter, si vindrent au devant, à grant procession, à la croix et à l'eaue benoite. Quant le saint roy fut laiens,
si luy pleust mont le lieu et la gent de leans. Et, quant il s'en
parti, il en amena avec luy viij, donc lez deux allerent à Thoulouse et deux en Angleterre, et les iiij le saint roy retint, et les
mist et fonda delez Paris, et leur donna la terre et le pourpris,
et leur fist faire leur moustier [2] sur la riviere de Saine, entre l'ab-
baïe de Saint-Anthoine et les murs de Paris. Par quoy cest lieu
est et fut appellez les Barrés, pour ce que l'abit de ces freres estoit
que ilz estoient barrés de travers de blanc et de gris [3]... (Fol. 98 v°,
l. 11.)

X. — [*]Et en yceste mesmes année [M. CC. lx] [1], delez les murs
de la ville fut fondée l'eglise de Saint-Franchoiz... (Fol. 99 v°, l. 11.)

XI. — Et en yceste année [M. CC. lxx], fut dediée l'eglise Saint-
Franchoiz [1]... (Fol. 101 r°, l. 41.)

XII. — Et en ycest mesmes an [M. CC. iiij^xx et x] [1], le jour de feste
de la Resurrection Nostre Seigneur [2], à Paris, en la rue dicte des Jardins, fut bouly le sacrement de l'autel Nostre Seigneur Jhesu-
Crist par ung juif ; le quel juif fut l'endemain ars [3], et sa char et
ses os ramenés en pouldre... (Fol. 106 v°, l. 9.)

---

2. Premier établissement de Carmes à Paris.
3. Le ms. B ajoute : ouquel lieu sont les Célestins. — Les Célestins s'éta-
blirent à Paris en 1319 (Du Breul, *Le Théâtre des Antiquitez de Paris*,
Paris, 1612, p. 569 et 906). C'est d'eux qu'est provenu le ms. B. — Le pape
Honorius IV (1285-1287) donna aux Carmes un manteau entièrement blanc
(Bernard Gui, *Historiens des Gaules et de la France*, XXI, p. 708). Notre
paragraphe IX a donc été rédigé avant 1287, bien que Louis IX, canonisé en 1297 seulement, y soit qualifié de saint par quelque copiste pos-
térieur.
X. — 1. Du Breul, p. 518, dit seulement que l'église des Frères Mineurs
(Ms. B : l'église des Cordeliers) fut achevée vers 1262.
XI. — 1. Le même, p. 519, donne le 6 juin 1262 pour date de la dédicace.
XII. — 1. Ms. B : m. ije iiijxx et ix. La date véritable est bien 1290.
2. Ms. B : le jour de Pasquez les grans. — Le 2 avril.
3. Voir les *Grandes Chroniques de France*, col. 1146, et le tome XXII
des *Historiens*, p. 32, au sujet de ces faits, dont notre paragraphe XII ne
rapporte pas les circonstances miraculeuses (Miracle des Billettes).

XIII. — Et en ycest an [m. cc. iiij^{xx} et xvij], clouist son desrain jour en Nostre Seigneur Louys, l'ainsné filz le roy de Sezille et évesque de Thoulouse *.... (Fol. 109 v°, l. 45.)

XIV. — Et en cest an [m. cc. iiij^{xx} xviij], lez marchandisez de buchez estans à Paris, en la rue diste¹ l'Escole-Saint-Germain², et les maisons, par cas de fortune piteable furent ars et ramenez en pouldre³... (Fol. 110 r°, l. 24.)

XV. — *Cy povez savoir en quel temps les filz aux bourgoiz de Paris et le clerc escolier furent pendus.*

*Et adecertez en icest temps [m. ccc. iij], comme Pierres Le Jumiaux ¹, prevost de Paris, du commandement Philippe le Beaux, roy de France, qui mont estoit espris en l'ardeur de ses guerres de Flandres, en l'an de son regne xviij² , pour plusieurs anciens cas³ et aultres forfaiz que aucuns dez bourgoiz de Paris avoient fait et faisoient de jour en jour⁴, c'est assavoir Jehan de Poissi, Jehan de Lescureul⁵, Oudinet Pisdos⁶ et Tassin Fleuret, à plu-

---

XIII. — 1. Louis de Sicile, *second* fils (selon le P. Anselme, *Histoire généalogique de la maison de France et des grands officiers de la Couronne,* I, p. 399) de Charles II le Boiteux, roi de Naples, de Sicile et de Jérusalem. Il mourut le 19 août 1297.

XIV. — 1. Ms. A : distre.

2. Ms. B : en la rue Saint-Germain-l'Auxerrois.

3. Les *Grandes Chroniques* relatent un incendie arrivé dans la même rue, mais en 1301 (le 26 décembre, d'après Jean de Saint-Victor et un chroniqueur anonyme; *Historiens*, XXI, p. 139 et 638).

XV. — 1. Ms. B : Pierre de Jumiaux. — Brussel (*Usage des fiefs,* p. 485) cite Pierre le Jumeaulx comme prévôt de Paris en janvier 1303.

2. Philippe le Bel régnait depuis le 5 octobre 1285.

3. Ms. A : *ancis ras,* mots inintelligibles.

4. Ces premiers faits ne sont rapportés par aucun autre chroniqueur, si ce n'est l'auteur d'une Chronique anonyme de 1270 à 1353, dont la Bibliothèque nationale possède deux manuscrits (Fonds latin, 4641 B, et fonds français 17527, ce dernier publié en partie dans le tome XXI des *Historiens*, p. 140) : « Et pou avant ou après [la bataille de Mons-en-Puelle], furent pendus les enfens de la bourgoisie de Paris, et celle heure fut tué Gervaisot (Oudinet, dans Fr. 17527) Pidoë et autre. Si fist le prevost, bien pou après, despendre ung des enfens qui estoit clerc » (Ms. 4641 B, fol. 132 r°).

5. M. A. de Montaiglon a publié en 1855 (Paris, P. Jannet) les *Chansons, ballades et rondeaux de Jehannot de Lescurel, poète du XIVᵉ siècle,* en avouant qu'il ne savait rien de l'auteur lui-même; mais il incline à le croire originaire de l'Ile-de-France, le nom de Paris revenant seul et plusieurs fois dans ses vers. Les poésies érotiques de Jehannot de Lescurel n'ont rien de

sieurs fames de religion et à aultrez, et le roy des diz forfais par
enqueste enfourmé, leurs tonsures toutes rèses de leurs testes, et
chacun vestu d'une robe de drap tirtaine de Saint-Marcel[7], en
vituperant le tresor de noble science, comme tonsurés en clers
qu'ilz estoient, si comme l'en disoit, furent penduz, en cest habit,
à Paris, au commun gibet des larrons. Donc au dit prevost la paine
luy ensui[8] : car, par les mauvaises parolles d'aucuns, si comme
on dist, eux disans ung lonbart à Saint-Laurens delez Paris estre
ochis de Philippe Le Barbier[9], escolier clerc, qui illec estoit tout
hors de son memoire[10], la quelle chose fut menchonge pure,
si comme il fut dist, et yceluy clerc, de eux prins et au prevost
baillié, tantost, sans congnoissance de cause nulle[11], en une des
dictez cotez de tiretaine vestu, de illec fut trainné au gibet et de
costé yceux bourgoiz penduz, le dit navré[12] prochainement guery
et en santé mis. Et comme ceste horriblelté de cest clerc tantost
après vint à la vraie congnoissance de toute l'Université de Paris,
mont courouchée et dolent, le cas horrible et piteable de eux monstré en complaingnant au beau roy de France Philippe, qui en grant
tristesse estoit embatu de sez amis des Flamens prouchainement
occiz[13], leur respondi, si comme on dit, que à ceste chose voulen-
tiers entendroit quant dez Flamens airoit chevi. Et aprez ce l'Université de ce non comptent, par l'eglise tous lez jours yceluy prevost escommenié, du jour du samedi[14] vigille de la Sainte-Trinité
Nostre Seigneur, que yceux enffans bourgoiz furent penduz

---

bien licencieux ; pourtant, nous serions fortement disposé à voir en lui
notre Jehan de Lescureul.

6. Ou mieux Pisdoë ou Pizdoë (*pectus anseris*).

7. Le drap tiretaine de Saint-Marcel est cité dans les *Nouveaux Comptes
de l'argenterie des rois de France*, p. 70 ; mais M. Douët d'Arcq n'a donné
aucune explication au sujet de cette sorte d'étoffe. — Ms. A : cirtaine.

8. On remarquera que la sépulture en terre sainte ne fut pas accordée
depuis aux fils des bourgeois de Paris, quoique clercs.

9. Des lettres de Philippe le Bel, du mois de novembre 1304 (*Historiens,*
XXI, p. 643, note), le nomment Philippus Barborius et le disent originaire
de Rouen.

10. Hors de son bon sens.

11. Sans forme de procès, sans instruction préalable.

12. Le lombard, qui n'avait été que blessé.

13. A Courtray, le 11 juillet 1302.

14. 23 mai 1304. Cette date n'est précisée ni par Jean de Saint-Victor (*Historiens,* XXI, p. 643) ni par les *Grandes Chroniques.*

si comme est dist, jusques au moys d'octobre[15], le jour saint Lie-
nart, que, par sentence diffinitive sur ce donnée, et du commandement Philippe le Beaux, roy de France, iceluy clerc fut despendu et osté du gibet de Paris, à grant joye et à grant luminaire,
en apparant[16] le grant meudre et vitupere au prevost; car, en
venant du gibet jusquez en l'eglise des Freres Prescheurs à Paris,
où le dist clerc fut mont honnourablement enterré, en touz les
carrefours du chemin par où le corps fut porté, yceluy prevost
metant sa main sur la biere, disant : « Bonnes gens, vecy le clerc
que, à tort et sans nulle cause, j'ay fait mourir; priez pour luy. »
Et adecertez briefment aprez yceluy Pierres, prevost de Paris, en
requerant absolucion de ceste malefachon, comme chetif et à grant
confusion, se retourna vers les parties de Romme[17]... (Fol. 115 v°,
l. 6.)

XVI. — Et en cest an [M. CCC. v], au moys de may, par ung
bourgoiz de Paris appellé Renier Le Flamenc, maistre de la monnoye du roy[1], et par Pierres Le Flamenc, son frere[2], furent à
Paris, en la place de Greve[3], faictez lez joustez d'un dez bourgoiz

---

15. Lire *novembre*. Saint Léonard, solitaire en Limousin, abbé de Noblac,
est fêté le 6 novembre. Il y a bien un autre saint Léonard, abbé de Ven-
deuvre, dont la fête se célèbre, dans quelques localités, le 15 octobre; mais
il s'agit certainement ici du premier. Selon Jean de Saint-Victor, les leçons
recommencèrent le mardi après la Toussaint, c'est-à-dire le 3 novembre 1304.

16. En faisant apparaître, — sens non indiqué dans les glossaires.

17. A Avignon (*Grandes Chroniques*). — Dans le ms. A, notre paragraphe XV
est intercalé entre un fait du 14 mars 1303, v. st., et la bataille de Mons-
en-Puelle qui fut livrée le 18 août 1304. L'ensemble du récit prouve que,
seul, l'ordre d'informer contre Jehan de Poissi et ses compagnons se rapporte à l'année 1303, v. st., et que les autres faits sont de 1304 (Pâques,
le 29 mars), la bataille se plaçant forcément entre la première exécution
et l'inhumation de Philippe Le Barbier. Le ms. B, qui retranche tout ce
qui concerne les fils des bourgeois de Paris, date de 1303 l'aventure du
clerc rouennais; mais Jean de Saint-Victor et les *Grandes Chroniques* sont
d'accord pour la placer en 1304.

XVI. — 1. Renier Le Flamenc, le même sans doute que le Reynerius
Flamingus qui fit, en 1294, construire la chapelle expiatoire dite Maison
des Miracles, en commémoration du miracle des Billettes (V. notre paragraphe XII et le tome XXII des *Historiens*, p. 33).

2. V. le paragraphe 34 de la *Chronique parisienne*.

3. Les Le Flamenc avaient leur demeure sur cette place (Voir, dans les
Documents inédits sur l'histoire de France, Géraud, *Paris sous Philippe le
Bel*, p. 117).

de Paris, que l'en nommoit Gencien Crestien, attendant [4] de la
feste, contre lez aultrez bourgoiz de Rouen et d'aultrez citez du
royaulme [5]... (Fol. 116 v°, l. 33.)

XVII. — Et adecertez en cest an [m. ccc. vj], à Paris, pour lez
louagez des maisons que lez bourgoiz de Paris voulloient prendre
du menu peuple, si comme espiciers, foullons, tysserrens et taverniers, et plusieurs aultrez ouvrans d'aultrez manierez de mestiers [1],
firent aliance ensemble, et alerent et coururent sus à ung bourgoiz de Paris nommé Estienne Barbeite [2], du quel conseil, sicomme
il estoit dit, les louagez des dictez maisons estoient prins à la forte
monnoie, par la quelle chose le menu peuple estoit grevé [3]. Et lors
premierement, à ung jeudi devant la Thyphaine [4], envairent et

---

4. *Attendant*, champion. — Ce mot *attendant* manque dans tous les glossaires, même dans le plus récent, le *Dictionnaire de l'ancienne langue française*, de M. Godefroy. Les éditeurs du tome XXII des *Historiens* l'ont traduit très exactement par *Celui qui attend de pied ferme* et, par extension,
le *combattant*. *Attendant* est l'expression qui correspond à *tous venants*,
tous sourvenants (V. paragraphe 212 de la *Chronique parisienne*).

5. Ces joutes ne sont rapportées que par notre ms. A. Voir note 1 du
paragraphe 212. — Philippe le Bel, qui avait interdit ces fêtes, les autorisa
peut-être, exceptionnellement, par reconnaissance pour le dévouement des
deux bourgeois parisiens, Pierre et Jacques Gencien, qui s'étaient fait tuer
devant lui à Mons-en-Puelle.

XVII. — 1. Ms. B : comme foullons, thiesserans, cousturiers, pelletiers,
cordonniers, et plusieurs autres de divers ouvrages. — Ms. fr. 17267 de
la Bibliothèque nationale : sicomme espoir, foullons..... et tanneurs.....

2. Étienne Barbette, échevin en 1293, prévôt des marchands de 1298 à
1304, voyer de Paris en 1306, de nouveau prévôt des marchands en 1314,
mort en 1321.

3. Les loyers se trouvaient ainsi triplés, selon Jean de Saint-Victor (*Historiens*, XXI, p. 647).

4. *Grandes Chroniques* : le premier jeudi devant la Thiphaine. — Ms.
fr. 17267 : premierement au jeudi devant la Thiphaine. — La leçon du
ms. A nous paraît la meilleure : l'Épiphanie tombant le vendredi en 1307,
n. st., il est impossible que l'émeute, son apaisement, l'emprisonnement
des principaux coupables, leur jugement et leur supplice, aient eu lieu en
un seul jour, le jeudi 5 janvier. On doit donc placer la révolte au jeudi
30 décembre 1306 (« à ung jeudi devant la Thyphaine »), la capture des
vingt-huit au vendredi 31 (« le jour ensuivant »), et leur exécution au
5 janvier (« le jeudi vigille de la Tiphaine, » comme le répète l'auteur
des *Additions*), bien que, selon Jean de Saint-Victor (qui ne précise pas la
date de l'émeute ; *quadam die*, dit-il), ils aient été pendus le jour même
de l'Épiphanie, ce qui, à la rigueur, permettrait d'attribuer à la révolte la
date du 5.

assaillirent au manoir du devant dit bourgoiz Estienne, qui estoit
nommé le Courtille-Barbeste, et par feu mis iceluy lieu [5] degas-
terent et destruirent, et lez arbres du jardin du tout en tout cor-
rumpirent et froissierent. Et aprez [d']illec eux departans, en grant
multitude alans, à fustz et bastons, revindrent en la rue Saint-
Martin et desrompirent la porte de la maison du devant dist bourgoiz, et entrerent ens efforciement, et tantost lez tonneaux de vin
au celier froisserent et le vin par places espandirent ; et aucuns
d'iceluy [6] tant en burent que ilz en furent enivrez. Et aprez ce,
les biens meublez [7] de la dicte maison, c'est assavoir coustez, cois-
sins, huches, coffres et aultrez biens froissans et debrisans, par la
rue en la boe les espandirent, et aux coustiaux les plumes dez
coustez et des oreliers traians, contre le vent despitement geterent,
et la maison en aucune maniere destruirent [8], et mont d'aultrez
dommaigez illec firent. Et ce fait, d'illec repairans et retournans,
crians : « Alo! Alo [9]! » vers le Temple, le manoir dez Templiers,
où le roy de France Philippe estoit avec aucuns de ses barons,
vindrent, et illec le roy assidrent, si que nul n'osoit bien seurement entrer ne yssir hors [10] du Temple, et lez viandez que l'en
apportoit pour le roy foulerent et geterent despitement en la boe ;
la quelle chose leur tourna au desrenier à honte et à dommaige et
à destruiement de corps. Les quieux après ce, par le prevost de
Paris, appellé F[r]emin de Coquereil, d'Amyens [11], si comme l'en
dist, et par aucuns barons, par souefvez parolles et blandissemens [12] appaisiez, à leurs maisons paisiblement s'en retournerent.
Des quieux, par le conseil et commandement du roy, le jour ensui-

---

5. *Sic* ms. fr. 17267. — Ms. A : iceluy *le*.

6. Ms. fr. 17267 : d'iceulx.

7. Ms. A : les biens *ice* meublez. — Ms. fr. 17267 : les biens et les meubles.

8. Ms. fr. 17267 : en aucune part descouvrirent.

9. On trouve, dans le Glossaire de Du Cange, *allot*, « terme usité en Languedoc pour animer et exciter. » — Ms. fr. 17267 : alon! alon!

10. *Sic* ms. fr. 17267. — Ms. A : yssir ne entrer hors.

11. Ces mots « appellé... d'Amyens, » manquent dans tous les mss. de la
Chronique française de G. de Nangis. — Fremin ou Firmin de Coquerel
appartenait à une famille de laquelle sont sortis plusieurs personnages historiques, entre autres un évêque de Noyon, chancelier de France sous Philippe de Valois, et un maire d'Amiens, mis à mort en 1358 comme parti-
san du roi de Navarre.

12. Selon Jean de Saint-Victor, ce serait à main armée que les nobles
auraient dispersé les émeutiers.

vant, plusieurs furent pris et mis en prison, et en ung jour vigille de la Thyphaine, par le commandement du roy, especialment, si comme il fut dist, pour sa viande qu'ilz avoient foullé en la boe, et pour le fait du dit Estienne, xxviij aux iiij ourmes des quatre entrées de la ville, c'est assavoir à l'ourme devers la partie de Saint-Denys faisant entrée vij, et vij à l'ourme devers la partie de Saint-Anthoine faisant entrée, et vj à l'ourme devers la partie du Roulle vers lez Aveuglez[13] faisant entrée, et viij à l'ourme devers la partie de Nostre-Dame-dez-Champz[14] faisant entrée, furent penduz. Les noms d'iceux, c'est assavoir premierement Oudinet Le Basennier, Jehan Bon-Temps, Pernot Le Bourguignon, Guillot de Serens, Thonmas Lennelier en la rue Saint-Martin, Robert d'Atainville, Michelet de Paris à la porte Baudet, Jehan Savouret, Yvon Le Breton, Pierres Le Houdiaux, Jehan d'Amyens, Jaquez Le Breton, Guillot Le Picart, Richart Le Fourbeur, Ouvry Heuse, tixeran, Hanequin Du Port, Robert de Chambelly, Jehan Millot, Maciot Le Keu, Jehan Beaugendre, Nicholas Delay en la rue Gervaise-Laurens[15], Thyerryon, Roussel, Dreue de Flagy, Buffet[16], penduz le jeudi vigille de la Thiphaine, l'an m. ccc. vj, jugiez par mons. Guillaume Courteheuse[17] et mons. Guillaume de Marcilly[18], chevaliers, et par le prevost de Paris Fremin de Coquerel[19]. Lezquieux, ung poi aprez ce, dezourmez remués et ostez, en gibès nouveaux faiz, yceux, en chacune d'ices parties et entrée, de rechief tous mors pendus[20]. La quelle chose envers le menu peuple de Paris chey en grant douleur... (Fol. 117 r°, l. 4.)

XVIII. — *Ycy povés savoir en quel temps les Templiers furent prins et mis en diverses prisons par le royaulme de France et d'Engleterre.*

*Et en cel an dessusdit m. ccc. vij, tous lez Templiers, du commandement du roy de France Philippe le Beaux et Edouart le

---

13. Ms. A : à l'entrée. — Ms. B : devers la porte Saint-Honnouré.

14. Ms. A : et viij à la partie. — Ms. B : devers la porte Saint-Jaques.

15. Rue Gervaise Loharenc, depuis Gervais Laurent ?

16. Ponctuée ainsi, la phrase ne fournit que vingt-cinq noms.

17. Guillaume Courteheuse, chevalier du roi, maintenu comme maître lai à la Chambre des Comptes en 1320, existait encore en 1329.

18. Guillaume de Marsilly ou Marcilly, aussi chevalier, qualifié de conseiller du roi en février 1327, v. st., mort en 1328.

19. La phrase « Les noms d'iceux... de Coquerel » manque dans tous les mss. de la *Chronique française de G. de Nangis.*

20. Fr. 17267 : pendus tous mors.

roy d'Angleterre, filz du grant Edouart, et de l'assentement et otroy du souverain evesque pappe Climent [1], le jour d'un vendredi [2] aprez la feste saint Denys, aussy comme sus le monment d'une heure, souspechonnez de de[te]stablez, horriblez et diffamablez crismes, furent prins par tout le royaulme de France et le royaulme d'Angleterre [3], et en diverses prisons furent mis... (Fol. 117 v°, l. 3.)

XIX. — Et en cest an [m. ccc. viij], par vaines parolles et simulacions [1], des parties de Germenie, qui au temps d'ore est appellée Allemaigne sicomme nous avons dist au commanchement de ces Gestes de France, se esboulirent [2] et assemblerent plusieurs peuples, eux vendans leurs heritagez et du tout delessans leurs biens, venans et sejournans par Paris en France, bien armez et appareillez, pour aller et passer oultre en la sainte terre d'oultremer. Maiz en la parfin, comme ilz vinssent à Marceillez le port de la mer, pource que nulz vesseaux ne appareil bataillereux illec n'avoit point, se espandirent et anientirent aussy comme fumée... (Fol. 117 v°, l. 17.)

XX. — Et en cest an [m. ccc. xj], à Paris, deux monniers [1], les quieux, pource que du blé c'on apportoit à leurs moulins et que lez gens de la ville y envoiaient [2] en prenoient furtivement leur part avec l'argent qu'ilz en avoient, et ainssi ilz en avoient et blé et argent, sur ce encusés et au Chastelet de Paris emprisonnés, la chose confessée par Jehan Plonbauch [3], prevost de Paris, le samedi [4] avant la feste de la Magdeleine, à Paris, au commun gibet des larrons, entre les aultres larrons furent penduz... (Fol. 118 v°, l. 26.)

XXI. — Et en cest an ensement [m. ccc. xiij], à moys de mars,

---

XVIII. — 1. Édouard II, fils d'Édouard Ier. — Clément V (1305-1314).
2. 13 octobre 1307.
3. Voir *Historiens*, XXI, p. 142, note.
XIX. — 1. Aucun autre chroniqueur français ne fait mention (ce qui semble étrange) de ce mouvement populaire. Si le paragraphe XIX était une interpolation, on ne voit pas à quelle autre époque pourrait se rapporter la commotion qu'il raconte.
2. *Se esboulirent*, s'émurent, se soulevèrent.
XX. — 1. Faits inédits.
2. Voir Delamare, *Traité de la Police*, t. II, p. 246.
3. Jehan Ploiebauch ou Ploibaut. On le trouve occupant les fonctions de prévôt en 1310, 1311 et 1312.
4. 17 juillet.

au temps de karesme, en ung lundi xj jour[1] d'iceluy moys de mars, le general maistre jadiz de l'ordre du Temple, frere Jaques de Mourlay[2], et ung aultre grant maistre aprez luy en l'Ordre, frere Guieffroy de Gonssanvult[3], du Temple, si comme l'en dist à Paris visiteur, en l'Isle dez Juifz[4] au fleuve de Saine, furent ars, et lez os de eux en pouldre furent ramenez. Maiz oncquez de leurs forfaiz n'eurent nulle recongnoissance[5]... (Fol. 119 r°, l. 34.)

XXII. — Et en ceste mesmes année [M. CCC. XIIII], le dimenche iiij° jour d'aoust[1], pour les choses qui sont de paix accordées de ceux de Bruges et du commun peuple et de tous les nobles de Flandres, et soulz leurs seaulx, sur sentence d'excom[un]icacion encurer[2], quatre foiz aprez le rebellement le conte Robert de Flandrez[3], sur ung eschaufault ad ce appareillié au parmy de la maitresse eglise Nostre-Dame de Paris, — present Philippe le Beau, roy de France, Louys son filz, roy de Navarre[4], et grant multitude de prelaz et barons et du commun peuple de Paris, — de l'archevesche de Rains[5], de l'archevesche de Sens Philippe[6], et d'aultres plusieurs prelaz, furent denonciez faulz parjures et escommeniés, et l'escommeniement escript en l'eglise Nostre-Dame

---

XXI. — 1. Le 11 mars aussi, suivant Bernard Gui (*Historiens*, XXI, p. 723); le 18, d'après l'*Art de vérifier les dates*.

2. Jacques de Molay, grand-maître.

3. Ms. B : Gonssaunlt. — Geoffroy de Gonneville est le seul Templier connu dont le nom se rapproche de ceux fournis par les mss. A et B, mais il était maître de la province d'Aquitaine.

4. Les *Grandes Chroniques* l'appellent l'Ile devant les Augustins (établis alors sur la rive gauche). — Elle fut depuis réunie à la pointe occidentale de l'Ile Notre-Dame ou de la Cité.

5. Les *Grandes Chroniques*, dont ce paragraphe est en grande partie la reproduction, n'indiquent (non plus que le ms. fr. 17267) ni le nom du second personnage, ni le jour du supplice.

XXII. — 1. Faits inédits.

2. L'exécution du traité du 16 janvier 1304 avait été garantie par une menace d'excommunication contre ceux qui le violeraient (Boutaric, *La France sous Philippe le Bel*, p. 404), menace renouvelée depuis (Voir *Les Anciennes Chroniques de Flandres*, tome XXII des *Historiens*, p. 400, et notes). — Le mot *encurer* est d'une lecture douteuse.

3. Robert III dit de Béthune, comte de Flandre depuis le 7 mars 1305, fils aîné de Guy de Dampierre et de Mahaut de Béthune, sa première femme. Il mourut en 1322.

4. Du chef de sa mère, Jeanne de Navarre, morte en 1304.

5. Robert de Courtenay, mort en 1323.

6. Philippe de Marigny, frère d'Enguerrand. Il mourut vers la fin de 1316.

de Paris, en la chappelle du Palaix, et en l'eglise Saint-Denys de France... (Fol. 120 r°, l. 6.)

XXIII. — Et en cest an [M. CCC. XVJ], certainement, eust mont grant dissencion entre lez bourgoiz de Paris et les boulengiers d'ice lieu, par l'esmouvement, si comme on dist, d'un boulengier nommé Rogier Bon-Temps [1]. Et pour voir il fut dist que c'estoit pource que les boulengiers faisoient leur pain trop petit à la quantité que le septier de blé valoit lors [2], et que en ce pain ilz metoient lie et aultre chose trop diffamable [3]; donc le menu peuple de Paris et d'environ estoient tous engloutiz [4] et mors, sans ce que nombre en peust estre fait. Et d'iceux boulengiers, qui tieux deveries faisoient, au jour du dimence [5] devant la feste saint Jehan-Baptiste, en y eust mis, au milieu des Hallez de Paris, jusquez au nombre de xvj sur xij roes [6], les piés liés, de la main au bourrel, chetifz, moqués et hués du peuple de Paris [7]... (Fol. 124 r°, l. 2.)

DEUXIÈME PARTIE.

CHRONIQUE PARISIENNE
DE 1316 A 1339.

[L'AN M. CCC. XVI.]

1. — En cest an [1], au moys de septembre, Robert d'Artoys [2],

---

XXIII. — 1. La Chronique rimée de Geoffroi de Paris (*Historiens*, XXI, p. 163) n'indique pas sa profession.

2. Voir Delamare, *Traité de la Police*, II, p. 246. — Le prix du pain ne devant pas varier, le poids seul en était modifié suivant le prix du blé.

3. *Fœces vini, stercora porcorum* (Jean de Saint-Victor, *Historiens*, XXI, p. 663).

4. Étouffés.

5. 20 juin 1316.

6. Sur seize roues (J. de Saint-Victor).

7. Et de plus bannis de France (Voir paragraphe 188 de la *Chronique parisienne*. — Conf. Geoffroi de Paris et J. de Saint-Victor).

1. — 1. Ms. A : *Et en cest an aussi.* — Ce paragraphe est pris tout entier de la *Chronique française de G. de Nangis* (Ms. fr. 17267, fol. 115 r°); mais, dans cette chronique, il est suivi immédiatement du récit de l'accouchement de la reine Clémence, récit tout autre que celui qu'on lira au paragraphe 4.

2. Robert d'Artois (fait depuis comte de Beaumont-le-Roger), fils de Phi-

filz Philippe d'Artois qui fut filz Robert conte d'Artoiz qui mourut à Courtray en Flandrez, entra, à tout grant et noble chevalerie de chevaliers aliés[3], en la cité d'Arras, à luy usurpant et prenant aussi comme par violence la conté d'Artoiz, au prejudice de la contesse Maheut d'Artoiz, fille le dessus dit conte Robert d'Artoiz.

2. — 'Au quel[1] Robert d'Artoiz, Philippe[2], conte de Poitiers, regent les royaulmes de France et de Navarre, manda premiere foiz, secunde foiz, tierce foiz, qu'il fût à son parlement, et que il, selon l'expedicion de droit et par le conseil des barons et des pers de France, se tint en paix. Le quel Robert, le mandement du devant dit conte regent refusant, fut fait du tout en tout desobeïssant. Pour la quelle chose Philippe le devant dist conte de Poitiers, regent lez royaulmes de France et de Navarre, avec Charlez le conte de la Marche[3], son frere, et avec Charlez le conte de Valoiz[4] et Louys le conte d'Evreux[5], ses oncles, et avec forte compagnie de noblez à cheval et de gens à pié, contre le devant dist Robert, à Amiens, au moys d'octobre, assembla grant host; et comme illec noz Franchoiz parvenissent et illec par l'espace de

---

lippe d'Artois seigneur de Conches et de Blanche de Bretagne, et petit-fils de Robert II d'Artois tué en 1302 à Courtray. Il prétendait avoir droit au comté d'Artois comme représentant le fils aîné de Robert II (Philippe était mort dès 1298) et exclure Mahaut d'Artois, sa tante paternelle, femme d'Othon IV, comte palatin de Bourgogne. Dès 1309, il avait été décidé contre lui que la représentation n'était pas admise en Artois; l'arrêt, ratifié par lui, puis méconnu, fut renouvelé le 28 mai 1318 (V. Lancelot, *Mémoires de l'Académie des Inscriptions*, VIII, p. 671, et X, p. 582).

3. Les nobles de plusieurs provinces s'étaient confédérés, dès le règne de Philippe le Bel, pour résister aux exactions de ce prince. Ceux de l'Artois avaient des griefs particuliers contre Mahaut (Voir le *Continuateur de Nangis*, édition de Géraud, I, p. 412, 425 et 429; P. Anselme, III, p. 7; et Lancelot, dans les *Mémoires* cités).

2. — 1. A partir de ce paragraphe, notre Chronique présente une rédaction absolument originale, comme nous l'avons dit dans l'Introduction.

2. Second fils de Philippe le Bel. La régence lui avait été dévolue, parce que Louis X le Hutin, mort le 5 juin 1316 sans enfants, avait laissé sa femme enceinte.

3. Troisième fils de Philippe le Bel.

4. Charles, comte de Valois, d'Anjou et du Maine, fils puîné de Philippe III le Hardi et d'Isabelle d'Aragon, sa première femme. Il mourut en 1325.

5. Louis, comte d'Évreux, fils de Philippe III et de Marie de Brabant, sa seconde femme. Il avait épousé Marguerite d'Artois, sœur du futur comte de Beaumont.

xv jours ou environ fussent, ordenans à aller à forche d'armez contre le dist Robert d'Artoiz et contre sa compagnie des devant diz chevaliers aliez, le devant dist Robert d'Artoiz, son fel [6] orgueil aperchevant et la forche du conte de Poitiers regent, souple, begnin et bien veullant venant, requist humblement choses qui sont de paix, sauve son droit en toutez choses. Le quel Robert, du commandement du dit regent, fut à Paris amené, et illec au Chastellet de Paris, au moys de novembre [7], fut emprisonné. Le quel, aprez ce, fut osté du Chastelet, et fut à Saint-Germain-dez-Prés emprisonné, et illec par long temps detenu. Le quel Robert d'Artoiz, aprez ce aucun temps passé, de par luy donné plaiges envers le roy de France de ses forfès amender, par la priere du duc de Bretaigne, son oncle de par sa mere [8], et de plusieurs grans maistres et barons de France, fut de la prison au roy de France delivré.

3.— Et en cest an, le vendredi [1] aprez la Magdalaine, au palaiz de Paris, denoncierent [en] leur predicacion, et mont piteablement, le patriarche de Jherusalem Pierres [2] et l'abbé de Saint-Germain-dez-Prés de Paris [3], à Robert, de Clermont conte, filz du roy saint Louys [4], et à Louys son filz dist de Clermont, et à Jehan son frere [5], et d'aultre grant foison de chevaliers et d'aultre peuple, le besoing de secours de la Terre sainte de oultremer, donc ce estoit douleur. Et adecertes yceluy conte de Clermont, Louys et Jehan, ses enffans, et mont de aultrez chevaliers et grant multitude de peuple, illec asermentez devant le patriarche que secours feroient au peuple crestien dez parties de delà [et] de eux mou-

---

6. Ou mieux : fol ?

7. Voir une note de Géraud, tome I, p. 433 de son édition de Nangis.

8. Jean III dit le Bon, mort en 1341. Il était fils d'Artus II, fils lui-même de Jean II. D'après le P. Anselme, Blanche de Bretagne, mère de Robert d'Artois, était aussi fille de Jean II ; Jean III n'aurait donc pas été oncle, mais cousin germain de Robert.

3. — 1. 23 juillet 1316.

2. Qu'il ne faut pas confondre avec Pierre de la Palu, nommé patriarche en 1329 seulement.

3. Pierre de Courpalay, mort en 1334.

4. Robert, comte de Clermont en Beauvoisis, sixième fils de Louis IX et de Marguerite de Provence, mort en 1318, n. st.

5. Louis Ier de Clermont, depuis duc de Bourbon, dit le Boiteux ou le Grand, mort en janvier 1341, n. st. — Jean de Clermont, son frère, seigneur de Charolais et de Saint-Just, mort cette même année 1316, selon le P. Anselme.

voir à la feste de Penthecouste en l'an de l'Incarnacion Nostre
Seigneur M. CCC. xviij.

4. — Et en cest an, le xiij⁰ jour ¹ de novembre, Climence² la
roynne de France, fame du roy de France et de Navarre Louys,
trespassé au moys de juing dessus dit, eust enffant en la cité de
Paris, au Louvre, le quel fut nommé Jehan. Le quel roy Jehan,
le xviij⁰ jour du moys dessus dit, au Louvre trespassa de cest
siecle³; et le xx⁰ jour du devant dit moys de novembre, c'est assavoir le [deusiesme] dimence aprez la saint Martin ⁴ d'iver, à
Saint-Denys en France fut porté, et delez son pere fut honnourablement enterré.

*PHILIPPE, LE ROY DE FRANCE ET DE NAVARRE,
LE V⁰ PHILIPPE ROY DE FRANCE.

5. — *Après [Louys] le roy de France et de Navarre¹, regna en
France le conte de Poitiers, son frere²; et commencha à regner
l'an de grace M. CCC. xvj. Et, le dimenche³ aprez la Thiphaine,
avec Jehanne sa fame, fille le conte de Bourgongne ⁴, fut couronné
à Rains en roy de France.

6. — Et en cest an, le xxiiij⁰ jour du moys de frevrier, jour de
feste saint Mathias appostre, en l'ostel du palaiz de Paris, mourut Louys ¹, filz Philippe le roy de France et de Navarre, et
enterré à Paris en l'eglise des Freres Mineurs.

---

4. — 1. Ms. B : le viij⁰ jour. — Deux chroniques anonymes (*Historiens*,
XXI, p. 140, et XXII, p. 20) indiquent aussi le samedi 13 novembre comme
date de la naissance de Jean I⁰ʳ; Bernard Gui (XXI, p. 726), la nuit du 13
au 14.

2. Clémence de Hongrie, fille aînée de Charles I⁰ʳ dit Martel, roi de
Hongrie, et de Clémence de Habsbourg. Louis le Hutin l'avait épousée le
31 juillet 1315, Marguerite de Bourgogne, sa première femme, étant morte
au mois d'avril précédent.

3. Les divers chroniqueurs varient beaucoup sur la date du décès,
comme sur celle de la naissance.

4. Le jeudi 11 novembre, en 1316.

5. — 1. Ms. B : après le roy Loys. — Le chroniqueur ne tient pas
compte ici de Jean I⁰ʳ, parce qu'il n'avait pas été sacré.

2. Ms. B : Philippe... dit le long ou grant (Voir paragraphes 168 et 182).

3. 9 janvier 1317, n. st.

4. Voy. note 2 du paragraphe 1⁰ʳ.

6. — 1. C'est aussi le prénom que lui donnent les autres chroniqueurs
(Voir également le paragraphe 78), sauf Bernard Gui qui le nomme Phi-

[L'AN M. CCC. XVII.]

7. — 'L'an de grace M. CCC. xvij, entre Pasques [1] et l'Ascencion Nostre Seigneur Jhesucrist [2], entre le roy Philippe de France et lez aliez de Picardie et d'aultrez plusieurs lieux, grant discorde et contens s'esmut et esleva. Pour la quelle chose Philippe le roy de France plusieurs citez de son royaulme visita [3], et illec les cueurs du menu peuple et lez citoyens de Paris si eust en telle maniere à luy adjoint que, non pas seullement ceux de Paris, maiz toutes les aultrez communes de son royaulme de France luy promirent à faire aide et secours et garantie encontre toutez gens, et especiaulment contre lez barons aliez, se en aucune maniere meussent contre luy guerre [4]. Maiz après ce, ice Philippe roy de France, devant l'Ascencion Nostre Seigneur Jhesucrist, assembla et fist celebrer à Paris grant concille et grant parlement de barons et de prelaz du royaulme de France [5], et illec la concorde faicte entre icil roy Philippe et le conte de Valoiz Charlez, son oncle, et Charlez le conte de la Marche, son frere, qui de luy se voulloit descorder sicomme l'en dist, icil roy Philippe donna à icil Charlez

---

lippe (*Historiens*, XXI, p. 726), comme un document authentique du temps (*ibidem*, note). Le Continuateur de Nangis place le décès au 18 février, et le P. Anselme au 8.

7. — 1. Pâques 1317, le 3 avril.

2. Le 12 mai.

3. Du 3 avril au 12 mai, le tableau des *Mansiones et itinera* (*Historiens*, XXI, p. 468 et 469) ne constate la présence de Philippe le Long qu'à Bourges, à Châteauneuf-sur-Loire, à Paris, à Montargis, et dans quelques autres localités sans importance ; et Boutaric (*La France sous Philippe le Bel*, p. 61) et M. Hervieu (*Recherches sur les premiers Etats généraux*, Paris, Thorin, 1879, p. 125) ne citent que l'envoi, en janvier 1317, n. st., de commissaires royaux pour engager les prélats et barons à dissoudre les ligues provinciales. Il ne faudrait donc pas prendre ici à la lettre ou avec sa signification moderne le mot *visita*, qu'il convient d'interpréter simplement dans le sens d'une action directe et personnelle exercée par le roi sur les représentants de Paris et des autres bonnes villes, convoquées, celles de la langue d'oil à Paris pour la quinzaine des Brandons (6 mars) et celles de la langue d'oc à Bourges pour Pâques fleuries (27 mars).

4. M. Hervieu n'indique pas cet objet des délibérations du Tiers état. — Voir *Historiens*, XXI, p. 151.

5. Cette assemblée de la noblesse et du clergé n'est pas non plus citée par M. Hervieu. — On remarquera que notre chroniqueur n'a rien dit des Etats généraux ou restreints du 2 février 1317, auxquels auraient cependant concouru des bourgeois de Paris (M. Hervieu, p. 119).

son frere la conté de Poitiers [6] à perpetuité, de luy et du royaulme
de France en foy et en honmaige tenir. Et, si comme on dist, par
le devant dist conte de Valoiz la paix entre le roy et lez barons
aliez, par aucunes condicions entregetéez, fut refourmée et faicte.

8. — Et en cest an ensement, entre Penthecouste et saint Jehan-
Baptiste [1], Philippe le roy de France fist toutez les portez de
Paris, tant grandez comme petitez, de toutez lez entrées de la dicte
ville, clorre de nouvellez portez de merveilleuse et coustable euvre,
noblement ouvrées [2].

9. — Et en cest an vraiement, entre la Penthecouste et la feste
de la Magdalaine [1], la grant chierté de blé à Paris et au royaulme
de France ensuivi. Et fut vendu en cest an le septier de fourment,
en la ville de Paris, lx. sols parisis, forte monnoie, et en cest an
decourant [2]. Pour la quelle chose le menu peuple fut malement
grevé et oppressé.

10. — Et en cest an [1], le roy d'Ermenie [2] et le roy de Tharse [3],

---

6. Philippe le Long ayant refusé précédemment une augmentation d'apanage au comte de la Marche, celui-ci avait quitté Reims le matin même du
couronnement (*Cont. de Nangis*, I, p. 431, et *Historiens*, XXII, p. 20).
Aucun document imprimé ne confirme le don du comté de Poitiers au
futur Charles le Bel, bien que notre chroniqueur lui attribue encore ce
comté deux ans plus tard (Voy. paragraphe 30). En 1320, il ne qualifie plus
Charles que de comte de la Marche et de Bigorre (paragraphe 51), et l'on
voit en 1321 Philippe le Long visiter *son comté* de Poitiers (*Cont. de Nangis*, II, p. 31. Voir aussi paragraphe 57). Peut-être le comté de Bigorre,
que Charles avait possédé du chef de sa mère dès 1316 (V. acte d'hommage
du 11 mai de cette année, dans d'Argentré, *Histoire de Bretagne*, 1618,
p. 332), lui avait-il été enlevé lors du don du comté de Poitiers et lui fut-il
rendu, depuis, en échange de ce second apanage.

8. — 1. Entre le 22 mai et le 24 juin.

2. Fait inédit.

9. — 1. 22 juillet.

2. V. Girard de Frachet, *Historiens*, XXI, p. 51.

10. — 1. La plupart des récits de notre chroniqueur sur l'Arménie et les
contrées voisines, récits entièrement originaux d'ailleurs, ont un caractère
presque uniquement légendaire. Il faut les considérer comme un curieux
écho des bruits semés dans le peuple de Paris « à ce que leurs cueurs
feussent esmeuz de faire ayde » (paragraphe 97). — *L'Art de vérifier les
dates* et l'*Histoire généalogique* du P. Anselme fournissent, sur l'histoire,
encore fort obscure, des princes d'Arménie, de Géorgie, etc., des renseignements qui paraissent peu concordants et qui, de plus, sont en contradiction avec notre chronique. Que le lecteur veuille donc bien nous par-
donner la pauvreté de nos annotations.

2. Oissim, Chioyssim ou Chir Oyssim, mort en 1320. Il avait épousé

crestiens, prindrent leur erre à aller en pelerinage en Jherusalem au saint sepulcre Nostre Seigneur Jhesucrist. Maiz pource qu'ilz ne feussent destourbez des Sarrasins, et pource qu'ilz peussent seurement leur pelerinaige parfaire, trievez donnés entre eux et le soudanc de Babilone [4]. Si vindrent au dit soudanc parler, et luy dirent : « Sire soudanc, nous vous prions que vous nous veullez baillier sauf et seur conduit, que nous puissons par vostre terre aller en Jherusalem en pelerinage. » Le quel soudanc, par amours demené, leur bailla pour lez conduire en Jherusalem son filz, jeune damoisel. Lez quieux roys, comme ilz venissent en Jherusalem, firent, au sepulcre Nostre Seigneur Jhesucrist, chanter honnourablement et sollempnellement celebrer une messe, et illec offrirent beaux dons. Maiz comme le prestre fut en l'office de la messe, le filz au soudanc demanda aux deux roys quieux enchantemens l'en voulloit illec faire. Et lors les deux roys, humblement respònnans, luy dirent que l'en debvoit chanter la messe en l'onneur Jhesucrist. Adonc le filz au soudanc cracha, en despit de Dieu et de la crestienté, en la face du prestre. Et tantost et incontinant son visaige tourna s'en devant desriere. Et quant ce aperchut le filz au soudanc, si fut mont esbahy, et pria les ij roys qu'ilz priassent leur Dieu qu'i le voulsist guerir et reffourmer sa fache en son estat devant. La quelle priere faicte desdiz roys envers Nostre Seigneur, Dieu luy restourna sa fache en son estat devant, et illec très bel miracle fist et demonstra. Pour la quelle chose le filz au soudanc se fist tantost baptiser. Et par aultre chemin que par le soudanc s'en vindrent lez diz roys, avec le filz au soudanc, en leur pays. Et quant ce ouy le soudanc, si fut aussi comme forcené, et encontre lez devant diz roys assembla grant host, mais d'une part et d'aultre en rapporta poi de prouffit, et fut, si comme l'en dit, des dessus dis roys par ij foys, luy et sa gent, vaincu.

11. — Et en ceste mesmes année, commencha iceluy Louys de Clermont par devant nommé et plusieurs des personnes qui serment avoient fait de aller avec luy oultre mer, sicomme nous avons pardevant dist, une confrarie qui au temps de lors fut appel-

Jeanne (ou Irène), fille de Philippe de Sicile, prince de Tarente (*Art de vérifier les dates*, II, p. 41).

3. Il n'y a jamais eu de roi de Tarse. Un frère du roi d'Arménie, noyé dans le Cydnus en 1317, était baron de Tarse (Communication de M. le comte Riant).

4. Le sultan d'Égypte, Naser-Mohammed.

lee la confrarie du Saint-Sepulcre Nostre Seigneur. Et pour l'onneur de Dieu et du faint voiage, ilz s'en alloient lors par Paris,
au jour de l'Exaltacion-sainte-Croix [1], faisant mont grant feste, et
vestuz de draps rouges [2]; et en faisoient faire le service Nostre
Seigneur à Paris, en la rue neufve dicte Saint-Marry [3], en l'eglise
Sainte-Croix [4], que le saint roy de France Louys fonda.

12. — Et en cest an vraiement, en la cité d'Avignon en Prouvence, saint Louys, jadiz evesque de Thoulouse, de l'Ordre des
Freres Mineurs, filz du segond Charlez, jadiz roy de Jherusalem et
de Sezille, de pappe Jehan [1] fut canonizé et fut escript en chato-
logue des sains. Et le jour d'un vendredi le xix [2] jour [3] d'aoust,
après la feste de l'Asumpcion à la glorieuse vierge Marie mere
Nostre Seigneur Jhesucrist, la feste d'iceluy fust premierement
celebrée, et especialment sollempnellement, à Paris, en l'eglise des
Freres Mineurs, presente la roynne Climence, niepce du dit saint
Louys [3], jadiz fame du roy de France et de Navarre Louys, et
avec luy [4] grant multitude de noblez et de menu peuple.

13. — Et en ycest an ensement, Robert d'Artoiz, filz Othelin
jadiz conte de Bourgongne [1] [et] de Maheult, contesse d'Artoiz,
fille Robert, jadiz conte d'Artoiz, jadiz à Courtray ochiz, mourust
à Paris, et en l'eglise des Freres Mineurs fut honnourablement
enterré [2].

---

11. — 1. Le 14 septembre.

2. Détail inédit de costume.

3. Saint-Merry (Voy. Leroux de Lincy, *Paris et ses historiens*, p. 212).

4. Le ms. B, qui ne relate pas la fondation de la Confrérie du Saint-
Sépulcre, porte seulement : « Mons. S. Loys en son vivant fonda l'église
de Sainte-Croix à Paris, en la Bretonnerie » (Voy. Lebeuf, *Histoire du diocèse de Paris*, I, p. 147, et Sauval, *Histoire et Antiquités de Paris*, 1724,
I, p. 426).

12. — 1. Jean XXII (1316-1334).

2. Ms. A : le xxe. — Saint Louis, évêque de Toulouse, fut canonisé le
7 avril 1317 (Bernard Gui, *Historiens*, XXI, p. 727). Le 20 août 1317
tombant un samedi et la fête du saint se célébrant le jour anniversaire de
sa mort, c'est-à-dire le 19 août, notre texte appelait la correction que nous
avons faite.

3. Charles Ier Martel, père de la reine Clémence, était, comme l'évêque
de Marseille, fils de Charles II, roi de Naples et de Sicile.

4. Avec luy (elle).

13. — 1. Ms. B : Oudit an m. ccc. xvj... duc de Bourgogne.

2. D'après le P. Anselme, ce Robert dit d'Artois, fils d'Othon IV comte
de Bourgogne, serait mort vers 1315 et aurait été inhumé à Poligny. Mais

14. — Et en cest an aussi, le xxi[1] jour du moys de septembre, le jour de la feste saint Mahieu appostre, à l'anuitier, l'esclipse de lune au royaulme de France fut veue, et espécialment à Paris[2].

15. — Et en cest an aussi mourut Marguerite roynne d'Engleterre, fille du roy Philippe, filz saint Louys roy de France, et seur Philippe le beaux, et fille de la roynne Marie de France. Et la quelle Marguerite fut fame segonde au grant Edouart jadiz roy de Engleterre[1], pere au jeune roy Edouart qui eust espousée Ysabel fille Philippe le beaux[2] devant dit.

16. — Et en [cest an] aussi, mons. Jehan de Varennes[1] et mons. Ferry de Piguegny[2], nobles chevaliers, le jour d'un mardi aprez la feste saint Remy, c'est assavoir le quart jour d'octobre[3], à Paris, au jardin du palaiz du roy[4], devant le roy de France et de Navarre Philippe et grant multitude de noblez barons et de bourgoiz de Paris et grant habondance de menu peuple, pour batailler l'un contre l'autre, ès lices pour eux faictes, armez trés noblement vindrent. Le quel mons. Jehan devant dit Ferry de traïson, le roy et le royaulme de France touchant, avoit appellé, et mesmement pour l'aliance dez barons aliez que le devant dit Ferry avoit sous-

---

notre chroniqueur est dans le vrai (*Mémoires de la Société de l'Histoire de Paris*, VI, p. 290); la mort est « des derniers jours de septembre » 1317, avant le 21, suivant la place occupée par notre paragraphe.

14. — 1. Ms. A : le xxe. La fête de saint Mathieu se célèbre le 21 septembre.

2. L'éclipse eut lieu à six heures et demie du soir (*Art de vérifier les dates*).

15. — 1. Marguerite, fille de Philippe III le Hardi et de Marie de Brabant, sa seconde femme. Édouard Ier l'avait épousée le 8 septembre 1299.

2. Voir le paragraphe 37.

16. — 1. Jean de Varennes était-il un descendant du maréchal de France du même nom, dont le P. Anselme, VI, p. 639, n'a pas tracé la généalogie? — Un Jean de Varennes, seigneur de Vignacourt et vassal du vidame d'Amiens, avait épousé Jeanne de Picquigny et était par suite beau-frère de Ferry de Picquigny (Communication de M. Garnier, bibliothécaire de la ville d'Amiens).

2. Il semblerait, d'après l'*Histoire d'Amiens* du P. Daire, I, p. 43, que ce Ferry de Picquigny aurait été fils d'un Matthieu de Picquigny, sénéchal de Toulouse en 1303. Mais M. Garnier le croit seigneur d'Ailly-sur-Somme et de Villers-Faucon, et quatrième fils de Jean, seigneur de Picquigny et vidame d'Amiens.

3. Ms. A : *avant* la feste. — La Saint-Remy tombe le 1er octobre. Le 4 octobre 1317 était bien un mardi.

4. Dans la Cité ou Ile-Notre-Dame.

tenu, si comme l'en disoit communement. Maiz comme ilz feussent
au parc convoitant à aller l'un contre l'autre, adonc yceux avironnez de mont de parollez et de conseulz de la paix traitier des
amys d'une part et d'aultre faiz, la besongne de eux, si comme
l'en dist, sus mons. Louys de France, conte de la cité d'Evreux,
fut mise, et ainssi de la bataille sans coup ferir[5] retraiz.

17. — Et en cest an aussi, Robert conte de Clermont, filz de
saint [Louys] jadiz roy de France, au Bois-de-Vincennes mourut;
et le jour d'un vendredi[1] aprez les octavez de la Purificacion
Nostre .Dame, en l'eglise des Freres Prescheurs, à Paris, fut
honnourablement enseveli.

18. — Et en cest an aussi, en la cité d'Avignon en Prouvence,
l'evesque de Cahours[1], trés pesme[2] traître, qui avoit procuré à
ochire pappe Jehan par venin, fut tout vif escorchié, et au desrain
fut ars, et lez os de luy en cendre furent ramenez.

19. — Et en cest [an] aussi, pappe Jehan aucunes nouvellez
constitucions, lesquellez son predecesseur pappe Climent quint,
à diligent courage et à diligent cure, pour l'estat et le prouffit
de l'universelle eglise, compiller et ordener avoit [fait], en commenchement compilla et fist ordener de saiges en droit canonique,
et du tout en tout au desrenier conferma, et en plain consistoire,
en la dicte cité d'Avignon, devant tous ceux qui presens y estoient,
bailla à lire; et yceux à grant diligence leuez et des cardinaux
approuvées, fist son decreit[1] icil pappe que, au vj[me] livre des
Decretalez adjoustéez, feissent le vij[e] livre[2].

---

5. Sur des duels qui se terminèrent de même, voir Boutaric, *La France
sous Philippe le Bel*, p. 52, les *Cronicques de Normendie*, Rouen, Métérie,
1881, p. 184, et nos paragraphes 28, 55, 56 et 201.

17. — 1. 10 février 1318, n. st. — Le P. Anselme, I, p. 296, qui date la
mort de Robert du 7, d'après son épitaphe, a donc raison contre G. Corrozet (*Les Antiquitez, Chroniques, etc. de Paris*, 1561, p. 76) et Du Breul,
p. 508, qui avaient lu le 11 sur cette même épitaphe.

18. — 1. Hugues Géraud ou Gérard, évêque de Cahors, avait été écorché
vif, *in aliqua parte corporis*, dit Bernard Gui, puis brûlé, dès le mois de
juillet 1317. Ce paragraphe n'occupe donc pas, chronologiquement, la place
qui lui appartiendrait. Il en est de même pour le paragraphe suivant.

2. Pesme, de *pessimus*.

19. — 1. Le 25 octobre 1317.

2. Ce paragraphe est calqué littéralement, aux noms et aux chiffres près,
sur un récit analogue, de l'année 1297, que l'on trouve, dans le ms. A, au
fol. 109 v°, et, dans le ms. fr. 17267, au fol. 88 r°.

[L'AN M. CCC. XVIII.]

20. — *En l'an de grace ensuivant[1] m. ccc. xviij, comme lez
Flamens eussent jour assigné au premier jour de may, à Paris,
du roy de France Philippe, en son palaiz royal, à apaiser le dis-
cort qui entre eux et le roy estoit, se en bonne maniere peust estre
fait, et yce jour les Flamens pour eux en la court envaierent, mais
poi ou neant de leur besongne firent, et sans paix et triefves s'en
departirent; pour la quelle chose le roy de France Philippe envoia
vers lez frontieres de Flandrez v[c] hommez d'armez à cheval et vi[u]
de pié, qui estroitement les pas et les frontieres de Flandres gardoient jusques à tant que le roy, par deliberacion et conseil eus[2]
de la besongne des Flamens aultrement partraiteroit[3]. Le quel
roy Philippe, aprez ce, envoia en Flandres, avec grant bataillereux
appareil[4], son oncle mons. Louys de France, conte de la conté
d'Evreux, et le connestable du royaulme de France[5], et aultres
barons et plusieurs grans maistres. Maiz comme illec par l'espasse
de xx jours ou environ feussent, triefves données aux Flamens
jusques à Pasquez ensuivant par aucunes condicions entrejetées[6],
environ la feste de la Magdaleine[7] en France s'en revindrent.

21. — Et en cest an ensement, le jour de la feste de la Trinité[1]
Nostre Seigneur, à Paris au palaiz royal, le duc de Bourgongne
Jehan[ne] l'ainsnée fille du roy de France et de Navarre Philippe
espousa; et Philippe, filz de mons. Louys, [conte de la conté
d'Evreux, Marie l'ainsnée fille de Louys, jadiz roy] de France et de
Navarre, espousa[2]. Mais, pource qu'il y avoit consanguinité et

---

20. — 1. Pàques 1318, le 23 avril.

2. Ms. A : eux.

3. Ms. A : partraiterent.

4. Les autres chroniqueurs omettent cet envoi de troupes à la frontière,
puis en Flandre.

5. Gaucher II de Crécy ou de Chastillon, seigneur de Chastillon et
comte de Porcean ou Porcien, mort en 1329.

6. Voir Jean de Saint-Victor (*Historiens*, XXI, p. 666 et 667) et le Cont.
de Nangis, II, p. 2.

7. 22 juillet.

21. — 1. 18 juin 1318.

2. Ms. A : espouserent. — Eudes IV, duc de Bourgogne (mort en 1350),
épousa Jeanne, fille aînée de Philippe le Long; et Philippe, fils aîné de
Louis Ier comte d'Évreux, et futur roi de Navarre (mort en 1343), épousa

linaige entre eux, le mariage fut confermé par pappe Jehan. Par
les quieux mariages ainssi faiz le discord qui, entre le roy Philippe et le devant dit duc de Bourgongne, pour la devant dicte
Marie, sa niepce, fille du dessus dit [roy] Louys, chacun jour
montoit et croissoit, fut apaisée, et la paix du tout en tout entre
eux refourmée et faicte[3].

22. — Et adecertez en ycest an, par le commandement du souverain evesque pappe Jehan, en tous lez membrez de son espiri-
tuel puissance, au jour du jeudi aprez la Trinité Nostre Seigneur
Jhesucrist, fut celebrée, à grant feste et grant exaltacion des
Crestiens, la feste du Sauveur du monde Nostre Seigneur Jhesucrist[1], qui du souverain evesque pappe Urban[2], au temps devant
passé, avoit esté canonizée entre tous les Crestiens.

23. — Et en cest an, au moys d'octobre, fut sentence de excom-
municacion getée, du commandement d'iceluy pappe Jehan, au
royaulme d'Escoce, c'est assavoir à Robert de Bruis et à tous ses
complices et aidans[1]; et iceux par toutez les cathedraux eglises des
royaulmes de France et d'Engleterre, chacun jour, à la premiere
messe et en la grant, en la maniere acoustumée, furent mis hors
du povair de sainte eglise[2].

24. — Et en celle année[1], aux proieres et supplicacions des

---

Jeanne (et non Marie), fille unique de Louis le Hutin et de Marguerite de
Bourgogne, sœur d'Eudes IV. De ce second mariage sortit Charles le Mauvais. — Le ms. B porte aussi : Marie.

3. Voir Secousse, *Mémoires pour servir à l'Histoire de Charles II surnommé le Mauvais.* Paris, 1758, I, p. 7, 12 et 14; II, p. 2 et 6.

22. — 1. Ms. B : la feste du precieux corps Jhesucrist. — La Fête-Dieu
ou Fête du Saint-Sacrement (V. *Historiens,* XXII, p. 412 et note). Le *Chro-
nicon triplex et unum,* ms. Y 124 de la Bibliothèque municipale de Rouen,
fol. 156, confirme notre chronique : « *Circa idem tempus primo celebratum
est festum de Eucharistia in partibus istis, scilicet sub tempore Johannis XXII
papæ, licet institutum primo fuit ab Urbano papa.* »

2. Par Urbain IV, en 1264.

23. — 1. Robert Bruce (V. paragraphe 111, note 3) ayant pris Berwick
sur les Anglais, malgré la trêve promulguée par Jean XXII de sa propre
autorité, le pape donna pouvoir à ses légats, le 4 des calendes de juillet
1318, d'excommunier Robert et ses adhérents. Édouard II, dans une lettre
du 9 janvier 1319, n. st., parle de cette excommunication comme prononcée récemment, *nuper* (Rymer, *Fœdera,* etc., *regum Angliæ,* La Haye,
1739, II, 1re partie, p. 151 et 167).

2. Détails à noter.

24. — 1. Notre chronique est la seule qui raconte ces faits.

marchans de poissons de mer et habitans à Paris, — ès Halles, en la place que l'en appelle Champiaux [2], que le roy de France Philippe, dist Auguste, avoit fait faire en l'an M. c. iiij^{xx} iij, avoient lez prevostz de Paris, dès yce temps, du commandement des roys qui puis le temps d'iceluy Philippe-Auguste avoient regné en France, acoustumé à faire toutes justices, comme de boullir gens ouvrans faulse monnoie et marchandant d'icelle, et de meitre gens sur roes, et de briser leurs jambez et braz, et faire lez illec mourir, et d'illec mener en chareitez pendre au commun gibet des larrons, — adonc ceste acoustumance illec faicte sicomme dessus est dit, Philippe le roy de France et de Navarre, de sa grace especial, accorda aux diz marchans et habitans que, desormaiz en avant, nulle justice de mort [3] n'y seroit plus faicte, et par ces [4] lettres seellées en cire verte. Et yceux de ceste grace et otroi aians en leurs cueurs grant joie, ung de yceux marchans, qui avoit nom Guillaume, fist faire, aux proprez coustz d'iceux marchàns, au millieu de la dicte place, au lieu où une fame de Biauveis en Picardie avoit esté arse, une croix [5] mont belle et de coustable euvre.

25. — Et en cest an ensement, le noble roy d'Armenie, qui tout le temps de sa vie lez Sarrasins avoit oppressez et selon son povair tous jours destruisoit, en une bataille que contre le Soudanc eust, Crestiens et Sarrasins de toutez pars combatans, par cas fortunable et piteux fut pris et au soudanc de Babilone presenté. Le quel l'envoia à Damas, et illec fut mis en chartre, et illec, si comme l'en dist, par l'oppression des Sarrasins mourust. Et adecertez aprez ce, le roy [1] de Tarse, qui de douleur pour la prinse du

---

2. Champeaux.

3. Les éditeurs du tome XXI des *Historiens des Gaules et de la France* font observer avec juste raison, p. 143, qu'une exécution capitale eut pourtant lieu aux Halles en 1321 (paragraphe 67; elle avait été précédée de plusieurs autres; voy. paragraphes 44, 52 et 61; celle de 1321 est la dernière que constate, aux Halles, notre chroniqueur). Peut-être le roi n'avaitil promis la suppression que de certains supplices mal spécifiés par le chroniqueur, ou encore cette suppression ne s'appliquait-elle qu'à la partie des Halles où se tenaient les marchands de poissons de mer et quelques autres, ou enfin les marchands n'obtinrent-ils l'accomplissement de la promesse du roi qu'après quelques difficultés.

4. *Ces* pour *ses*, ici et ailleurs.

5. La Croix des Halles est figurée sur tous les plans de Paris (*Mémoires de la Société de l'Histoire de Paris*, III, 293), mais son origine était ignorée jusqu'ici. ·

25. — 1. Ms. A : Aprez ce *que* le roy.

roy d'Armenie estoit afflit et courouché griefment, contre le Soudanc et sa gent sarrasine eust à pié[2] bataille. Et le filz du Soudanc,
qui en l'an precedent prouchain passé par la voulenté divine estoit
fait crestien, combatist sur lez Sarrasins viguereusement, et de eux
fist trés grant occision. Si advint que, par la puissance divine,
que, pource que en la multitude dez Sarrasins follement s'embati,
fut prins et à son pere le Soudanc presenté. Le quel, comme il le
tint, sans demeure luy demanda se il guerpiroit la foy crestienne
et Mahommeit aoureroit. Le quel responnant dist : « J'ayme mieux
mourir que Nostre Seigneur Jhesucrist renier. » Et yce ouy, le
Soudanc son pere si commanda ung feu à faire et yceluy ardre. Et
ce dist, si le bailla à x[u] hommez d'armez, qui le meneroient[3] au
lieu où il debvoit estre ars et de rescousse le gardassent. Maiz
comme illec fust amené et au feu deust estre gecté, le noble roy
de Tarse, qui en son aide avoit appellé le roy de Georgie et le roy
de Cyppre[4], à toutez leurs forchez et o plusieurs grans maistres
et barons du royaulme d'Ermenie et especiaulment mons.
Lyon[5], très noble chevalier, qui la terre d'Ermenie pour le
roy d'Ermenie, mort comme dist est dessus, gardoit, alla au
secours et pour secourre[6] le devant dist filz du Soudanc. Maiz
comme les Crestiens feussent si loings, en telle maniere que
le devant dist enffant à temps ne peussent secourre que il ne fût
ars, jà soit ce que trés grande flamble de feu de loings veissent,
adonc tous mis à genoulz Nostre Seigneur Jhesucrist de bon cueur
deprierent que illec miracle demonstrast. Et yce fait, le tout puissant et piteable Nostre Seigneur, lez prieres de eux ouyes, tel
miracle fist que la flambe du feu, que[7] l'enffant debvoit ardre,
encontre le visage des Sarrasins fut tournée, en telle maniere que
l'enffant veoir ne povaient. Et ainssi la flambe en nulle maniere
nul mal au dist enffant ne fist. Adonc lez Sarrasins esbahiz s'es-
crierent, disant que ce estoit enchantement. Maiz endementiers
que lez Sarrasins estoient ainssi esbahiz et ainssi comme par la
voulenté de Dieu aveuglez, le devant dist roy de Tarse, avec les
deux devant diz roys et toutez leurs gens, les Sarrasins envairent

---

2. Ms. A : *apie* ou *apié*.
3. Ms. A : menoient.
4. Henri II, roi de Chypre, mort en 1324 (*P. Anselme*, II, p. 596).
5. Livon III ?
6. Ms. A : et pour *le* secourre.
7. *Que* pour *qui*, ici et ailleurs.

et trés grande occision de eux firent, et le dist filz du Soudanc du tout en tout delivrerent, et luy baillerent armes et cheval. Le quel, ses armez prinses et à son cheval monté, grant abateiz de la gent sarrasine fist, et de la bataille son pere à toute sa gent sarrasine laidement encacha [et] avec lez devant diz roys victoire en rapporta. Maiz aprez ce aucun poi de temps passé, le Soudanc si ramena ung trés grant host, et à toute sa forche le roy de Tharse et lez roys de Cyppre et de Georgie griefment envay et assailly, et encontre eux eust bataille; et, si comme l'en dist, par la permission divine, lez deux roys, c'est assavoir de Georgie et de Cyppre, dez Sarrasins furent prins et au Soudanc presentez. Et en ycelle bataille fut faicte grande occision de Crestiens, et en y eust bien x^m d'occis; et ainssi le Soudanc à grant joye victoire en rapporta. Le quel, aprez ce, lez devant diz roys fist venir devant luy, et à ce lez amena qu'ilz renoiassent Jhesucrist, ou ilz lez feroit escorcher et ardre. Lez quieux, si comme l'en dist, la mort doubtans. de bouche et non de cueur Dieu renoierent, si comme au roy de Tarse le manderent. Le quel roy de Tarse au pappe Jehan manda que secours luy envoiassent, ou se non toute la terre sainte des Crestiens d'oultre mer aussi comme à nient seroit ramenée. Le quel pappe Jehan, ouyes les lettres du roy de Tarse, si comme l'en dist, si ploura piteablement, et icelles lettres avec les siennes au roy de France envoia. Le quel roy de France Philippe[8], veuez les lettres du pappe et du roy de Tharse, si souppira mont tendrement; et lors fist faire ung concille, et illec, si comme l'en dist, fut fait ung decreit que, lez terres de Flandrez, d'Escosse et d'Engleterre appaisés se il peust estre fait, en l'an ensuivant, aprez la Pasque, grant secours de Crestiens[9] en la Terre sainte envoiraient.

26. — Et en ceste mesmes année certainement, en la iiij nonne de juing[1], droitement à heure de complie, en aucuns lieux au royaulme de France, especiaument en la prevosté de Paris, chairent du ciel grosses pierres, aussi comme gelées, figées par la fraideur de l'air en hault, mais, que l'en apercheust, par la voulenté de Dieu, oncquez nul mal ne firent. Et l'endemain, qui

---

8. Ms. A : Philippe *Philippe*.

9. Le 13 septembre 1318, le commandement de la future expédition fut conféré à Louis de Clermont (M. Hervieu, *Recherches*, p. 133).

26. — 1. Le dimanche 4 juin, d'après ce qui suit, et non le 2 juin (quatre des nones de juin).

fut jour de lundi, de l'eure de midi nonne[2] jusquez à heure de vesprez, une estoille au dessus de soleil fut veue de plusieurs parmy le royaulme de France[3].

27. — Et en cest an[1] vraiement, aprez la Penthecouste[2], mons. Ferry de Piquegny, chevalier, à Paris, au palaiz royal, devant le roy et plusieurs barons et prelas du royaulme de France au concille assemblez, pour mont de causes et de felonnies et de crismes contre le roy et le royaulme de France, de luy si comme l'en disoit faiz, fut accusé. Pour la quelle chose, en la devant dicte ville de Paris par le commandement du roy fut arresté, et lui fut deffendu que hors de la dicte ville de Paris sans la voulenté royal ne yssist[3]. Le quel mons. Ferry, aucuns poi de jours aprez ce passez, doubtant le roy de France aussi comme noient et à luy non obeissant, la large prison, c'est assavoir toute la ville de Paris, que le roy de sa begninité luy avoit otroiée, du tout en tout fraint, et s'en yssi et departist. La quelle chose comme le roy sceust, si envoia aprez luy plusieurs sergens d'armez, qui iceluy vers Mont le Hery fuiant prindrent, et sus luy plusieurs lettres trouverent, les quelles il avoit escriptez de sa main, ès quellez le conseil du ro[.] et des barons de France estoit contenu, les quellez, se il n'eus[.] esté pris, aux Flamens[4] et aux barons de Picardie aliez entendoit envoier, en telle maniere que, se il peust, le roy et le royaulme de France agravast. Le quel, quant il fut prins, par le commandement du roy, en la tour du Mont le Hery fut emprisonné et en aneaux de fer estroitement, soulz estroite garde, fut detenu. Maiz comme en la dicte tour, aussi comme par ij moys ou environ, ainssi fut detenu, toutesfoiz, ainssi comme l'en dist, par le conseil et aide de ses amys, par nuit, de la devant dicte tour s'en eschappa, et en ses

---

2. *Midi nonne.* — L'office de none se chantait à midi, et non à la neuvième heure ou trois heures après midi (« *meridie nonas*, à midi nonnes », dans deux chartes de 1350, Archives de la Seine-Inférieure, G. 1633); de là l'anglais *noon* (midi).

3. Cette chute de pierres ou glaçons et cette apparition d'étoile ne sont relatées par aucun chroniqueur.

27. — 1. Faits inédits.

2. 11 juin 1318.

3. Ms. A : nyessist.

4. Selon Jean de Saint-Victor (*Historiens*, XXI, p. 667), les barons de la ligue picarde auraient refusé d'accepter l'entrée des Flamands dans leur alliance; mais voir paragraphe 67. Ferry se réfugia auprès du comte de Flandre (Charte citée note 2 du paragraphe 85).

[terres] et en son pais, aux barons aliez, sain et haitié, s'en revint.

28. — Et en cest [an] ensement, le jour d'un mardi aprez lez octavez à la benoite glorieuse vierge mere[1] Nostre Seigneur Jhesucrist, ij noblez barons, c'est assavoir ij chevaliers et ij escuiers de la terre d'Auvergne, si comme l'en dist, que eux ensemble de la traison devant la magesté royal avoient appellé, à Paris, au jardin roial du palaiz, ès lices pour mons. de Piquegny et mons. Jehan de Warennes, si comme dessus est dit, en l'an precedent passé faictes, devant le roy Philippe de France[2] et grant multitude de noblez d'ice royaulme et des bourgoiz de Paris grant habondance et de menu peuple aussi, pour batailler ij contre deux, armez noblement vindrent. Maiz comme ilz feussent au parc, convoitans à aller ensemble, par mont de conseux et de parlemens de la paix faire, dez amys d'une part et d'autre avironnez et empeschiez, du dit champ sans coup ferir furent retraix.

29. — Et ensement, le jeudi ensuivant[1], que ij chevaliers l'un contre l'autre de traison avoient dez piecha appellé, l'un de eux, devant le roy et lez barons devant dis, au lieu devant dit, pour combatre[2] vint noblement armé; maiz comme illec fut et le chevalier attendist, ainchoiz qu'il entrast au parc l'autre chevalier luy manda que en nulle maniere contre luy ne combatroit ne en armez ne vendroit. Et pource à honneur yceluy chevalier du dit champ s'en revint.

[L'AN M. CCC. XIX.]

30. — *En l'an de grace après ensuivant[1] M. CCC. xix, le jour d'un vendredi aprez l'Ascencion Nostre Seigneur[2], Louys de

---

28. — 1. L'Assomption, le mardi 15 août 1318; le mardi après l'octave, le 29 du même mois. — Voir la note 1 du paragraphe 68 ci-après.

2. On remarquera que, si la plupart des duels entre nobles se terminaient sans effusion de sang, la royauté en permettait l'usage plus souvent que ne le ferait croire le silence des autres chroniqueurs.

29. — 1. Le 31 août 1318.

2. Ms. A : pour combatre *pour combatre*.

30. — 1. Pâques 1319, le 8 avril.

2. L'Ascension, le jeudi 17 mai. — J. de Saint-Victor et le Continuateur de Nangis donnent, comme Girard de Frachet, le samedi 19 pour date du décès, ce qui est conforme à l'épitaphe du comte d'Évreux, telle que la rapportent G. Corrozet et Du Breul. Ils ne mentionnent pas l'inhumation du cœur aux Cordeliers. — Le ms. B porte que le décès eut lieu « au moys d'aoust. »

France conte de la cité d'Evreux, frere Philippe le Beaux jadiz roy
de France, à Loncpont mourut. Et le mardy ensuivant, le corps
de luy à Paris, en l'eglise des Jacobins, present le roy de France
et de Navarre Philippe, nepveu au devant dist Louys, et Charlez
de la Marche et de Poitiers conte, et plusieurs grans maistres et
barons et plusieurs....., fut honnourablement enterré. Du quel
devant dit conte d'Evreux le cueur en l'eglise des Freres Mineurs
de Paris, present le roy et lez dessus dis barons, fut honnourablement enterré.

31. — Et en yceste année, à la feste saint Jehan-Baptiste, au
royaulme de Garnace[1], advint par la voulenté de Dieu que lez
Crestiens furent delivrez en chetiveté des mescreans Sarrasins, et
avec tous destruis et ochiz par fer en bataille[2], au grant prejudice
et pitié dez Crestiens, en l'an du regne à yceluy Philippe iij[e].

32. — Et en cest an, la nuit de la saint Jehan-Baptiste, plusieurs
draperies de Rouen, de Maalignes et d'ailleurs, estant en la foire
du Lendit de France[1], arsez et ramenez en pouldre, et aucuns dez
marchans povres par le cas fortunable.

33. — Et en cest an, à Avignon en Prouvence, du souverain
evesque pappe Jehan l'abbé Gille[1] de Saint-Denys-en-France
absoulz dez oppressions infamablez que son convent disoit luy
avoir faictes à eux[2].

34. — Et aprez ce, en cest an aussi, en la veille du glorieux
appostre et martir mons. saint Laurens[1], comme aucuns des
bourgoiz de Paris, c'est assavoir Pierre Le Flamenc, Philippe Point-
Larue[2], Jehan Le Flamenc, et ung aultre d'Orliens[3] feussent, au
temps devant, du roy de France et de Navarre establiz à faire

---

31. — 1. Grenade.
2. Les trois chroniqueurs cités à l'avant-dernière note disent que la
bataille fut livrée contre les Maures *vers* la Saint-Jean-Baptiste, 24 juin.
Les deux tuteurs d'Alphonse XI, roi de Castille, y perdirent la vie.
32. — 1. La foire du Lendit, (de l'Ile) de France, se tenait encore dans
un champ situé entre Paris et Saint-Denis, sur le chemin qui reliait ces
deux villes (Voy. paragraphe 273, note 3). — *Maalignes,* Malines.
33. — 1. Gilles de Pontoise ou de Chambly.
2. Aucun autre chroniqueur, non plus que le *Gallia christiana,* ne fait
allusion à ces accusations.
34. — 1. Saint Laurent, diacre et martyr, mais non apôtre; sa fête, le
10 août.
2. Lire : Point-lasne (*pungens asinum*).
3. Orléans.

bonne monnoye et vraie, et yceux faisans faulse monnoie ailleurs
estoient, aux propres coings du roy, en la cité de Troies en Champaigne furent lez devant diz Philippe et Jehan Le Flamenc et yceluy d'Orliens prins, et condampnez à mourir comme faulx mon-
noiers et au prevost de Paris Henry de Taperel[4] delivrez. Le quel
iceux Philippe et Jehan Le Flamenc[5], en la dicte vigille saint
Laurens, de nuit, en repost[6], noya au fleuve de Sainne en France ;
et le tiers qui d'Orliens estoit, par devant le peuple, au jour cler,
en la place dez Pourceaux, la chair et lez os de luy en eaue boulliz[7].

35. — Et en cest an fut reffourmée et faicte la paix[1] entre Philippe le roy de France et de Navarre et le conte de Flandrez
Robert de Bethune et ses Flamens, en l'a[n] du regne à ce Philippe iij[e].

36. — Et en ceste mesmes année, le mardi aprez les Brandons[1],
xix jour au moys de fevrier[2], de Jehanne la roynne de France et

---

4. Henry de Taperel occupait ces fonctions depuis 1316 (Voy. paragraphes 52 et 53).

5. Ainsi Pierre Le Flamenc ne fut pas compris dans la condamnation
(Voy. paragraphe 212).

6. En secret. — On remarquera cette sorte de faveur accordée à deux
membres de la bourgeoisie parisienne.

7. Le récit, inédit, de notre chroniqueur nous permet d'éclaircir un point
de l'histoire de la célèbre Maison aux Piliers, qui fut, après 1357, le premier Hôtel de ville sur la place de Grève. Cette maison a été confisquée
deux fois, d'abord, en 1309, sur « Jehan Le Flamenc, fils de Renier, pour
faute ou délit naguère commis (*ob delictum nuper incommissum*) par lui, »
et ensuite, en août 1319 (après le 9 de ce mois), sur « Jehan Le Flamenc, jadis
bourgois de Paris, *justicié* par son meffait » (Voir Leroux de Lincy, *Hist.
de l'hôtel de ville de Paris*, p. 7, et M. Cousin, *Bulletin de la Société de
l'Histoire de Paris*, 1875, p. 20). Il est impossible de confondre le délit
de 1309 avec le crime capital de 1319, et il est évident que la confiscation
de cette dernière année se rattache aux faits relatés dans notre paragraphe 34.
Soit que Jehan Le Flamenc, le faux-monnayeur, fût l'ancien délinquant de
1309, soit qu'il fût un personnage distinct, il avait sans doute acquis du
comte d'Évreux, auquel Philippe le Bel l'avait donnée, la Maison aux Piliers,
dont à son tour Philippe le Long fit donation à Henry de Sully, « son cher
et amé cousin. »

35. — 1. Il ne s'agit ici que d'un accord préliminaire. Voir les paragraphes 41 et 49 et le *Continuateur de Nangis*, II, p. 19.

36. — 1. Les Brandons ou premier dimanche de carême, 17 février
1320, n. st.

2. Et non en janvier, comme le dit l'*Art de vérifier les dates*. — Voir *La
Confrérie des Pèlerins de Saint-Jacques*, par M. H. Bordier, dans les
Mémoires de la Société de l'Histoire de Paris, I, p. 186, et II, p. 330.

de Navarre, de Maheult sa mere, contesse d'Artoiz et de Bourgongne, de la duchesse de Bourgongne[3] fille de la dicte roynne,
et dez confreres fut fondé à Paris, en la grant rue appellée Saint-
Denys, dedens lez murs du roy, ung hospital en l'onneur de Dieu
et de saint Jaque, confrarie de saint Jasque, soulz Nicholas Le
Loquetier et Guillaume Pisdoz, aultrement dist Bouffart[4], bourgoiz de Paris, leurs premiers maistres[5].

37. — ‡ Et en cest an vraiement, l'an de grace m. ccc. xix,
comme Edouart le jenne, roy d'Angleterre, en l'an de son regne
xvme[1], eust assemblé ung si grant et merveilleux ost qu'i peust
tout le royaulme d'Escosse envair, en poursuivant lez escommeniez
Escoz, Robert de Bruis et ses complicez, la roynne Ysabel sa
fame, fille du roy de France Philippe le Beaux[2], decachée d'iceux
escommeniez à prendre, et dedens lez termez d'Angleterre, et par
mont grant occision de gent tant d'Escos comme d'Angloiz faicte,
ycelle Ysabel eschappée en prenant tantost la fuite, le devant dist
Edouart toute la saison d'esté parmy Escoce les devant diz Escoz
asprement à son povair [poursuivant], lez chastiaux et fortresses
abatans et destruiant, et adecertez, chose prouvée, iceluy Edouart
trahi et decheu par son cousin Thonmas, conte de Lenclastre[3] et
seneschal d'Engleterre, et par aultres de ses prouchains amys et
aucuns de ses barons, en occupant luy et son host, ce apercheu et
la verité sceue, et d'aucuns d'iceux traitres faicte cruelle justice,

---

D'après un document cité par M. Bordier, mais qui ne date que du
xvie siècle, la première pierre aurait été posée le *18 février* 1319.

3. Le ms. B porte : « *par* Jehenne royne de France et *de* Maheut, sa
mère, » ce qui a conduit les éditeurs du tome XXI des *Historiens* à supposer qu'il fallait ajouter *en présence* devant le mot *de*. On voit que Mahaut
d'Artois était aussi une des fondatrices de l'hôpital. — Jeanne de France,
femme d'Eudes IV duc de Bourgogne, et fille de Philippe le Long.

4. Guillaume Pisdoë existait encore en 1328 (paragraphe 296). Lui-même
ou un homonyme avait été prévôt des marchands en 1304 et 1305.

5. *Sic* M. Bordier, II, p. 333.

37. — 1. Lire : xij^e. Édouard II régnait depuis 1307 seulement (V. paragraphe 114, note 3).

2. Édouard l'avait épousée le 25 janvier 1308.

3. Thomas, comte de Lancastre, fils d'Edmond, aussi comte de Lancastre,
et de Blanche d'Artois, nièce de saint Louis, veuve en premières noces de
Henri III roi de Navarre et comte de Champagne. Edmond était fils de
Henri III roi d'Angleterre, comme Édouard Ier, père d'Édouard II.

ınglorieux et sans riens faire, dolent et courouché, fut debouté à soy en revenir en Angleterre [4].

38. — Et en cest an, au moys de juing, lune perdy sa lumiere par esclipse [1].

39. — Et en cest an, Guillaume l'Auvergneau [1], evesque de Paris la cité, p[r]eudomme et de bonne foy, la vigille de la Nativité Nostre [Seigneur] Jhesucrist [2], clouist son desrain jour.

40. — Et aprez ce, en cest an, Philippe le roy de France et de Navarre assembla à Paris, au moys de mars [1], barons, prelaz et chevaliers [2] de ses royaulmes, pource que le pappe luy avoit devant escript et mandé, de l'an M. CCC. xviij, que lez Sarrasins estoient venus et acourrus ès parties de la Terre sainte d'oultre mer, et pris et saisi, par la permission divine, le roy de Georgie et le roy de Cyppre et menez en la prison du soudanc de Babilone, et avoit vaincu lez Crestiens; et yce leur dist begninement et devotement le roy à ce que la promesse Philippe le Beaux son pere, Louys son frere jadiz roy de France, et le voyage de la Terre sainte feussent faiz et acompliz. Et lors fut illec ordonné de cesser de superfluitez de viandez, et de vesturez reprendre et regarder, et especialement dez princez [3] de son royaulme et de tous ses seneschaux et balliz et tous aultrez officiers, et que guerres feussent ram[en]ez à paix.

---

4. Ce paragraphe se rapporte à l'expédition entreprise, en juillet 1319, par Édouard II pour enlever de nouveau Berwick aux Écossais, tentative qui avorta (Voy. Rymer, II, 1re partie, p. 180, 186 et 192).

38. — 1. *L'Art de vérifier les dates* ne mentionne d'éclipses de lune qu'aux 5 février et 1er août 1319.

39. — 1. Guillaume de Baufet, dit d'Aurillac (en Auvergne, d'où le surnom de l'Auvergneau), du lieu de sa naissance. Il occupait le siège de Paris depuis 1305. Voir, dans le *Gallia Christiana*, les diverses dates proposées à propos de la vacance de l'évêché.

2. Le ms. A porte : Nostre Dame Jhesucrist; le second mot a été exponctué, sans être remplacé.

40. — 1. La présence de Philippe le Long est constatée à Paris en février et mars 1320, n. st. (*Historiens*, XXI, p. 482). — M. Hervieu (*Recherches*, p. 156) cite une convocation faite, pour le dimanche dans l'octave des Brandons (23 février), « sous le prétexte fallacieux de croisades, » et qui ne réussit pas mieux qu'une précédente (à Noël 1319).

2. « Barons, prelaz et chevaliers. » Ce dernier mot, que le chroniqueur n'emploie jamais en pareille circonstance, remplace probablement les mots « bourgoiz » ou « bonnes villes, » que devait porter le manuscrit primitif.

3. Ms. A : *lez princez.*

[L'AN M. CCC. XX.]

41. — *En l'an de grace[1] M. CCC. xx, à Paris, en l'ostel du palaiz de France, au temps de Pasques, le mercredi ij⁰ jour du moys d'apvril, Robert de Bethune conte de Flandrez et Louys[2] conte d'Ennevers, son filz, leur fol orgueil apperchevans et la forche du roy doubtans, soupplez et bien veullans, au roy de France et de Navarre Philippe se transporterent et crierent mercy, en l'an du regne à 'yce Philippe iiij⁰. Et entre le roy et lez diz contez de Flandrez et d'Anevers la paix[3] par aucunes condicions entrejetéez fut reffourmée et faicte, et hommaige d'iceluy Robert de la conté de Flandrez au roy de France et de Navarre faicte et rendue.

42. — Et en cest an et decours de temps, Hemon, frere Edouart le roy d'Angleterre, filz de Marguerite seur Philippe le Beaux[1], vint dez parties d'Engleterre en France, soi repairant vers lez parties de la Languedoc.

43. — Et en cest an, le samedi aprez la feste saint Marc l'euvangeliste[1], xxvj⁰ jour du moys d'apvril, aussi comme à heure de commancement de jour, plusieurs vins et aultrez choses, en la sainte Maison-Dieu de Paris[2], soudainement, par cas fortunablez et piteablez, arsez et en flambez mises.

44. — En cest an, advint à Paris que ung se disoit estre filz du roy d'Engleterre Edouart le viel[1], alloit aux gens de sa nacion d'Engleterre et leur faisoit entendant qu'il estoit mons. Thonmas de Brendeton[2], filz du roy d'Engleterre le viel et de la roynne Marguerite, sa seconde fame, fille du roy de France Philippe qui mourust en Arragon et de Marie la roynne de Breban, sa seconde

---

41. — 1. Pâques 1320, le 30 mars.

2. Louis de Flandre, mort en 1322, comte de Nevers par sa mère Ioland de Bourgogne, et comte de Rethel par sa femme Jeanne.

3. Le traité de paix est du 4 mai 1320 (Voir J. de Saint-Victor, *Historiens*, XXI, p. 670 et 671, et le *Contin. de Nangis*, II, p. 23).

42. — 1. Edmond de Woodestooke, comte de Kent, fils d'Édouard I⁰ʳ. Il fut décapité en 1330.

43. — 1. Saint Marc, le 25 avril 1320 (vendredi).

2. L'Hôtel-Dieu, dans l'Ile de la Cité. — Fait inédit.

44. — 1. Édouard I⁰ʳ.

2. Thomas de Brotherton, comte de Norfolk et de Suffolk, et *maréchal* d'Angleterre, frère consanguin d'Édouard II, mort en 1338. Notre chroniqueur le qualifie comte de Marchal, au lieu de *comte maréchal*, dans le paragraphe 199.

fame. Et pource aucunes gens, comme simplez de sens, de sa nacion
d'Engleterre, et non saichans, qui cuidoient qu'il dist voir, pour
la noblesse de son trés hault lignage, par plusieurs foiz grans dons
luy donnoient. Adecertez la dicte roynne Marie, à qui ceste chose
fut noncié, fist cest homme prendre et amener devant elle. Et
comme il feust devant elle, comme celle qui sçavoit bien estre
faulx ce qu'il disoit, et que il estoit ung lobeur, et que son nepveu[3] mons. Thonmas de Bredenton estoit en sa terre au royaulme
en Angleterre tout paisiblement, la roynne, ses dames et chevaliers,
cest garcon tricherre par devant eux confessa que il avoit nom
Henriet et que il avoit esté filz d'un meneistrel (le quel ce dist et
confessa du commandement de la roynne), et que se[4] que il faisoit
il ne le faisoit fors que pour dechevoir les gens de sa nacion, pour
avoir du leur. Le quel fut envoié soulz estroite garde au prevost
de Paris Henry de Taperel, et en plain marchié, ès hallez de
Paris, fut mis au pillory, et illec fut signé d'un fer chault au
millieu du front, et puis banny du royaulme de France à tousjours suz la hart. Et comme garchon et tricherre maleureux,
non [repentant] de son malice ne de ceste mauvaistié, en Lisle
en Flandrez, de ce usant de mal en pirs, si fut congneu et appercheu, et illec comme baniz du royaulme de France fut prins et
saisi, et à Paris, au Chasteleit, au dessus dist prevost livré. Le
quel garson tricherre incontinent au gibet fut penduz[5].

45. — Et en est an vraiement, noble miracle de Nostre Seigneur Jhesucrist en la duché de Bourgongne advint, que ung
enffant, du ventre sa mere neissant, en apporta unes verges en sa
main, des quellez iceluy enffant à plusieurs heures se feroit. Pour
la quelle chose plusieurs estimerent que Jhesucrist, sauveur du
monde, demonstroit que, pour nos iniquitez qui en nous sont et
d'iceux avoir misericorde, l'en[1] debvoit confesser et batre en afflic-
tion de penitance, comme yceluy enffant faisoit. Et tous ainssi le
firent en celle region, plusieurs tant povrez comme richez[2].

46. — Et en ceste année mesmes, Dynant, la ville l'arche-

---

3. « Son nepveu, » c'est-à-dire son petit-fils (*nepos*). On retrouvera ce
mot employé avec la même signification dans le paragraphe 49. Voir aussi
le paragraphe 169 pour le mot « niepce. »

4. *Se* pour *ce*, ici et ailleurs.

5. Faits inédits.

45. — 1. Ms. A : l'an.

2. Ce miracle n'est rapporté que par notre chroniqueur.

vesche du Liege[1], assise et avironnée à fer et à perrieres de grans
pierres getans en la ville, et tous hors des murs ars et mis en
pouldre, du conte de Namur Jehan et des siens filz [et] du conte[2]
Guy de Flandrez, frere au conte de Flandres Robert de Béthune
à ce temps conte de Flandrez[3], et en la compagnie d'iceluy Jehan
mont grant quantité d'autre chevalerie.

47. — *Icy povez sçavoir quant lez pastoureaux en allerent
segonde foiz.

*Adecertez en ycest cours de temps, et en cest an l'an de l'In-
carnacion Nostre Seigneur m. ccc. xx, droitement tout le moys
de may decourant[1], ung merveilleux signe et une grant nouvelle
adonc segonde foiz avenue au royaulme de France aprez lxix ans[2].
Car aucuns simples des parties de Normendie[3], eux faignant avoir
veu, si comme il fut dit, la vision dez anglez à eux avoir apparu[4]
et leur avoir commandé à secourre la Terre sainte, et d'icelle
vision comme en bonne intencion se feussent esmeus, en passant
par villes et par champs, lez plus simples du peuple à eux se

---

46. — 1. Dinant, qui relevait de l'église de Liège, était, depuis 1318,
en lutte avec les habitants de Bouvignes, sujets du comte de Namur (*Art
de vérifier les dates*, IV, p. 208).

2. Ms. A : Siens filz *au* conte.

3. Jean de Flandre, comte ou marquis de Namur, et Guy de Flandre,
comte de Zélande, étaient fils de Guy de Dampierre, comte de Flandre,
et de sa seconde femme, Isabelle de Luxembourg, et par suite frères con-
sanguins de Robert III dit de Béthune, fils aîné de Guy et de sa première
femme. Les fils de Jean de Flandre étaient Jean, Guy, Philippe et Guillaume,
et lui succédèrent l'un après l'autre.

47. — 1. *Eodem anno, circa principium* (Jean de Saint-Victor).

2. Le premier soulèvement des Pastoureaux remontait, en effet, à 1251.

3. Les autres chroniqueurs n'indiquent pas de quelle province partit le
mouvement. — Dans le ms. A, comme dans les manuscrits de la *Chronique
française de G. de Nangis* que possède la Bibliothèque nationale, le récit de
la première expédition des Pastoureaux est une traduction de la variante
que Géraud a donnée p. 435 du tome Ier de son édition de la Chronique
latine de Nangis. Notre chroniqueur, selon son habitude, a emprunté bon
nombre d'expressions au récit primitif, tout en restant original pour le
fond et pour la majeure partie des détails. Le texte latin de la variante
ayant été seul publié, nous en donnerons ci-dessous les fragments dont le
ms. A reproduit la traduction; — le lecteur verra ainsi ce qui appartient en
propre au chroniqueur parisien.

4. *Fingebant se visionem Angelorum vidisse.*

traioient[5]. Et comme ilz parvinssent à Paris, cité de grant renom, en si grant université estoient jà creux que [par] myliers et par cens alloient aussi comme ung ost[6], à banieres et pennonceaux ès quieux le crucifiement Nostre Seigneur estoit pourtrait[7] et les armez au conte Louys de Clermont[8]. Et avoient iceux pastoureaux bastons où ilz pendoient boursez pour rechevoir l'argent que l'en leur voulloit donner, car rien ne demandoient[9]. Et quant ce ouy et entendi Philippe le roy de France et de Navarre, qui à Paris en son palaiz estoit avec mont de prelaz et barons de son royaulme, le peuple cheu en tel erreur, si s'en doulut, et lors fist faire deffence, à Paris et ailleurs, que nul ne fust si hardy, sur quanque il se povait meffaire envers luy, que il ne se meust de son lieu pour nulle chose, et commanda à son prevost de Paris, nommé Gille Haquin[10], que ceux que il pourroit prendre paisiblement, sans esmouvoir le peuple, il meist en prison en la prieurté Saint-Martin-des-Champs. Et ainssi le fist le prevost. Adoncquez quant ceste prinse seurent leurs aultrez coinpaignons, si s'assemblerent une grande quantité, à ung samedi jour de feste Sainte-Croix[11] en yceluy moys de may, et allerent en icelle abbaye, à tout bastons et chareitez, et rompirent lez portes, et leurs compaignons amenerent, en injuriant et villanant la dicte prieurté et le roy de France. Aprez ce, comme aucuns d'iceux pastouriaux de aucuns sergens de Chasteleit de Paris, si comme l'en dist, desrobez de leur argent[12] (et ne sceust l'en le quel sergent se fist), le prevost Gillez, ses sergens environ luy, venans du Chastelet parmy la rue de Saint-Germain-l'Aucerhoiz[13] de Pariz, d'iceux pastoureaux et d'aultrez qui s'estoient meslez avec eux et

---

5. *Simpliciores populi..... attrahebant.*

6. *In tanta numerositate jam creverant, quod sub millenariis et centenariis constituti quasi exercitus procedebant.*

7. *Cœlatis imaginibus depingebant.*

8. Voir paragraphes 14 et 22 et note 9 du paragraphe 25. — Détail inédit.

9. Détail pareillement inédit. D'autres chroniqueurs imputent, au contraire, aux Pastoureaux une mendicité avec menaces.

10. Gilles Haquin avait succédé à Henry de Taperel vers le 24 avril 1320 (voir paragraphe 51).

11. L'Invention de la sainte Croix, le 3 mai.

12. Détail inédit.

13. Ms. A : Saint-Germain-l'Avenchoiz. — D'après Jean de Saint-Victor et le Continuateur de Nangis, cette scène se serait passée sur les degrés du Châtelet.

faisoient[14] lez pastoureaux mal mcus et haynneux vers luy, fut
batus et nasvré, et mallement vi[llané], et aucuns ochiz, en des-
pitant et vituperant la magesté royal. Et adecertez, comme iceux
pastouriaux allassent par lez villes et lez lieux champestrez jouxte
lez bercheries de brebis et d'aultres bestez, lez pastoureaux lais-
soient leurs bercheries et, sans le conseil de leurs parens ne de
leurs amys, je ne sçay par quellez debacacions et dechevemens
demenez, s'envelopoient et metoient en la decevance avec yceux[15].
Et comme yceux pastoureaux eussent passé la ville de Paris, lez
ungs allans vers Marceilles le port de mer et lez aultres à Bran-
dins[16] et en Avignon en Prouvence au pappe Jehan qui à ce temps
estoit[17], et en ycelle region yceux pastouriaux, esmeus et embrasez
plus ardanment que devant en leur erreur, tous les Juifz que ilz
trouverent, et si comme l'en dist par l'enditement de aucuns de
leurs debteurs[18] qui avec eux s'enveloperent en leur diable-
rie, bien jusques à xiiij desroberent et ochirent. Et aprez ce,
pour la doubtance de justice, comme aucuns en feussent pendus, lez ungs se espartillerent par divers lieux, les aultrez
se esvanouirent aussi comme fumée[19], si que l'en ne sceust
qu'ilz devindrent, et les aultres s'en revindrent en leurs lieux. Et
ainssi devindrent ilz, puis et mont tost aprez, aussi comme à
nient.

48. — Et en ycest an, à la feste saint Jehan Baptiste[1], Edouart
le roy d'Angleterre et Ysabel sa fame, à Amyens, la cité de Picardie, feussent illec parvenus avec Philippe le roy de France et de
Navarre, frere de la dicte roynne, et grant multitude de barons
et prelaz de l'un et de l'autre royaulme assemblez, grant feste
demenant et en la concorde et joye louable du peuple dez royaulmes.

---

14. Ms. A : et *se* faisoient.

15. *Juxta caulas et greges ovium, pastores, relictis gregibus et inconsultis
parentibus..... nescio quibus debacchationibus agitati, se cum illis in facinus
involvebant.*

16. Brindisi, en Italie?

17. « Qui à ce temps estoit. » Ces mots sont, à nos yeux, une addition
de copiste.

18. Détail inédit.

19. *Ceteri quasi fumus evanuerunt.*

48. — 1. Édouard II quitta l'Angleterre le 19 juin, et il y était de retour
le 22 juillet (Rymer, II, 2ᵉ partie, p. 3 et 4).

49. — Aprez en cest an vraiement, au palaiz de Paris, le mardi jour de la Magdaleine[1], espousa Louys[2], filz Louys le conte d'Ennevers et [nepveu Robert[3]] de Bethune conte de Flandrez, Marguerite[4] fille de Philippe roy de France et de Navarre et de Jehanne la roynne sa fame, sur plusieurs condicions reffourmées d'une partie et d'aultre, et entre les aultres que le conte Robert de Bethune tout son vivant seroit[5] conte de Flandrez, et aprez son decheis seroit conte de Flandrez son nepveu Louys, filz de son filz le conte d'Ennevers Louys, gendre Philippe le roy de France et de Navarre, et yceluy conte d'Ennevers du tout en tout separé de la devant dicte conté, et, se ainssi advenoit que lez dessus dis mariez n'eussent nulz hoirs de leurs corps, que toute la conté de Flandrez demourast à perpetuité au corps du royaulme de France[6].

50. — Et le jeudi ensuivant[1], les bourgoiz de Paris, en l'amour et obedience de leur seigneur le roy de France et de Navarre, — l'espouse Louys [filz Louys le conte d'Ennevers], et Louys de Clermont, Robert d'Artoiz filz feu Philippe d'Artoiz, [conte] de Biaumont, et d'aultrez barons presens, — joieusement et honnourablement jousterent, au fleuve de Sainne, en l'isle des Juifz en la quelle les Juifz furent ars[2].

51. — Et adecertez en cest mesmes année, comme de Philippe le roy de France et de Navarre, sus Henry de Taperel, de la nacion d'Arras[1], son prevost de Paris, par l'esmouvement et endi-

---

49. — 1. Le 22 juillet. — Bernard Gui n'indique pas le quantième. Le P. Anselme ne cite que la date du contrat de mariage, 2 juin.

2. Louis dit de Crécy, tué à la bataille de ce nom en 1346.

3. Les mots entre crochets manquent aussi dans le ms. B; on les a suppléés d'après ce qui suit.

4. Marguerite, seconde (ou troisième) fille de Philippe le Long, avait à peine huit ans. (Bernard Gui.)

5. Ms. A : soit. — Ms. B : seroit.

6. Le Continuateur anonyme de Jean de Saint-Victor et Bernard Gui (*Historiens*, XXI, p. 678 et 730) confirment la première condition, celle de la dévolution du comté à Louis de Crécy, mais pour le cas de prédécès de son père selon le Continuateur, et ils ne relatent pas la seconde condition.

50. — 1. Le 24 juillet. — Ces joutes ne sont mentionnées par aucun autre chroniqueur.

2. Explication inédite, malheureusement trop laconique, du nom donné à cette île.

51. — 1. Le Continuateur de Nangis le dit picard; et, en effet, les biens

tement de Charlez conte de Valoiz et de Charlez conte de la Marche et de Bigorne[2], frere du roy de France Philippe, et d'aultres, — sur yceluy Henry inquisiteurs donnez à enquerre lez malefachons de luy et à lez rapporter au roy, c'est assavoir le duc de Bourgongne[3], Robert le conte de Comminge[4], de Languedoc, Ansel sire de Janville[5], et le sire de Craon Amanry[6], le dist Henry du roy de France et de Navarre, au jeudi devant la feste de saint Marc[7] euvangeliste, fut desposé. Aprez le quel son ancesseur[8] fut appellé Gillez Haquin, d'icelle nacion d'Arras. Sus le quel Henry yceux contez de jour en jour, sans prolongnement ne intervalle, enquestans et senefians, jusques environ la feste saint Jehan-Baptiste devant nommée[9] que la quarantaine de l'inquisicion faicte sur le dist Henry determina et failly.

52. — *Icy povés entendre aucuns des articles des forfaiz Henry de Taperel prevost de Paris, pour lez quieux il fut emprisonné et condempné à mort.*

*Le premier article si est : car ung homme appellé Berengier de Vignac fut pris et mis en prison au Chastelet de Paris pour aucuns homicidez que l'en disoit que il avoit fais. Le dit Berengier, si comme le dit Henry proposa en sa deffence par devant lez inquisiteurs et dist à tout le peuple[1] que le dist Berengier, sans contrainte nulle, tout paisiblement luy confessa que, d'une espée que il avoit, il avoit tué et meurdry xvij hommez, et avoit geu

---

qui furent confisqués sur lui étaient situés à Amiens et aux environs. (Archives nationales, JJ. 59, n° 512.)

2. Bigorre.

3. Eudes IV.

4. Bernard VII (et non Robert), comte de Comminges, mort en 1335.

5. Ancel ou Anceau, sire de Joinville, fils de l'historien de saint Louis et comme lui sénéchal de Champagne, — maréchal de France en 1338, mort en 1351 au plus tôt.

6. Amaury III, seigneur de Craon, mort en 1332. — Les commissaires enquêteurs ne sont pas nommés ailleurs que dans notre ms. A.

7. La Saint-Marc, le vendredi 25 avril.

8. *Ancesseur* pour *successeur*.

9. « Devant nommée, » au paragraphe 48.

52. — 1. Les Archives nationales ne renferment aucune pièce du procès de Henry de Taperel. — On remarquera la publicité, peut-être exceptionnelle, de l'interrogatoire de l'ancien prévôt (voy. aussi le paragraphe 225); elle est en contradiction avec les idées reçues sur la procédure criminelle au moyen âge.

avec la fame de son frere qui gesoit d'enfant, et que l'enfant il avoit noié en l'eaue du Rosne ; et pour ce le dit Henry yceluy Berengier du Chasteleit traynna jusques ès hallez de Paris, et illec l'en roua et brisa lez jambes et les bras, et d'illec le traynna et pendi au gibeit[2].

*II. Item, Lappe de Wit, chevalier, nepveu d'un homme lonbart nommé Jasques de Cretant, que, pour ung meurdre qu'il avoit fait à Provins et de par une bourgoise de Paris, [avoit esté] pris et en Chastelet mis en prison, pour ce que il cuida tuer Jehan Davelin, orfeivre, son mary, et il luy avoit mehengnié, le dit chevalier au dit Henry confessa, si comme le dit Henry par devant lez dis contez en ses deffences proposa contre le dit Jasques de Cretant, que vij hommes de sa main il avoit ochiz, et aucuns de ses sept il avoit ochis de fait apensé, et en avoit esté absoulz ; et pour ce le dist Henry prevost de Paris le traynna et pendi.

*III. Item, ung homme fut prins, en la terre de l'ospital qui jadiz fut du Temple, pour la suspection de la mort d'un homme ; le dit Henry, pour argent qu'i en eust, le laissa aller.

*IIII. Item, une fame, par cas fortunable, se couppa ung petit la gorge[3] ; il en eust ij[c] livres.

*V. Item, une fame fut prinse et mise en prison, la quelle l'en appelloit Agnesot de la Selle, pour la souspechon d'un homme que l'en disoit qu'elle avoit fait ochire en sa maison ; pour ce qu'elle estoit des linaigez de Paris[4] estraite, et à la priere et à la requeste d'un dez escuiers Estiene Barbeite[5], il la laissa aller.

*VI. Item, ung lonbart, pour plusieurs malefachons que il avoit fuictes, le dist Henry en eust ij[c] fleurins à l'engnel[6], et puis le laissa aller.

---

2. Pour comprendre qu'on ait fait un crime à Henry de Taperel de l'exécution de Berengier de Vignac, on est forcé de supposer que celui-ci avait été supplicié, malgré des lettres de rémission anciennement obtenues par lui, comme Lappe de Wit.

3. On sait que le suicide entraînait des pénalités posthumes (paragraphe 251) et la confiscation des biens. La tentative même était punie, comme l'implique ce passage du paragraphe 52.

4. D'une des principales familles de la bourgeoisie parisienne (voy. le paragraphe 34 et la note 6 de ce même paragraphe).

5. Etienne Barbette avait, de plus, un fauconnier (Géraud, *Paris sous Philippe Le Bel*, p. 117).

6. Florins à l'agnel (agneau).

'VII. Item, d'un changeur de Provins appellé Guillaume, par la haynne d'un homme qui le haioit, le quel homme donna à entendre au dist Henry, le fist aller querir à Provins et amener en prison de Thyron[7], et illec le mist plusieurs foiz à question et à tourment; et si luy en donna yceluy homme grosse somme d'argent. Et trouva yceluy Guillaume, tant par enqueste comme en aultre magniere, innocent, et puis le delivra.

'VIII. Item, ij fames, donc à l'une son mary estoit en prison, il requist à la dicte fame que, se elle se voulloit octrier à luy, il delivreroit son [mary]; elle s'i octroia, et gut avec elle, et si ne delivra pas son mary. Et pour ce faire la mena en la ville de Thyais[8].

'IX. Item, iiij compaignons, donc l'un estoit sergent et estoit son familier et à Philippe de Bescot, son clerc[9], tuerent[10] Gaultier, valleit de Jehan Le Mire à ce temps clerc des arbalestriers de France[11]; yceux prins et mis en prison au Chastelet, yceux ne trouva point clers ne thonsure nulles; par sa grant fallace leur fist sorciller leurs couronnes aussi comme se ilz eussent esté de xv jours[12]. Et pour ce se fist ammonnester et escommenier de l'office, pour eux couvrir, à ce que ilz les rendist à l'official. Le quel Henry, en deffraudant la juridicion du roy, les delivra comme clers à l'official de Paris.

'X. Item, d'une aultre fame qui avoit son frere en prison, en ouvra tout ainssi[13].

53. — Et aprez ce, mont d'aultres choses sur luy imposées tant des inquisiteurs comme de partie, et tant par haynne[1] comme

---

7. Thyron, hameau de Bréval (Seine-et-Oise).

8. Thiais, canton de Villejuif (Seine). Choisy-le-Roi en a été détaché.

9. *Henricus de Taperelle, prepositus Parisiensis, et Philippus le Bescot, ejus familiaris* (en 1318, *Olim*, III, p. 1307).

10. Ms. A : tuerent *tuerent*.

11. Jean Le Mire est désigné comme clerc des arbalétriers, et ses attributions sont fixées, les 18 juillet 1318 et 10 juillet 1319 (*Recueil des Ordonnances des rois de France*, I, 661).

12. *Sorciller.* — Ce mot manque dans les glossaires; il doit signifier : tailler de la largeur d'un sourcil ou aussi nettement qu'un sourcil. Les clercs n'avaient droit, on le sait, au privilège de la juridiction ecclésiastique, toujours indulgente pour eux, que s'ils étaient arrêtés en habits ecclésiastiques (sauf dans le cas où ils étaient chevaliers) et s'ils portaient la tonsure.

13. Cet alinéa aurait dû suivre celui qui porte le numéro VIII.

53. — 1. *Licet tamen nonnulli velint asserere hoc eidem ex suorum æmulorum invidia processisse.* (Contin. de Nangis, II, p. 24.)

à cause donc grant prolixité seroit de dire et raconter, et ses cas et plusieurs aultres[2] ainssi proposées et sur le dist Henry prouvées et d'iceux enquesteurs au roy de France et de Navarre rapportez, le roy, o deliberacion de son noble conseil, le condempna à estre pendu. Adonc yceluy Henry, du commandement du roy, à Paris, en l'abbaie des chanoines rieullés[3] de Sainte-Genevieve-du-Mont, où le dit Henry estoit en prison, le lundi[4] au soir, veille de la Magdaleine, tout à pié, à grant multitude de sergens devant et desriere, le dist Henry amené au Chastelet, au prevost de Paris Gille Haquin baillé et livré pour mourir; yceux Berengier de Vinac, escuier, et Lappe de Wit, chevalier, des inquisiteurs sentence que à tort, sans loy et sans congnoissance de cause, avoient esté justicié, et que iceux seroient du gibet ostez et en terre benoiste mis. Adecertez le vendredi[5] ensuivant, jour de feste saint Jasques et saint Cristofle au moys de juillet, en ycelle sepmaine ensuivant, environ heure de nonne, à grant multitude de peuple de Paris assemblez tant en la grant rue Saint Denys comme aux champs, le dit Henry du Chastelet de Paris, en une chareite, vestu d'une robe de pers, disant et criant au peuple : « Bonnes gens, priés pour l'ame de moy; je meur par haynne; » le peuple après, aucuns esperans que il ne mourroit mie, et lez aultres si disoient : « Penduz soit-il ! si ne fera jamaiz faulz jugement ! » et ainssi jusques à la mort soi demenant, fut mené au gibet; lez diz Lappe de Wit et Berengier de Vignac ostez et despenduz, à grant joye inestimable dedens Paris furent apportez et en l'eglise Saint-Augustin[6] en sepulture mis. Et aprez le deceparement de ses deux corps, le dit Henry de Taperel, qui par

---

2. Notre chroniqueur, remarquons-le, ne mentionne pas le plus odieux des crimes qui furent imputés à Henry Taperel ; celui-ci aurait substitué, à un homme riche condamné à mort, un pauvre homme, innocent, qu'il aurait fait pendre sous le nom du vrai coupable (*Ibidem*). Ne serait-il pas permis de conclure du silence de la *Chronique parisienne* que ce n'était là qu'un bruit, semé par les ennemis du prévôt de Paris pour exciter les masses populaires contre lui ?

3. Chanoines réguliers. — Cette prison de Sainte-Geneviève est citée dans une des pièces justificatives de la *Chronique Normande du XIV⁰ siècle*, éditée par MM. Molinier, p. 223, comme dans les *Grandes Chroniques*, col. 1222.

4. 21 juillet 1320.

5. 25 juillet.

6. Sans doute l'église des religieux Augustins.

iiij ans avoit esté prevost de Paris, à yceluy commun gibet des
larrons, où yceux Berengier et Lappe de Wit, chevalier, estoient,
fut pendu, jasoit ce que Jehanne la roynne de France et de
Navarre et Maheult la contesse d'Artoiz et de Bourgongne, sa
mere, bien veullans au dit Henry, et de elles mont amé, tendans
lez bras de leur puissance à priere et supplicacion devers le roy et
lez princes de son royaulme, aussi comme poi ou nient[7] vallut[8].

54. — Et en ycest an, le prince de Tharente Philippe, qui sus
les Ytaliens Guibelins nommez dès long temps avoit guerroié, et
son filz en la bataille ochiz[1], et Philippe de Valois, filz Charlez de
Valoiz[2], inglorieux et sans riens faire, dolent et courouché, fut
debouté à eux en revenir querir secours en France[3].

55. — Et en cest an ensement, le jeudi aprez feste saint Remy[1],
deux jours en octobre, deux noblez barons, c'est assavoir Jourdenet de l'Isle[2] et Alixandre de Caumont, des parties de Languedoc,
que eux ensemble de la trayson devant la magesté royal [avoient
appellé, à Paris, au jardin du palaiz royal,] és lices pour mons.
Ferry de Piquegny [et] mons. Jehan de Varennes faictes si comme
dessus est dist, devant Philippe le roy de France et de Navarre
et grant multitude de noblez d'ices royaulmes et grant habondance de menu peuple, pour batailler l'un contre l'autre,
armez noblement, vindrent au champ, et illec à lances d'acier

---

7. A la sollicitation de la reine Jeanne, Philippe le Long accorda aux
enfants de Henry de Taperel, en août 1320, quarante livres tournois de
rente perpétuelle, moitié de celle qu'il percevait sur la baillie d'Amiens.
(Arch. nat., JJ. 59, n° 518.)

8. Tout ce curieux récit d'un témoin oculaire est résumé ainsi dans le
ms. B : « En lad. année, au moys d'*aoust*, Henry Taperel, prevost de
Paris, fut mis et pendu au gibet de Paris. »

54. — 1. Philippe I" de Sicile, prince de Tarente, quatrième fils de
Charles II, dit le Boiteux, et de Marie de Hongrie, mort en 1332. Sa seconde
femme, Catherine de Valois, était fille puînée de Charles comte de Valois
et de Catherine de Courtenay, deuxième femme de celui-ci. — Le fils aîné
de Philippe I" de Sicile et de sa première femme, Charles de Sicile, avait
été tué, en 1315, à la bataille de Monte-Catino livrée aux Gibelins.

2. Philippe de Valois, fils aîné de Charles, comte de Valois, et de sa première femme, Marguerite de Sicile, depuis roi de France.

3. Voir Jean de Saint-Victor (*Historiens*, XXI, p. 672) et le Continuateur
de Nangis, II, p. 28.

55. — 1. Saint Remy, le 1" octobre (mercredi).

2. Jourdain de l'Isle-Jourdain, seigneur de Casaubon, de Cornillan et de
Montgaillard.

bien agües et [espées bien] esmoulues l'un contre l'autre se combatirent aussi comme à poi de force. Maiz comme ilz feussent au parc à plus asprement aller ensemble affin de leur entencion, par mont de conseux [et] de parlement de la paix faire, des amis d'une part et d'aultre avironnez et empeschez, du dit champ furent retraiz[3].

56. — Et en cest an, le jeudi devant la Nativité Nostre Seigneur, en la xviij[e] kalende de janvier[1], deux noblez barons, c'est assavoir mons. Fleurent de Waupillieres et mons. Fleurent de Bouchere, que eux ensemble de la traison devant la magesté royal avoient appellé, à Paris, au jardin du palaiz royal, ès lices pour mons. Ferry de Piquegny et mons. Jehan de Warennes faictes si comme nous avons dit dessus, devant Philippe le roy de France et de Navarre et grant multitude de nobles d'ice royaulme et grant habondance de menu peuple, pour batailler l'un contre l'autre, armez noblement, vindrent en champ, et illec à lances d'acier agües et espées bien esmoulues l'un contre l'aultre se combatirent asprement et viguereusement ; et eust à l'un brisée son espée, et à l'autre chevalier son espée luy chei. Maiz comme ilz feussent au parc ainssi viguereusement combatans et leurs armez depechans, convoitans à plus asprement aller ensemble, par mont de conseulz [et] de parlement de la paix faire, dez amys d'une part et d'aultre environnez et empeschiez, du dit champ furent retraiz.

57. — Et en cest an, Philippe le roy de France et de Navarre, de la feste sainte Luce vierge[1] jusques au karesme prenant ensuivant[2], à Paris, en la Chambre de ses comptes visitant, [ordena] aucunes provisions sur le sire de Chambelley[3] et celuy des Wir-

---

3. Le P. Anselme, II, p. 706, parle d'un combat singulier que se livrèrent les mêmes personnages, mais il lui donne la date du 10 novembre 1318.

56. — 1. Le jeudi 18 décembre 1320, Noël tombant le jeudi 25. — « Le jour des Calendes. C'est ordinairement le premier jour du mois, et quelquefois le premier jour du mois précédent auquel on commençait à compter par les calendes du mois suivant. » (*Art de vérifier les dates*, I, p. 187.)

57. — 1. Sainte Luce, le 13 décembre.

2. Le mercredi des Cendres tomba le 4 mars en 1321, n. st.

3. Un arrêt du 24 février 1320, v. st., révoqua, en effet, contradictoirement avec les héritiers de Pierre Hydeus, dit de Chambli, surnommé le Preudomme, et de Pierre Hydeus, dit le Gras, son fils, les dons, faits au premier par Philippe le Hardi et par Philippe le Bel, des seigneuries de

mes[4]. Et donc Philippe de France et de Navarre vers lez parties de Poitiers se traist.

58. — Et en cest an, au temps de karesme, furent condampnez lez mauvais livrez dez Juifz en la maistresse eglise Notre Dame de Paris[1].

59. — Et en cest an, le premier jour d'octobre, après heure de minuit, fut la lune eclipsée[1].

[L'AN M. CCC. XXI].

60. — *En l'an de grace ensuivant[1] M. CCC. xxj, le dimenche[2] jour de feste Sainte-Croix en may, furent lez Juifz prins, especialment pour sçavoir de eux, si comme l'en dist, les ecclesiastiques et aultrez qui peccunes à gaaing[3] leur bailloient; et au soir d'iceluy dimenche feste Sainte-Croix, furent delivrez, et revindrent à leurs hostieux chacun paisiblement[4].

61. — Et en cest an, le mardi d'après la saint Nicholas en may[1], à Paris, en la place des Champiaux, [à] ung chevalier de Languedoc nommé mons. Girart de Rays fut la teste couppée; et puis son corps et la teste, en ung gravois lors estant costé la place des Pourceaux, furent enfouys[2].

62. — Et en cest an, le roy d'Arragon[1], plain de grant iniquité, suivant aucunes des traches le roy Mainfroy de Sezille, jadiz

---

Cany-Caniel et de Chambli ou Chambly (Brussel, *Usage des fiefs*, II, LXXXIIJ. Voir aussi *Ordonnances*, I, p. 762).

4. La seigneurie de Wismes appartenait à la famille de Chambly, d'après le P. Anselme, VIII, p. 464.

58. — 1. Fait inédit.

59. — 1. Éclipse non mentionnée dans l'*Art de vérifier les dates*. — Ce paragraphe, comme quelques autres, est transposé.

60. — 1. Pâques 1321, le 19 avril.

2. 3 mai.

3. C'est-à-dire à intérêt. Cette sorte de prêt, quel que fût le taux, était considéré comme illicite. Les prêts sur gages par des ecclésiastiques étaient aussi un abus qu'on a signalé de tout temps. (M. L. Delisle, *Classe agricole au moyen âge*, p. 202.)

4. Ces faits sont racontés par notre chroniqueur seul.

61. — 1. Saint Nicolas, le 9 mai. Le mardi suivant, le 12.

2. Faits inédits.

62. — 1. Jayme II, roi d'Aragon, mort en 1327. Il avait été excommunié par le pape.

envaisseur de l'eglise de Dieu[2], en tous ses termes congea et banist toutez gens qui en sa terre n'estoient nez, jasoit ce que aucuns y eussent demouré l'espasse de LX ans et plus et qu'ilz y eussent leurs enffans et leurs heritagez. Et les pelerins et aultrez simples de povre estat les faisoit meitre en prison et oster ce qu'ilz avoient; ne nulz, en tout son royaulme, qu'il peust, ne laissoit demourer, se il n'estoit nez de son royaulme. Le quel roy, de ceste rage ainssy esprins, oncques à ses Sarrasins ne Juifz, en riens ne lez contraingnist ne de nulle chose ne lez achoisonna, donc c'estoit oppression, grant courous et grant deul à son peuple crestien; et ceste dyablie, entrée au roy d'Arragon et ès siens, faisoit il pour doubte que yceux banis ne feussent meseaux[3], et que luy et son royaulme ne voulsissent en aucune magniere envair[4].

63. — *Icy povés sçavoir et entendre en quel temps les Juifz et les meseaux furent prins, emprisonnez et ars par le royaulme de France.*

*Et en ceste mesmes année vraiement[1], l'an de l'Incarnacion Nostre Seigneur Jhesucrist M.CCC.xxj, une trés grant desloiaulté et horrible malice dez meseaux du royaulme de France et d'autres regions, tant des meseaux qui estoient appellez Cacos[2] comme des

---

2. Manfred ou Mainfroi, roi des Deux-Siciles, fils naturel de l'empereur Frédéric II, tué à la bataille de Bénévent en 1266, après avoir longtemps lutté avec succès contre les papes Innocent IV, Alexandre IV, Urbain IV et Clément IV, et contre Charles d'Anjou, compétiteur suscité par eux.

3. Lépreux.

4. On ne lit rien de semblable dans les autres chroniqueurs français.

63. — 1. Ms. B : Oudit an M.CCC.xx.

2. « Sçavoir entre eulx aucuns qui n'estoient pas mesel, mes filz de mesel ou de meselle, que l'en appeloit *cacors*, qui se portoient comme mesel, et cilz estoient les plus mauvaiz, qui portoient les messages, et, quant ilz estoient entre les sains, ilz se contenoient comme sain, pourquoy ilz aloient plus franchement par tout. » (Archives de la Seine-Inférieure, *Chronique manuscrite anonyme de 1285 à 1323*, n° 5 des Cartulaires, fº 142 rº et vº. Le ms. français 10132 de la Bibl. nationale, qui est analogue à cette chronique, a été publié seulement pour la partie postérieure à 1321, dans le tome XXI des *Historiens des Gaules et de la France*, sous le titre de *Continuation anonyme de la chronique de Jean de Saint-Victor*.) On peut induire de ce passage que, pour l'auteur de la *Chronique parisienne*, les *Cacos* étaient des fils de lépreux ou de lépreuses; seulement, il les considérait comme lépreux eux-mêmes. Le *Dictionnaire de l'ancienne*

aultres. Les quieux[3] (si comme le commun oppinion du peuple tenoit
pour certain, et fut jà si avereis tant par la confession de plusieurs
qui pour ce en aucunes parties du royaulme de France furent mis
à raison et aucuns justiciés et ars, et pour aultrez causes, que en
nulle magniere ne peust plus estre celée) par grant deliberacion
eue à eux par plusieurs assembléez, et de long temps, avoient
appareillez poisons mortieux pour adminstrer et donner à tout le
peuple qui de leurs maladies n'estoient enteichiez, par plusieurs
et diverses magnieres, c'est assavoir pour meitre en puis, en fon-
taines, en vins, en blés et en aultrez choses necessaires à soustenir
vie de homme et de fame, affin que tous ceux qui de ses poisons
en aucune magniere useroient en boire ou en mengier, ou ilz
mourroient ou ilz feussent espris et enteichez de leur maladie. La
quelle chose ne peut estre sans la lesion de la magesté royal[4],
si comme plusieurs le tenoient. Et en ceste grant desloiaulté et
cruelle malice, avoient yceux mesiaux plusieurs de eux esleus à
seigneuries royaux, et lez contrées à eux livrées, si comme aucuns
de eux, en la contrainte de leur tourment, confesserent. Et sur ce,
par grant deliberacion, de la magesté royal pourveu et ordené que,
avant que ceste desloiaulté peust plus avant venir, remedez conve-
nablez y feussent mis, à la conservacion et saulvement de tout le
peuple gros et menu. Et eux pour ces felonnies et iniquitez
emprisonnez et mis à question et tourment[5], furent en ce convaincus, en disant aucuns, tant à Paris[6] comme ailleurs, que par
l'ammonicion et introducion dez Juifz avoient ceste deablerie

---

langue française, de M. Godefroy, ne donne que les formes *caqueux* et
cacoux, sans autre signification que lépreux. Du Cange repousse à tort
cette même signification, et indique les mots *caqueux, caquins, cacou* et
cagots (cagoti), comme des injures ou termes de mépris appliqués, en
Bretagne, en Béarn et en Gascogne, soit à des hommes regardés et traités
comme Juifs dans la première province, soit à des habitants haïs et mé-
prisés du reste du peuple. — La réclusion des meseaux et la sépara-
tion absolue des hommes et des femmes (Bernard Gui, *Historiens*, XXI,
p. 732) furent probablement motivées en partie par le rôle prêté aux *Cacos*.

3. Ms. A : Le quel.

4. *Ceterum cum leprosi ipsi crimen lese majestatis nostre ac contra rem
publicam commiserint.* (Ordonnance de Philippe le Long, à Poitiers, 21 juin
1321, *Bibl. de l'École des chartes*, 1857, p. 270.)

5. *Subjiciantur questionibus et tormentis* (Ibidem).

6. Les lépreux furent donc persécutés même à Paris. (Comparez *Mémoires
de la Société de l'Hist. de Paris*, III, p. 176.)

emprinse. Et ainssi, par ceste felonnie, furent par le royaulme de France ars, et leurs chairs et leurs os ramenez en pouldre; car, en ung jour, en aucuns lieux au pais de Languedoc, en y eust d'ars, de ces meseaux, bien vj^c. Et la verité sceue et ainssi descouverte et à Philippe le roy de France et de Navarre rapportée en la deliberacion de son grant conseil, le vendredi[7] devant la feste de la Nativité saint Jehan-Baptiste, furent tous les Juifz par le royaulme de France pris et emprisonnez, et leurs biens saisis et inventoriés.

64. — Et l'endemain, à Paris, les confreres de Saint-Jasquez, honnourablement vestuz en robes partiez de rouge et de pers[1] (qui poi de prouffit à eux ne à aultre chose), tous allerent à l'encontre de Charlez le conte de Valoiz, qui, dez parties d'Espaigne, du pelerinage Saint-Jaques de Galice[2] venoit en France[3].

65. — Et le vendredi ensuivant d'après la dicte Nativité saint Jehan, en ceste année, fut le soleil esclipsez. Et au moys de juillet ensuivant, la lune perdy sa lumiere, maiz ce ne fut pas du tout[1].

66. — Et lez Juifz, ainssi emprisonnez, du ballif de Bourges, du duc de Bourgongne Eude, le jendre du roy de France et de Navarre, en Prouvence, en Carcassonne et en aultres lieux, furent questionnez et mis à raison des forfaiz des meseaux eus, ès quieux, si comme l'en dist, ilz furent convaincus, et tantost ars et ramenez en pouldre[1].

67. — Et en cest an, le lundi xxix jour de juing, feste des appostres saint Pierres et saint Pol, ung chevalier flamenc, pour le fait de l'aliance des barons de Picardie et d'Artoiz, appellé Allart de Sainte Adegonde[1], ès halles de Paris, devant tout le peuple, sus la roe d'une chareite à ce appareillée eust les deux bras et une de ses jambes cassées, et d'icelle roe descendu eust sa teste

---

7. 19 juin 1321 (voy. note 4 ci-dessus).

64. — 1. Détail de costume à noter.

2. Le pèlerinage du comte de Valois à Saint-Jacques-de-Compostelle fut donc antérieur à 1323 (comparez *Mémoires* cités, I, p. 198).

3. Faits inédits.

65. — 1. L'éclipse de soleil eut bien lieu le vendredi 26 juin, et l'éclipse partielle de lune le 10 juillet (*Art de vérifier les dates*).

66. — 1. Voir le Contin. de Nangis, II, p. 35.

67. — 1. Ms. B : Ou dit an m.ccc.xx, ou moys de juing, Alard de Saint-Aldegonde.

coupée, et d'illec traynné, et par lez asselles[2], sa teste dessoulz son bras, au commun gibet des larrons fut pendu[3].

68. — En icest an, le mardi xiiij jours au moys de juillet, ung chevalier que l'en appelloit mons. Eude de Vautemain et ung escuier[1] qui estoit appellé Guillaume Mauferas (devant la magesté royal de meurdre et de trayson yceluy escuier avoit appellé le devant dit chevalier), ès lices pour mons. Ferry de Piquegny faictes, bien armés et à appareil bataillereux, se combatirent l'un contre l'autre, tant que en la parfin le dist chevalier yceluy escuier de son cheval à terre abaty, et illec mont fort et longuement le tint. Et ainssi, à grant gloire et louenge du dit chevalier, la bataille consommée et parfaicte, du commandement du roy hors dez lices fut mis, et yceluy escuier comme chetif, à grant male aventure, au prevost de Paris baillé, et, evanuies[2], par piés et par mains au Chastelet de Paris porté et emprisonné[3].

69. — *Et[1] en ceste mesmes année, au moys de juillet, Philippe le roy de France et de Navarre, par le conseil de Charles, son oncle, conte de Valoiz, de Henry de Suilli[2], de Anseau seigneur de Gienville[3], et d'aucuns aultres grans maistres, si comme on dist, requerant à avoir aide de tout le royaulme de France, en desirant d'acomplir le traitié du mariage de la fille du conte de

---

2. Ms. A : lez dasselles. — Ms. B : les esselles.

3. Fait rapporté par notre chronique seule.

68. — 1. Ce combat singulier doit être l'un des plus anciens exemples d'un duel entre un simple écuyer et un chevalier. (Voir Lacurne de Sainte-Palaye, *Mémoires sur l'ancienne chevalerie*, notes de Ch. Nodier, Paris, 1826, I, p. 280. — Voir aussi le paragraphe 28 ci-dessus.)

2. Le ms. A porte, à la fin d'une ligne, *en* et, au commencement de la ligne suivante, *aunies*, *anuies* ou *aiunes* avec un trait au-dessus. Ces mots n'offrant aucun sens, nous avons cru pouvoir les remplacer par le mot qui s'en rapproche le plus.

3. Ce paragraphe est encore un récit original.

69. — 1. Dans le ms. A, le paragraphe 69 est précédé d'un long alinéa, qui n'est qu'une interpolation inutile à reproduire, car cet alinéa fait double emploi avec le texte même de la *Chronique parisienne* et n'est qu'une copie de la *Chronique française dite de G. de Nangis*, qui en a elle-même emprunté le texte aux *Grandes Chroniques* (ch. VII du règne de Philippe le Long, premier, deuxième, cinquième, sixième et septième alinéas); on le trouve, dans le ms. Français 17267, au f° 118 r°.

2. Henry IV, sire de Sully, grand-bouteiller de France depuis 1317 ou 1318.

3. *Gienville*, Joinville.

Valloys et du prince de Tharente Philippe, le frere le roy Robert de Sezille[4]. Car, si comme il fut proposé des prelaz, c'est assavoir de l'evesque de Saint-Malo[5] et de l'evesque de Mendre[6], et du devant nommé seigneur de Gienville et d'aultres familiers du roy, aux personnes qui de toutes les bonnez villes estoient à Paris venus au mandement du roy, à Jehan Gencien, en ce temps prevost des marchans[7], Estienne Barbeite, Gieffroy de Dampmartin[8], et à plusieurs aultres bourgoiz de Paris, que le roy avoit eu deliberacion à son grant conseil, pour le prouffit evident de tout le royaulme, que il n'eust, en tout le royaulme, que une aune[9], et de acheter la monnoye des prelaz et barons, et mont d'autrez choses donc grant prolixité seroit du racorder, pour les quelles ilz ne distinterent quelle ayde[10]. Desquieux requistes eurent yeeux bourgoiz journée d'avis à la quinzaine de la saint Remy[11] prouchain ensuivant, du connestable de France Gauchier de Crecy[12], [de] Regnault de Lor[13], et de maistre Raul de Praelles[14], le xxxe jour

---

4. Le chroniqueur veut sans doute insinuer par là que les subsides demandés étaient, en réalité, destinés à payer la dot promise à Catherine de Valois, dès 1313, par le comte de Valois, son père, — le prince de Tarente et le roi Robert, son frère aîné, étant depuis longtemps engagés dans une lutte ruineuse contre les Gibelins (voy. paragraphe 54).

5. Raoul Rousselet, chancelier de France en 1316, mort évêque de Laon en 1323.

6. Guillaume Duranti, évêque de Mende, mort en 1328.

7. Jehan Gencien, ancien échevin, était encore prévôt des marchands en 1324 (*Mémoires de la Société de l'Hist. de Paris*, I, p. 193) et en 1328 (*Cartulaire de Notre-Dame de Paris*, III, p. 213).

8. Geoffroy de Dampmartin, aussi ancien échevin, frère et héritier de Jeanne de Dampmartin, première femme d'Étienne Marcel.

9. L'unification projetée devait s'étendre à toutes les mesures en général, comme aux monnaies. Peut-être aussi le roi avait-il annoncé qu'il prendrait pour types les poids et mesures de Paris, l'aune exceptée.

10. Cette phrase signifie sans doute que les commissaires royaux laissèrent d'abord dans le vague la nature et la quotité des futurs subsides. Ils ne demandèrent, en effet, à Paris, qu'un avis *théorique*, et ce fut à Orléans seulement que les conséquences financières du projet furent exposées clairement, selon M. Hervieu (*Recherches*, p. 165).

11. Saint Remy, le 1er octobre.

12. Plus souvent dit de Chastillon (voy. toutefois ms. A, f° 109 r°, en 1297, où il est aussi nommé de Crécy).

13. Regnault de Lor, seigneur de Lor, « chevalier de Champaigne » (Ms. U. 41 de la Bibl. municipale de Rouen, f° 118 r°), mort à la bataille de Cassel.

14. Raoul de Presle, fameux jurisconsulte. Persécuté d'abord après la

du dit moys[15]. La quelle chose, ainssi publiée par devant tous
en general, fut exposé d'aucuns que c'estoit la subvencion que l'en
appelle le quint dernier. Ce en plusieurs jours asprement ensui
du roy et dez siens par plusieurs blandissemens de parollez,
en l'esperance d'avoir l'octroy, aprez la dessus dicte journée
d'avis fut, de par lez bonnes villes, au dessus dit seigneur de
Suilly, en la cité d'Orliens[16], respondu que de l'achat des monnoies du roy ilz ne se mesloient; ainchoiz leur suffisoit assez
leurz aunez; et qu'ilz estoient tous prestz d'aller avec le roy, bien
appareillez, en ost, en chevauchée, ou là où il luy plairoit aller,
fût oultremer[17] ou ailleurs; et que nulle aide ilz ne luy povaient
faire. Et ceste chose ouye et entendue du roy, fut traitié, et en
grant indignacion, et par aucuns grans hommes et par le seigneur
de Suylly, si comme l'en dist, que le siege du royaulme fût separé
de l'evesché de Paris, cité de grant renom, et que le siege fût
d'ore en avant en la ville d'Orliens[18]. La quelle chose fut tant
rappellé pour l'agrevement du flux de ventre qui est dist sang, où
le roy au boys de Vinciennes delez Paris nouvellement[19] estoit
encheu, comme pour aultrez certaines causes.

70. — Et en cest an, fut l'aoust pluvieux et plain de pluye en
aucuns lieux par le royaulme de France, en telle magniere que
lez biens ne povaient estre bonnement cueillis; donc c'est paour.

---

mort de Louis le Hutin, en 1317 Philippe le Long l'avait anobli et lui avait
rendu ses fonctions d'avocat général au Parlement. Il était seigneur de Lizy
et mourut, suivant le P. Anselme, entre 1325 et 1331.

15. « Du dit moys » de juillet.

16. Les Etats généraux, d'abord réunis à Poitiers aux octaves de la Pentecôte (14 juin), l'avaient été ensuite à Paris à la quinzaine de la Saint-Jean-
Baptiste (8 juillet); puis, tandis que les bourgeois de Paris étaient convo-
qués à Orléans à la quinzaine de la Saint-Remy (15 octobre) comme en
témoigne notre chroniqueur, les députés des autres villes l'avaient été pour
le 10 de ce dernier mois, sans doute afin de les soustraire pendant quelques
jours à l'action des envoyés parisiens (voir les documents publiés par
M. Hervieu dans ses *Recherches*, p. 160 à 165 ; aucun d'eux ne concerne
Paris ni le rôle joué par ses représentants).

17. Le roi avait, en effet, appuyé aussi sur ses projets de croisade (mêmes
documents).

18. C'est à notre chronique seule que nous devrons d'avoir conservé le
curieux souvenir de cette menace de translation de la capitale (*Nil novum
sub sole*, même en cette matière), menace qui prouve que les bourgeois de
Paris avaient exercé une influence prépondérante sur les délibérations.

19. Vers le commencement d'août 1321 (Contin. de Nangis, II, p. 37).

Et en salutacion en Jhesucrist, Estienne[1], l'evesque de Paris, le merquedi[2] feste devant l'Asumpcion à la benoiste vierge Marie, luy tout revestu, les chanoineriez, lez parroisses, et grant planté de peuple de Paris, mont devotement se mirent en pourcessions parmy Paris; et lors, à la devant dicte feste Nostre-Dame, commencha le temps estre bel et naturel et la pluye à cesser.

71. — Et en ceste année, au royaulme d'Engleterre se esbouli et must grant discorde entre aucuns des barons et Edouart leur roy, et se rebellerent contre luy; et puis ne demoura guaires qu'ilz se rapaiserent et au roy Edouart obeirent[1].

72. — En ycest an, le vendredi aprez la feste du glorieux martir saint Denis[1], les parroisses et lez religions de Paris, pour la maladie Philippe le roy de France et de Navarre, mont honnourablement se mirent en pourcessions par les sains lieux, en la cité de Paris.

73. — Et en ceste année fut translacion faicte dez glorieux sains, mons. saint Luc euvangeliste, d'aucuns des ossemens des xj[m] vierges, de saint Jehan, dit Gendulphe[1], qui jadiz fut evesque de Paris, et de plusieurs aultrez corps sains, au lundi aprez la feste saint Luc[2] euvangeliste.

74. — Et le mercredi[1] ensuivant, allerent de rechief les religions et aultrez gens de Paris, pour l'agrevement[2] de la maladie au roy, par les eglises en processions.

75. — 'Après en ceste année, au moys de decembre, les Juifz, par arrest de la court de France, furent banniz[1]; et en la sepmaine de devant la feste de la benoite Nativité Nostre Seigneur

---

70. — 1. Étienne de Bourret, élu en 1321, mort en 1325.

2. 12 août. — 'L'Assomption, le 15.

71. — 1. Voy. Rapin Thoiras, *Abrégé de l'Histoire d'Angleterre*, La Haye, 1730, I, p. 356.

72. — 1. Saint Denis le 9 octobre ; le vendredi suivant, le 16.

73. — 1. Saint Gendulfe, Teudulfe ou Teodulfe, évêque de Paris, mort en 921 ou 922. Ni le *Gallia Christiana*, VII, col. 39, ni l'abbé Lebeuf, *Hist. du diocèse de Paris*, I, p. 16 et 194, ne lui donnent cet autre nom de Jehan.

2. Saint Luc, le 18 octobre ; le lundi suivant, le 19.

74. — 1. 21 octobre.

2. Ms. A : la grevement.

75. — 1. Les autres chroniqueurs ne relatent pas cet exil momentané des Juifs. — Voir, à la table, l'emploi varié du mot *court*.

Jhesucrist[2], et tost après, en leurs hostieux paisiblement s'en revindrent.

76. — Et en ceste sepmaine de devant la Nativité Nostre Seigneur, Estienne Barbeite, bourgoiz de Paris, xv ans après[1] la rebellion faicte à Paris en son hostel lez la porte Saint Martin, mourust[2].

77. — Adecertez en cest an, Philippe le roy de France et de Navarre, le vme Philippe roy de France, qui de long temps de devant avoit esté mont aigrement pené d'une maladie que l'en appelle le flux du ventre, le samedi segond jour[1] du moys de janvier, en l'abbaie de Longchamp, prez de Paris, clouist son desrain jour en l'an de son aage xxxj[me][2]; et le mardi ensuivant, à Saint-Denys-en-France fut porté. Et l'endemain jour de feste de l'Apparicion[3] Nostre Seigneur, fut en celle eglise Saint Denys-en-France honnourablement enterré. Et pour voir son cueur à Paris, en l'eglise des Freres Mineurs, fut honnourablement enterré. Et ses boyaux et entrailles en l'eglise des Freres Prescheurs furent illec enterrés[4].

78. — Adecertez icil roy de France et de Navarre Philippe vme roy de France, regna v ans selon les croniques[1]. Et pour voir, icil roy Philippe engendra en Jehanne la roynne de France et de

---

2. Noël 1321, le vendredi 25 décembre.

76. — 1. Voir le paragraphe XVII de la Première partie.

2. Fait inédit.

77. — 1. D'après Girard de Frachet (*Historiens*, XXI, p. 57) et le Continuateur de Nangis, II, p. 38, Philippe le Long serait mort le 3 janvier 1322, n. st., et c'est ce que portait son épitaphe selon G. Corrozet et Du Breul; — ils ajoutent « *circa mediam noctem;* » et Bernard Gui (*Historiens*, XXI, p. 732) écrit « *in prima parte noctis dominicæ diei.* » Pour concilier ces expressions avec notre texte, il faudrait supposer qu'elles se rapportent à la nuit du samedi 2 au dimanche 3 janvier (date acceptée par les Bénédictins). Deux autres chroniques anonymes (*Historiens*, XXI, p. 140, et XXII, p. 20) fixent aussi au 2 la mort du roi.

2. Il n'avait que vingt-huit ans, d'après le P. Anselme. — Le ms. B ajoute : et de son règne v[e].

3. « Epiphania, Theophania....., en gaulois Tiphaine..... On a encore appelé l'Épiphanie *Apparitio*, apparition de N.-S. lorsqu'il s'est fait connaître aux hommes » (*Art de vérifier les dates*). — Le mercredi 6 janvier.

4. Les autres chroniqueurs ne parlent ni du transfert du corps à Saint-Denis la veille des obsèques, ni de l'inhumation distincte des entrailles.

78. — 1. Ces mots « selon les croniques » et l'orthographe de certains noms prouvent que ce paragraphe est une interpolation.

Navarre sa fame, fille de Othez jadiz conte de Bourgongne et de
sa fame Maheult contesse d'Artoiz et de Bourgongne, fille du bon
conte d'Artoiz Robert qui mourut devant Courtray, de quoy
il eust plusieurs enffans, c'est assavoir Jehanne la duchoisse
de Bourgongne, fame Eude le duc de Bourgongne, Louys qui
mourut en son enffance, qui fut enterré en l'eglise des Freres
Mineurs, Ysabel[2] daulphine de Vienne, Marguerite contesse
de Flandrez, et Blance[3] qui fut cordeliere à Longchamp.

79. — Et en cest an, le mercredi[1] ès octaves de la devant dicte
feste de l'Apparicion, Marie[2] la roynne de France, qui en aucun
temps de devant passé avoit esté fame de Philippe le roy de
France, filz saint Louys, mourust; et le vendredi ensuivant
xiiij jours[3] au dit moys de janvier, à Paris, en l'eglise des
Freres Mineurs, presens Charlez, successeur au royaulme de
France de Philippe son frere roy de France et de Navarre nouvellement trespassé, et Charlez[4] son oncle conte de Valoiz, fut
en la dicte eglise des Freres Mineurs honnourablement enterrée[5].

80. — Et en ceste année, environ la feste de la Purificacion[1] de
la benoite vierge Marie, furent lez grandes naiges, tant et si grant
habondance que lez gens par lez chemins en furent noiez.

81. — Charlez roy de France et de Navarre, le iv[e][1] Charlez
roy de France.

*Après le roy Philippe le vme roy de France, regna en France
Charlez[2] son frere, [tiers][3] filz Philippe le Beaux jadiz roy de

---

2. Ysabel, fiancée en 1316 à Guigues VIII, Dauphin de Viennois, ne
l'épousa qu'en 1323, selon le P. Anselme, I, p. 94.

3. Blanche, morte en 1358.

79. — 1. Le *mardi* 12 janvier 1322, n. st., d'après son épitaphe reproduite par G. Corrozet et Du Breul.

2. Marie de Brabant, veuve de Philippe le Hardi.

3. Le mercredi dans l'octave de l'Épiphanie tombait le 13, et le 14 était
un jeudi et non un vendredi. Notre texte devrait donc être corrigé en
quelque point.

4. Ms. A : et *de* Charlez.

5. Les autres chroniqueurs, qui omettent les dates et les noms des assistants, ajoutent que le cœur de la reine fut inhumé dans l'église des Frères
Prêcheurs.

80. — 1. 2 février 1322, n. st.

81. — 1. Ms. A : le vij[e].

2. Charles IV le Bel.

3. Ms. B : le *tiers* filz.

France. Et commencha icil roy Charles, qui conte de la Marche
estoit nommez, à regner l'an de l'Incarnacion Nostre Seigneur
Jhesucrist M.CCC.XXj. Et le dimence devant lez Brandons, xxjᵉ jour
au moys de fevrier, en la cité de Rains fut couronné en roy
de France, present le roy de Behaigne[4], d'Alemaigne, et grant
foison de haux hommes.

82. — *Et en cest an vraiement, au royaulme d'Angleterre,
Thonmas le conte de Lenclastre, filz defunct mons. Haynmes[1]
jadiz frere le grant roy Edouart[2] d'Angleterre, et cousin germain
du roy d'Angleterre Edouart son filz, et oncle, pour raison de la
roynne de Navarre[3], ayeule, de Louys, Philippe et Charlez, freres,
roys de France l'un après l'autre, et de Ysabel royne d'Angleterre, fame d'iceluy Edouart adoncques roy d'Angleterre ; la quelle
roynne de Navarre fut fame mons. Haymmes, et en elle engendra
il iceluy conte de Lenclastre, mons. Jehan de Lenclastre, mari à
la dame de Biaufort, et mons. Henry de Lenclastre. Et icelle
roynne de Navarre fut seur au bon conte d'Artoiz Robert, qui des
Flamens fut occiz, et mere de la roynne Jehanne de France qui
fame fut de Philippe le Beaux jadiz roy de France. Le quel Philippe le Beaux engendra en icelle roynne Jehanne lez devant diz
Louys et Charles et Philippe, roys, et Ysabel la roynne d'Angleterre. Et par ce povés vous entendre et sçavoir comme il estoit
oncle aux roys de France et à la roynne d'Angleterre Ysabel. Le
quel Thonmas de long temps avoit en luy concheu l'esprit de
rebellion, et fait esmouvoir et meitre en rebellion publique contre
son cousin germain Edouart le roy d'Angleterre tous les contes,

---

4. Jean de Luxembourg, depuis surnommé l'Aveugle, tué à la bataille de
Crécy en 1346, roi de Bohème par son mariage avec Élisabeth, fille et
héritière de Wenceslas IV.

82. 1. Haynmes, Edmond. — Voir la note 3 du paragraphe 37.

2. Le grand roi Édouard, Édouard Iᵉʳ, que le chroniqueur appelle aussi
(paragraphe 44) Édouard le vieil.

3. De son premier mariage avec Henri III roi de Navarre, Blanche d'Artois
n'avait eu qu'une fille, Jeanne, mariée à Philippe le Bel et mère de Louis
le Hutin, de Philippe le Long, de Charles le Bel, et d'Ysabel, femme
d'Édouard II. De son second mariage avec Edmond comte de Lancastre
elle eut trois fils, Thomas, aussi comte de Lancastre, Henry dit au Tort-
Col, comte de Leicester, puis de Lancastre (mort en 1345) et Jean, que les
Anciennes Chroniques de Flandre (Historiens, XXII, p. 398) appellent
messire Jehan de Beaufort, titre qui lui appartenait du chef de sa femme
comme va l'indiquer notre chroniqueur.

les barons et les chevaliers du royaulme d'Angleterre, et en destruiant la gent du roy, en applicànt tous lez baniz et les fors hommez d'Angleterre, et avec luy tousjours[4] menant grant multitude de soudaiers, de gens à pié et à cheval noblement armez. Adecertez iceluy Thonmas, comme traistre et alié à Robert de Bruis et à la gent d'Escoce, à ce, si comme il fut dit, que par son malice et oultrecuidance il peust le roy, son cousin germain, essillier et anientir hors d'Angleterre et luy mesmes estre roy d'Angleterre, la quelle chose estoit griefve et horrible à endurer au roy d'Angleterre et à la roynne sa fame et à tout le sanc de France et d'Angleterre et au commun peuple d'Angleterre. Et comme iceluy Thonmas, en poursuivant sa desloiauté et traison, eust fait perdre à son cousin germain le roy d'Angleterre la bataille de Setrieulin[5] en Escoce contre la gent d'Escoce, et le jenne conte de Gloccistre, son nepveu[6], ochire, en la quelle bataille, si comme il fut dist, eust de ochiz et agraventez à mort de la gent d'Angleterre bien jusques au nombre de xxij[c] hommez[7], tant contes, barons, chevaliers, escuiers, et bourgoiz et aultre menu peuple, et de la gent escommenfée d'Escoce jusques à ij[c] personnes. Et pour voir dient tous ceux qui escripvent lez gestes et les croniques des roys d'Angleterre que, en celle empointe, Edouart le roy d'Angleterre estoit à baillier et delivrer en ycelle bataille aux Escoz[8], et avec ce la roynne d'Angleterre, seur au roy de France, par la trayson d'iceluy conte de Lenclastre, vendue aux Escoz et de eux dedens les termes d'Angleterre suivie à prendre et en Escoce amener, se Dieu tout misericord et piteablez au roy d'Angleterre et à la roynne ne feust. Et ainssi ces traysons, griefz et dommaiges faictes du dit conte envers le roy d'Angleterre son cousin germain, le roy Edouart, considerant que à plaine bataille du conte son

---

4. Ms. A : tourjours.

5. Stirling. — Édouard II avait convoqué tous ses vassaux pour sauver cette place qu'assiégeait Édouard Bruce, frère de Robert ; le comte de Lancastre refusa de se joindre à lui. Le 25 juin 1314 fut livrée, près de Stirling, la bataille de Bannockburn, qui se termina par l'entière défaite des Anglais.

6. Gilbert VI, comte de Clare, de Glocester et de Hertford, capitaine de l'armée d'Écosse dès 1309 (Rymer), tué à l'âge de vingt-trois ans. Il était fils de Gilbert V et de Jeanne, fille d'Édouard Ier.

7. Lire : xxiju. On a même évalué la perte des Anglais à 50,000 hommes. — Il faut sans doute lire aussi plus loin : iju.

8. *Empointe*, expédition, circonstance critique. — Ms. A : *les Escoz.*

cousin ne se povait venger pour son grant povair ainssi concueilli comme dessus est dit, et pour l'amour de son frere[9] Charlez le roy de France et du trés hault linaige du quel yceluy conte estoit descenduz, toutesfoiz yceluy roy d'Angleterre Edouart, au moys de janvier, aprez la prinse qu'il eust faicte de deux chasteaux qui estoient rebellez et hebergage avoient denié à la roynne Ysabel sa fame[10], et aprez l'assault, la destruction et la grant pròie faicte de son connéstable, hardy chevalier et noble batailleur, mons. Andrieu de Hartelay[11], sus Berouyc[12] la cité d'Escoce, en ycest mesmes moys de janvier, par aucuns secreis conseulz faiz et accordez du roy d'Angleterre, du dit mons. Andrieu, de mons. Hue son despencier[13] et d'aultrez, et en la grant aide du peuple, le dessus dit conte, qui en la conté de Ponfroy[14] estoit, luy et grant planté de gens d'armes, et comme celuy qui cuidoit que son cousin germain le roy Edouart fût en Galles[15] et le dit Andrieu[16] en son propre lieu, le roy d'Angleterre, usant de l'aide de Dieu, luy et ses ij freres[17] et tous les siens, en agueit et en tapinaige, yceluy Thonmas de Lenclastre et bien viij contes et grant foison de barons et de chevaliers et aultrez grans maistres d'Angleterre furent prins[18] et loyez et dessoulz estroite garde tenus, et tout le menu peuple acraventé à mort, et lez aultrez, qui en prison

---

9. Son beau-frère.

10. L'un de ces deux châteaux était celui de Leeds, comté de Kent (Rymer, II, 2ᵉ partie, p. 25 et 26), l'autre le château de Warwick. Ils avaient été pris en octobre et novembre 1321 (Voy. Rapin Thoiras, I, p. 355).

11. André de Harcla ou de Hartela, depuis (25 mars 1322) comte de Carlisle.

12. Berwick. Cette phrase obscure est une allusion, non à un succès des Anglais, mais à la prise de Berwick par les Écossais en 1319, prise considérée encore par notre chroniqueur comme imputable au comte de Lancastre (voy. paragraphe 37 et note 4).

13. Hugh Spencer ou Despenser senior. Il fut créé comte de Winchester le 10 mars 1322.

14. Pontefract.

15. Certains rebelles s'étaient réfugiés dans ce pays, et le roi les y avait poursuivis (Lettre d'Édouard au pape, du 25 février 1322, dans Rymer, II, 2ᵉ partie, p. 38).

16. Ms. A : Gaultier.

17. Thomas comte de Norfolk et Edmond comte de Kent.

18. Thomas de Lancastre fut pris par André de Hartela au combat de Boroughbridge (*Pons-Burgi*) le 16 mars 1322, n. st.

estoient attendant prononciacion de sentence estre contre eulx, et
le jugement de la court d'Angleterre sur eux donné, furent yceux
barons traynnez et en plusieurs gibés penduz, et en la cité de
Londrez grant foison envoiez, et illec les testes eurent couppées.
Toutesfoiz le devant dit Thonmas conte de Lenclastre, pour
l'onneur et reverence de son cousin germain le roy d'Angleterre
et de tout le linaige de France et d'Angleterre et du roy de France
Charlez son nepveu, par jugement, [audit] conte de Lenclastre
emmy lez champs, present grant foison de gens d'armez à pié et à
cheval, fut sa teste couppée, et le corps et la teste ensemble furent
en terre benoite enfouiz [19]. Et pour certain que iceluy Thonmas,
conte de Lenclastre, cousin germain le roy d'Angleterre et oncle
de la roynne Ysabel d'Angleterre et du roy Charles de France,
estoit conte et seigneur bien de viij contés, et le plus riche
homme d'Angleterre et de France et qui plus tenoit de terres et de
fiefz après le roy son cousin et son nepveu Charles roy de France;
car communement on tesmoignoit aussi comme pour voir que le
tiers pié [20] d'Angleterre estoit sien. Et iceste loable victoire, du roy
d'Angleterre eue sur ces ennemis traistres, fut en la sepmaine de
l'Anunciacion Nostre Seigneur Jhesucrist [21], au moys de mars, en
l'an du regne à yce roy d'Angleterre Edouart xvj[me] [22].

---

19. Édouard II, faisant grâce au comte de Lancastre de l'ignominie d'être
traîné sur une claie et pendu, *ob reverentiam parentelæ excellentis et nobi-
lissimæ*, comme le dit bien notre chroniqueur, le fit décapiter à Pontefract le
22 mars 1322; « Et fut enterré en un moustier assez près d'ilenc, où l'en
dit que Dieux fait miracles pour lui. » (Ms. Fr. 17267, f° 120 r°.) Après
avoir interdit de publier ces miracles, Édouard en fut réduit à demander
au pape la canonisation de Thomas (Rymer, II, 2° partie, p. 40 et 53, et
passim).

20. « Le dit Édouard [I°]... eut ung frere nommé Emond au doz courbe,
qui eut ung filz nommé Thomas, conte de Lancastre... Et ledit Emond eust
le tiers pié d'Angleterre » (*Rosier des guerres*, ms. I. 4 de la Bibl. munic.
de Rouen, f° 38 v°). — A propos du *Rosier des guerres* qu'on nous per-
mette incidemment une remarque : Les deux sources principales auxquelles a puisé l'auteur normand de la *Cronicque abrégée du noble royaume
de France*, qui termine le *Rosier* (Voir *Revue historique*, t. XXI, p. 312),
sont : 1° pour le règne de Charles VI, les *Cronicques de Normendie*, et 2°
pour le règne de Charles VII, l'*Histoire chronologique du héraut Berry*.
Ce n'est pas ici le lieu d'indiquer quels sont les passages de la *Cronicque
abrégée* qui appartiennent véritablement en propre à l'auteur du *Rosier*
ou qui ont été tirés par lui de documents originaux aujourd'hui perdus.

21. L'Annonciation *de la Sainte-Vierge*, le 25 mars (Voy. note 19).

22. « L'an xvme, » plus exactement. — Ms. B : « Oudit an [1322] messire

[L'AN M.CCC.XXII.]

83. — 'L'an de grace ensuivant[1] M.CCC.XXIJ, le mardi après la feste saint Marc[2] l'euvangeliste, xxvij jour en apvril, deux noblez barons de Bretaigne, que eux ensemble de trayson devant la magesté royal avoient appellé à Paris, les quieux chevaliers bretons devant Charlez le roy de France et de Navarre et grant multitude de noblez et grant habondance de menu peuple, en la ville de Gisors en Normendie, pour batailler l'un contre l'autre, armez noblement, vindrent en champ. Maiz comme ilz feussent au parc, par mont de conseux et de parlemens de la paix faire, du duc de Bretaigne Jehan, qui illec estoit, et des amys d'une partie et d'autre avironnez et empeschiez, du dit champ furent retrais[3].

84. — Et en cest an, le mercredi après la saint Barnabé l'appostre[1], au moys de juing, très noble dame et de grant sainteté Blance, fille saint Louys, jadiz fame de feu Ferrant l'ainsné filz le roy de Castelle[2], en l'abbaye des Seurs Cordelieres de Saint Marceil delez Paris, en Nostre Seigneur Jhesucrist clouist son desrenier jour ; et le dimenche ensuivant, devant la Nativité saint Jehan Baptiste, à Paris, en l'eglise des Freres Mineurs[3], en lieu qui en sa vie avoit esté par elle esleuz, present Climence la roynne de France et de Navarre et Jehanne roynne de France et de Navarre, fame le desrenier Philippe adonc nouvellement trespassé, et mont de haultes personnes, fut honnourablement enterrée.

85. — Et encore en icest an, le mardi[1] devant la Magdaleine xx jours au moys de juillet, mourut le conte d'Ennevers et de

---

Thomas, conte de Lencastre, fut desconfit et prins en bataille par le roy d'Engleterre, son cousin germain, et ot la teste coupée. » Rien de plus, au sujet du comte de Lancastre, dans ce manuscrit.

83. — 1. Pàques 1322, le 11 avril.

2. La fête de saint Marc tomba le dimanche 25 avril.

3. Fait inédit.

84. — 1. Le 16 juin ; la Saint-Barnabé, le 11 (vendredi). Le décès serait arrivé le 7, d'après le *Gallia Christiana*, VII, col. 951.

2. Blanche, veuve de Fernand ou Ferdinand, fils aîné d'Alphonse X roi de Léon et de Castille.

3. L'église des sœurs Franciscaines de Saint-Marcel n'était encore ni achevée ni consacrée (*Gallia Christiana*, loco citato).

85. — 1. D'après le P. Anselme, II, p. 737, le comte de Nevers serait mort le jour même de la Madeleine, c'est-à-dire le 22 juillet.

Receil[2], Louys, ainsné filz de Robert de Bethune conte de Flandrez[3], et pere de Louys qui au temps de devant passé espousa au Palaiz de Paris Marguerite fille Philippe le roy de France et de Navarre ; et le vendredi ensuivant, à poi de compagnie, present Louys son filz, le prevost de Paris, et des vallés de Paris[4], et dez sergens de Chasteleit, aux Cordeliers fut enterré.

85. — Et en cest an, le roy Robert de Sezille, filz[1] Philippe prince de Tarente, des Guybelins fut desconfit.

87. — Et en cest an, si comme on dist, le roy[1] d'Ermenie, crestien, du soudanc de Babilone fut en bataille pris, et tout son ost destruit[2].

88. — *Blanche d'Artoiz, la premiere fame Charlez le roy de France et de Navarre, qui au temps de devant passé estoit appellé conte de la Marche, le mariage de eux, tant pour l'esmouvement de la fornicacion et avoutrie, contre elle approuvé, de son amy et mal veullant Gaultier d'Annoy, chevalier, frere Philippe d'Annoy, qui pour ce furent escorchez tous vifz[1], la quelle comme à chetiveté estoit par essil en chartre enclose au Chasteau de Gaillart[2] en Normendie, comme pource que Maheult, la contesse d'Artoiz et de Bourgongne, mere de la dicte Blanche et de Jehanne[3] la roynne de France, seur de la dicte Blanche, estoit marraine d'iceluy roy Charles et l'avoit aidié à tenir sur fons quant il fut cres-

---

2. Rethel. — Un magnifique sceau du comte de Nevers et de Rethel est appendu à une charte du 8 avril de la même année, conservée dans le fonds Leber, Bibl. munic. de Rouen, sous le nº 5658. Cette charte a pour objet un curieux accord entre le comte et son père.

3. Robert survécut à son fils (Voy. paragraphe 90).

4. Valets ou sergents aux ordres du prévôt des marchands et des échevins ?

85. — 1. Lire : frère, comme au paragraphe 69. — Cette défaite du roi Robert est rapportée sous l'année 1323 par le Continuateur de Nangis, II, p. 52 et 53.

87. — 1. Ms. A : *fut* le roy.

2. D'après l'*Art de vérifier les dates*, II, p. 41, le sultan d'Égypte, Naser-Mohammed, aurait, au contraire, été défait, après de premiers succès, par Livon IV, roi d'Arménie, en 1322.

88. — 1. Sur ce double adultère et le supplice des frères d'Aunoy, voir le Contin. de Nangis, I, p. 404, et les *Grandes Chroniques*, col. 1211. — Le ms. A ajoute : « Si comme nous avons dit devant en l'an Mil. ccc. xiiij, au moys d'apvril » (le 19, fº 119 vº du même manuscrit).

2. Le Château-Gaillard, aux Andelys (Eure).

3. Jeanne de Bourgogne, veuve de Philippe le Long.

tiennez[4], si comme de Charlez le conte de Valoiz, oncle d'iceluy
roy Charlez, [et] d'aucuns des prelaz et barons du royaulme de
France, avoit esté segnefié au pape, et le quel mariage, pour ces
causes vraiement, du souverain evesque pape Jehan, le deucen-
tiesme pape[5], Jehan le xxij[e], fut despeché et anientiz[6]; et pour ce
le dessus dit roy Charlez la refusa et delaissa.

89. — 'Après ce mariage ainssi despeché, et en cest mesmes an,
Charlez le roy de France et de Navarre, en l'an de son aage[1]
xxviij[e] et au premier an de son regne, en esperance de la paix du
peuple et de tout le royaulme, si comme l'en dist, et par le conseil
des barons de France, au mardi jour saint Mathieu l'appostre
xxj[e] jour au moys de septembre[2], au chasteau de Prouvins en
Champaigne, espousa Marie seur le roy de Behangne, fille de
l'empereur d'Alemaigne, Henry le conte de Lucembourc et roy
des Ronmains[3], adonc nouvellement trespassé.

90. — Et en cest an, Robert de Bethune, conte de Flandrez,
mourut[1].

91. — Et aussi en cest an, le filz[1] à Louys conte de Clermont
la fille[2] Charlez le conte de Valoiz, le mardi devant la feste saint
Denys, v jours au moys d'octobre[3], au Boys de Vinciennes
espousa.

---

4. Conf. Jean de Saint-Victor et son Continuateur (*Historiens*, XXI,
p. 675 et 677).

5. *Sic* Girard de Frachet (*ibidem*, p. 46, *papa ducentesimus*). — Le
191e pape, d'après l'*Art de vérifier les dates*, I, p. 413.

6. La dissolution du mariage fut prononcée la veille de l'Ascension,
19 mai 1322 (G. de Frachet et Bernard Gui, *Historiens*, XXI, p. 58
et 732).

89. — 1. Le P. Anselme n'indique pas la date de la naissance de Charles
le Bel, mais le dit, comme plus loin notre chroniqueur (paragraphe 168),
mort à l'âge de trente-trois ans.

2. *Circa festum sancti Matthæi* (Bernard Gui). L'*Art de vérifier les dates*
préfère le 24 août pour le jour du mariage.

3. Marie de Luxembourg, sœur de Jean l'Aveugle et fille aînée de l'empereur Henri VII, mort en 1313.

90. — 1. Le 17 septembre 1322.

91. — 1. Pierre, fils aîné de Louis Ier de Clermont et de Marie de Hainaut.
Il succéda à son père en 1342.

2. Ysabel, fille puînée de Charles de Valois et de Mahaut de Châtillon,
sa troisième femme. Elle avait au plus dix ou douze ans en 1322, comme
son mari; mais on a déjà vu et l'on verra encore des unions contractées à
un âge plus tendre (paragraphes 49, 78, 101, 173, 175, 234).

3. Le P. Anselme donne au mariage la date du 25 janvier 1336.

92. — Et en icest an, comme Edouart le roy d'Angleterre, aprez la mort de son pere le roy Edouart tiercement, en poursuivant Robert de Bruis et le pays d'Escoce à grant et innombrable host, qui toute Escoce povait envair se il eust esté saigement gouverné, fust parmy Escoce froiant et degastant, lez Escoz fuiant par devant luy, et aucuns des ennemis aussi comme en montaignes et en aucuns palluz se reposerent, Robert de Bruis, James Douguelas[1] et lez aultrez des plus grans barons et maistres d'Escoce, oultre la mer d'Escoce[2] se feussent mis, eux non osans contre le roy d'Angleterre et ses Engloiz à bataille venir; et aucunez des abbaies d'Escoce en fraulde et en trayson, et mesmement l'abbaie de Miaurose[3], au roy d'Angleterre, humblez et bien veullans, se rendirent leurs vies saulves et mercy crierent; et comme iceux religieux aucuns des gens au roy d'Engleterre en leur abbaie par mont de belles parollez en ostagez les recheussent, et comme yceux religieux, qui à la trés grant douleur et trayson pensoient, appercevans le departement de l'ost d'Engleterre, lez occirent et tuerent. Et ceste trayson à la congnoissance du roy d'Engleterre venue, à ycelles abbaiez tantost s'en retourna et applica, et des moynnes et dez Escoz fit très grant occision, et les moustiers et abbaies de Miaurose abati à terre et du tout ardi. Et comme en serchant les contrées d'Escoce, le roy[4] d'Angleterre en convoitant à avoir bataille aux Escos et avoir proie de vivre sur eux et en ce attendant comme fol (Dieu! quel douleur!) vj^x ou plus de la gent au roy d'Angleterre de fain[5] moururent; car, si comme l'en dist, en l'ost d'Engleterre, adoncquez communement une teste de cheval vendoit l'en xx s. d'estellins[6], et tuoit l'en lez chevaux pour mengier. Et entre ceux d'Escoce, si comme l'en dist, de gueres plus grant planté de vivres n'avoit. Et ceste grant persecucion et meschance, par la non sachance du roy d'Angleterre ainssi soudainement advenue, jasoice que il se fût trés bien [avancé] jusquez à la mer que l'en dist d'Escoce, luy et le demou-

---

92. — 1. James ou Jacques lord Douglas, mort en 1330. Il avait commandé les Écossais à Bannockburn.

2. Les golfes de Forth et de Clyde?

3. Melrose, abbaye rebâtie par Robert Bruce.

4. Ms. A : *du* roy.

5. Sur cette disette, voir Rapin Thoiras, I, p. 356, qui la place à tort en 1323.

6. Voy. le Continuateur de Nangis, II, p. 43.

rant de son ost, il en la personne de son corps, comme viguereux,
hardi et chevalereux, mont desirant à oultre passer sus les ennemis,
par mont de conseulz de mons. Hue son despencier et d'aultres,
pour les soufflemens de l'yver prouchain, jusques à la saison d'esté
fut contraint à departir son ost et soy en revenir en la marche
d'Engleterre et d'Escoce. — Adecertez en ycest an, yceluy roy
d'Engleterre Edouart, considerant que de ses peccunes sa guerre
d'Escoce ne povait sans l'aide de son peuple soustenir, par mont
de conseulz, les subvencions que l'en dist le vme des bonnes villes
par tout Engleterre luy fut otroié, et paisiblement fist lever.

93. — 'Robert de Bruis, adoncques et de grant temps de devant
passé, mont desirant et asprement convoitant, et par le conseil des
gens d'Escoce, la paix et refformacion de ses hoirs et de tout
le pais d'Escoce, plusieurs messagiers, en une ville qui est appellé
Neust Chasteau Supotine[1], en la marche d'Escoce près de Berouic
la maistresse ville d'Escoce, eu roy d'Angleterre envoia à procreer
la paix, si comme l'en dist, par si que une sienne fille à ung des
freres au roy d'Angleterre espousée seroit, et eux et leurs hoirs
qui de eux ystroient à perpetuité le royaulme d'Escoce tendroient,
et avec ce plusieurs abbaies yceluy Robert chacune de x^u livres
fonderoit, et après, luy et aucuns des barons d'Escoce, le mariage
fait, incontinant et sans delay, à perpetuité, sans jameiz arriere
retourner ne entrer en Escoce, en la terre de oultre mer s'en
iroient. Lez quellez choses le roy d'Engleterre sceues et à luy pre-
sentéez, le contredist et despit, et aux messagiers de court congé
leur fist donner.

94. — 'Et tantost après, comme Charlez de France, conte de
Valoiz, environ l'Asumpcion à la benoite vierge Marie, eust
envoié de France ès parties d'Engleterre en message Henry de
Sully, chevalier au roy de France, au roy d'Engleterre Edouart,
à faire et consummer le traitié du mariage de Edouart, l'ainsné filz
du roy d'Angleterre, et de la fille du devant dit conte de Valoiz[1],
et le roy d'Engleterre, qui, si comme nous avons dit devant, de
toutez pars avironné de ses ennemiz d'Escoce, adonc en nulle
magniere à ceste chose ne peust entendre, fors au fait des armes,

---

93. — 1. Newcastle-upon-Tyne.
94. — 1. Sur ce projet de mariage, voir deux lettres d'Édouard II, adressées l'une au comte de Valois, l'autre au roi de France, le 6 juin 1323
(Rymer, II, 2ᵉ partie, p. 76).

de l'onneur et de la couronne au roy d'Engleterre garder et
deffendre, à ce que ses ennemis dedens les termes d'Engleterre
n'entrassent, et comme les Escoz en baz et en aucuns paluz
feussent à reffuge et en tapinage, par le conseil et l'octroiement
d'un dez chevaliers au roy d'Angleterre, qui estoit nommé
Andrieu de Hartelay, comme ceux qui adonc aultrement ne se
osoient apparoir contre l'ost d'Engleterre, pour avoir leurs proies
et leurs happées, feussent ens ès metez d'Engleterre entrez,
si comme l'en dist, en l'arriere garde de l'ost du roy d'Engleterre
se feussent plingez et embatuz, adonc Jehan de Bretaigne, conte
de Richemont[2], preudomme et loyaux, qui leur venue avoit
appercheue, aux armez comme hardy isnellement se prist, en
deffendant son pais[3] et l'ost d'Engleterre, et, en la familiarité de
luy et du roy d'Engleterre et à l'onneur des chevaliers franchoiz,
le dessus dit Henry de Suilly, de Berry[4], mons. Robert Bertran[5],
de Normendie, gendre mons. Henry de Suilly, et aultrez chevaliers de France, qui, si comme nous avons dist, en messaige illec
endroit estoient envoiez, comme, aux Escoz et aux Engloiz qui
de long temps à eux s'estoient renduz et à leurs gaigez comme
soudaiers, mont longuement et par l'espace de demi jour, se com-
batissent entre ung bras de mer et le boiz illec prez[6], et de la
bataille, si comme on dist, contre lez Escoz en eussent rapporté
victoire se les Angloiz l'eussent fait aussi chevaleureusement
comme eux, si que ilz debvoient faire se ilz eussent eu cueur
aussi bon comme ilz avoient eu au commenchement de la bataille,
lez quieux Angloiz, ferus aussi comme d'une paour, bien environ
xxvj banieres engloiches prinrent la fuite tres laide, delaissans
les bons chevaliers le conte de Richemont, Henry de Sully de
France, Robert Bertran, et grant foison d'aultres tant de Normendie, de France, comme d'Engleterre, qui viguereusement et
asprement se combatoient et lez Escoz moult agraventoient et

---

2. Il était oncle du duc de Bretagne, Jean III, et mourut le 17 janvier
1333, v. st.

3. Le comté de Richmond, voisin de la frontière d'Écosse.

4. La maison de Sully était originaire de cette province.

5. Robert Bertran VII, baron de Briquebec, vicomte de Roncheville,
maréchal de France vers 1325, mort en 1348. Il avait épousé, en 1318,
Marie de Sully, fille de Henry de Sully et de Jeanne de Vendôme.

6. *Quemdam strictum passum* (Contin. de Nangis, II, p. 43). Ce combat
fut livré à Blackmor.

grant multitude en avoient jà aterrés, la quelle hardie chevalerie
n'avoit pas acoustumé à fouir, chairent ès mains et la puissance
et furent prins et saisis des ennemis[7]. La quelle chose tourna à
grant vergongne et reprouche à la gent d'Engleterre.

95. — *Après ceste desconfiture et prinse, Lisle, Ypre, Gant et
Bruges, et les aultrez bonnes villes de Flandrez, qui de long
temps lez parties des Escoz nourrissoient[1], aucunes de leurs nefz
et gallies, plaines de merceries et de draperies et de aultrez grans
richesses, et des nefz aux marchans d'Espaigne, qui aux Flamens
debvoient venir, si comme l'en dist, et d'illec en Escoce aller,
furent des mariniers de Yarnemons[2] et de aultres pors d'Engleterre prinses, à tout leur richesses qui dedens estoient, et en
Engleterre menées.

96. — Et en yceste mesmes année, Charlez le roy de France et de
Navarre, au premier an de son regne, fist nouvellez monnoies[1],
comme de parisis noirs sengles[2], doubles parisis vaillans chacun
deux deniers parisis (et en iceux parisis [sengles] et doubles
estoit l'enseigne d'unne couronne[3]), et mailles blanches[4] ressem-
blans gros tournoiz, qui vailloient chacun vj deniers, et grant
mutacion et eschivement d'aultres monnoiez, qui poi de temps
dura[5].

97. — *Et en ycest temps vrayement, vindrent en France les
messagiers des Hermeniens querre secours et aide au roy de
France, et rapporterent, si comme il fut dist, lez injures et violences que lez Sarrasins faisoient aux Crestiens de par delà, c'est

---

7. Ces faits sont antérieurs au 27 octobre 1322 (Rymer, II, 2ᵉ partie,
p. 56 et 58).

95. — 1. Voir les plaintes adressées dès 1319 par Édouard II à Robert
comte de Flandre, et les réponses de celui-ci et des villes de Bruges et
d'Ypres (Rymer, ibidem, p. 170 et 174).

2. Yarmouth.

96. 1. Voir Documents inédits sur l'Histoire des Monnaies, de M. de
Saulcy, I, p. 199 et suivantes.

2. Sengles, simples.

3. Cette émission se confond sans doute avec celle de février 1321, v. st.
(M. de Saulcy, p. 200), laquelle comportait aussi une couronne.

4. La monnaie blanche était la monnaie d'argent à onze deniers douze
grains de fin ; la monnaie noire, celle de billon, c'est-à-dire d'argent avec
alliage plus ou moins fort de cuivre.

5. Voir Ordonnances, I, p. 769, et XI, p. 484 et 485, 17 septembre,
15 octobre et 28 décembre 1322.

assavoir que toute la terre de Hermenie estoit, la gregneur partie, des Sarrasins acquise et en la loy des Sarrasins tournée, et que lez Sarrasins prenoient et tolloient aux Crestiens leurs enffans, et lez introduisoient en leurs mahommeries, et prenoient lez fames grosses et lez gardoient jusques à l'enfanter, et quant ilz avoient enffantey ilz prenoient l'enffant et le convertissoient en leur loy. Et avec rapporterent yceux messages au roy de France que, se prouchainnement ilz n'avoient secours, eux et le sang de leurs enffans et de l'autre peuple crestien qui mors avoient esté en leur terre contre lez Sarrasins, appell[er]oient de eux au jour du jugement. Et ce entendu, Charlez le roy de France en fut mont courouché et dolent. Pour la quelle chose, au moys de janvier, à Paris[1] assembla plusieurs prelaz et barons de son royaulme, pour ordener à ayde et secours faire aux Crestiens de par delà. Et pour ces oppressions et violences faictez aux Crestiens du royaulme de Hermenie, et pour yce publier au peuple, à ce que leurs cueurs feussent esmeuz de faire ayde, ceste chose et mont d'aultres donc grant prolixité seroit du racompter, — present Charlez le roy de France et de Navarre et son oncle Charles le conte de Valoiz et grant foison du peuple, — de l'abbé Pierres de Saint Germain des Prés[2], au palaiz de Paris, furent manifestées et preschées.

98. — Et en ycest an, segonde foiz aprez xx ans que Pierres Le Jumiaux, jadiz prevost de Paris, avoit pendu ung clerc dit Philippe Le Barbier[1], au moys de mars ung clerc appellé Guillemin de Chartres, pour argent que il avoit prins pour ung batre[2], à Paris, dez gens tenans le siege de Paris, sans ce que yceluy homme, si comme l'en dist, fût feruz ne batuz, fut condampné à pendre; et de par Jehan Loncle[3], à ce temps prevost de Paris, au commun gibet des larrons fut yceluy clerc pendu. Le quel, incontinent aprez, de par l'evesque Estienne et son official de Paris fut

97. — 1. Voir *Mansiones et itinera* (*Historiens*, XXI, p. 488; M. Hervieu, *Recherches*, p. 175 et 176; et *Ordonnances*, I, p. 810).
2. Pierre de Courpalay.
98. — 1. Voir paragraphe XV, Première partie.
2. Pour battre un homme.
3. On trouve, en 1331, un Jehan Loncle, « petit et humble sergent » du Roi de France et « garde de la baillie de Gisors » (Anselme, III, p. 26). Si c'était le prévôt de Paris, la pendaison de Guillemin de Chartres ne fut pour rien dans sa disgrâce, car nous le retrouverons encore en fonctions à Paris en 1323 (paragraphe 125).

yceluy clerc dudit gibet osté, et à Paris apporté, et en lieu saint enfouy[4].

99. — Et en cest moys de mars[1] mesmes, Andrieu de Hartelay, connestable de Quarsil[2], comme traistre au roy d'Engleterre, et à Robert de Bruis s'estoit aliez et Agnès[3] sa seur avoit nouvellement espousée, pource, si comme l'en dist, que la cité de Quarsil, toute la conté, et le pais d'environ à Robert de Bruis avoit eu en convenant de rendre et baillier et sus Engleterre guerroier, — par le quel, si comme il fut estimé, Jehan de Bretaigne, conte de Richemont, et lez chevaliers de France avoient esté dedens Engleterre prins, si comme dessus est dit, — de l'evesque et dez bourgoiz de Quarsil fut prins et au roy d'Engleterre envoié. Le quel tantost du seneschal d'Engleterre, sans la veue du roy, fut condampné à mort, et tantost fut traynné et pendu, et sa teste couppée et ycelle à Londrez envoiée.

100. — *Cy povés savoir et entendre comment et en quelle magniere le royaulme d'Escosse appartient aux roys d'Engleterre[1], et pour quoy, comment et en quel temps la guerre se esmut[2].

*Au temps du roy d'Engleterre[3] filz du roy d'Engleterre Jehan qui fut nommé Sans terre, advint ainssi que le roy d'Escoce, qui lors estoit, mourut ; le quel avoit plusieurs enffans, filz et filles, entre lez aultrez Alixandre[4], qui fut successeur au royaulme d'Escoce aprez luy ; et demoura la roynne d'Escoce, mere dez diz enffans, vefve[5]. Or fut ainssi que la roynne d'Escoce, tantost aprez

---

4. Faits inédits.

99. — 1. Le jugement est du 27 février 1323, n. st. (Rymer, II, 2ᵉ partie, p. 64 ; voir aussi 4ᵉ partie, p. 17).

2. Carlisle.

3. Notre chroniqueur est le seul qui cite le nom de la sœur de Robert Bruce.

100. — 1. Ms. A : d'Engeterre.

2. On peut comparer avec le récit de notre chroniqueur celui, beaucoup moins complet, des Anciennes Chroniques de Flandres (Historiens, XXII, p. 371).

3. Henri III.

4. David Iᵉʳ roi d'Écosse, mort en 1153, eut pour successeurs ses deux petits-fils, Malcolm IV, mort en 1165, et Guillaume le Lion, mort en 1214. Alexandre II, fils de Guillaume, étant décédé en 1249, la couronne passa à son fils, Alexandre III, âgé de huit ans à peine.

5. Marie de Coucy, seconde femme d'Alexandre II.

la mort de son seigneur, se mist, elle et ses enffans et la terre
d'Escoce, en la garde Henry le roy d'Engleterre ; et fut Escoce en
la main au roy d'Engleterre jusquez à tant que l'enffant Alixandre
fût aagié.

101. — *En brief temps après, yceluy roy Henry d'Engleterre
ladicte roynne d'Escoce, qui son douaire y avoit, maria à ung
des chevaliers de France messire Jehan d'Acre[1]. Quant l'enffant
Alixandre eust age, le roy d'Engleterre se delessa de la garde
d'Escoce ; et espousa la fille à yceluy roy Henry, en la quelle il
engendra enffans qui moururent en enffance[2] ; et aprez la mere
mourut. Quant la fille Henry roy d'Engleterre roynne d'Escoce
fut morte, Alixandre le roy d'Escoce se remaria segonde foiz et
print à fame la fille au conte de Flandrez Guy de Dampierre[3],
de la quelle il n'eust nul hoir, si comme vous orrés.

102. — *Celuy roy Alixandre eust ij seurs ; la plus ainsnée
eust à filz mons. Jehan de Bailleul, et l'autre seur mains ainsnée
si eust ung filz qui fut appellé Robert de Bruis, qui fut pere de
Robert de Bruis[1] et de ses aultres freres, qui la guerre commen-
cherent si comme nous vous dirons cy aprez. Or advint ainssi,
par la voulenté Nostre Seigneur, que le dit Alixandre roy d'Escoce,
qui estoit mont espris de luxure, que en une nuit se leva, tout
coiement et celeement, du lit où il estoit couché avecquez la
roynne d'Escoce sa fame, fille au conte de Flandrez, pour aller en
une abbaie de nonnains à consumer le peché de fornicacion.

---

101. 1. Jean de Brienne dit d'Acre, second fils de Jean de Brienne, roi
de Jérusalem et empereur de Constantinople, et frère puîné d'Alphonse de
Brienne, comte d'Eu.

2. Marguerite, fille de Henri III, épousa Alexandre III le 26 décembre
1252. Alexandre et David, leurs fils, moururent en enfance ; mais leur fille,
Marguerite, épousa, en 1281, Éric roi de Norwège, dont elle eut une fille,
nommée aussi Marguerite et surnommée la Vierge de Norwège.

3. L'*Art de vérifier les dates* donne pour seconde femme à Alexandre III
Yolande, fille de Robert IV, comte de Dreux, qu'il aurait épousée en 1285 ;
et d'après le P. Anselme, II, p. 734, Marguerite de Flandres, fille puînée
de Guy de Dampierre, aurait épousé, en 1281, Alexandre, fils aîné du roi
d'Écosse.

102. — 1. Jean de Baillol, dont il sera parlé plus loin, était *petit-fils* de
Marguerite d'Écosse, et Robert Bruce, père du futur roi d'Écosse, était *fils*
d'Isabelle d'Écosse, celle-ci fille, comme Marguerite, de David, comte de
Huntingdon, frère puîné de Malcolm IV et de Guillaume le Lion. Marguerite était l'aînée des deux sœurs.

Et ainssi comme il chevauchoit, luy tout seul, par soudaine et
fortunable aventure chei de dessus son cheval à terre et se rompi
le col[2]; et à ce temps n'avoit il eu nul enffant d'icelle roynne, et
ainssi fut il mort sans nul hoir de son corps.

103. — *Tantost que ceste aventure fut ainssi avenue au roy
Alixandre d'Escoce, lez prelaz et les barons d'Escoce, qui mont
en estoient dolens, et especialment les enffans des seurs du roy
Alixandre, furent en grant debat; et voulloit chacun avoir la
succession du royaulme. Et se opposoit le dit mons. Jehan de
Baillueul[1], et disoit que, pour cause de sa mere qui avoit esté
ainsnée seur du roy Alixandre, la succession du royaulme d'Escoce luy appartenoit. Lez aultrez hoirs aussi se opposoient, et
disoient que, pour raison de ce qu'ilz estoient de la mains ainsnée seur, c'est assavoir Robert de Bruis[2], le royaulme luy appartenoit. Et tant proposerent de raisons lez ungs contre lez aultrez
que, de commun accord, pour bien de paix de eux et de tout le
royaulme d'Escoce, se mirent[3] en l'ordonnance et en la plaine
voulenté du roy Edouart[4] et de la court d'Engleterre de adjugier,
bailler et delivrer le royaulme au plus prouchain de sanc et du
costé du roy Alixandre. Pour ceste composicion et ordenance,
grant foison des barons d'Escoce alerent à Bordeaux seur Gironde,
la cité de Gascoingne, au roy d'Engleterre Edouart, qui pour lez
grans faiz qu'il fist fut seurnommé le grant, à luy faire assavoir
la mort de leur roy et la composicion qu'il avoient mis en luy et
en la court d'Engleterre.

104. — *Quant Edouart le roy d'Engleterre fut revenu de Gascongne en Angleterre, si pronuncha par arrest, par le conseil et
deliberacion de la court d'Engleterre[1], et ajuga au dit mons. Jehan
de Bailleul le royaulme d'Escoce comme au plus prouchain hoir

---

2. D'après l'*Art de vérifier les dates*, Alexandre III serait mort à Kinghorn,
le 19 mars 1286, d'une chute de cheval, mais en parcourant son royaume
pour administrer la justice.

103. — 1. Jean de Baillol, seigneur de Gaweye. Il n'y avait pas moins
de dix autres prétendants.

2. Il s'agit ici de Robert Bruce ou de Brus le père, seigneur du Val
d'Anaunt.

3. Le mardi après l'Ascension 1291 (Rymer, I, 3º partie, p. 89).

4. Édouard Iᵉʳ. Il était monté sur le trône le 20 novembre 1272 et mourut en 1307.

104. — 1. Le 17 novembre 1292 (Rymer, *ibidem*, p. 111).

d'iceluy roy Alixandre mort. Au quel arrest donné de la court d'Engleterre tous lez prelaz et barons d'Escoce se assentirent, et en l'abbaie de Danfermelin [2], où les roys d'Escoce estoient couronnés, le couronnerent en roy d'Escoce. Et dès lors, comme folz Escoz, mirent ilz la terre d'Escoce en ressort et en congnoissance du royaulme d'Engleterre. Après ce, le dessus dit mons. de Bailleul, roy d'Escoce, vint au roy d'Engleterre Edouart, en son hostel de Hoiscemistre [3], faire luy hommaige de tout le royaulme d'Escoce et de luy tenir en fief et en heritage.

105. — *Adoncques le roy d'Engleterre Edouart, qui guerre en Gascongne avoit conmencée contre Philippe le Beaux, à ce temps roy de France [1], le roy d'Angleterre manda [2] au roy d'Escoce Jehan de Bailleul qu'i luy fist aide de tant comme son fief vailloit. Et lors il respondi, luy qui estoit jà tout informé des barons d'Escoce, qu'i ne luy feroient nulle ayde, car en fief ne en heritage de luy riens ne tenoit. Quant ce entendi le roy d'Engleterre Edouart, si en fut tout iré. Si luy remanda secunde foiz, tierce foiz, et la quarte d'abondant, que ayde luy fist, et que à son parlement venist comme son homme. Aux quieux mandemens le roy Jehan de Bailleul et les barons d'Escoce, tous d'une voix, respondirent qu'i ne luy envoiroient pas le pire garchon de leur estable.

106. — *Ceste desobeissance ainssi faicte du roy Jehan de Bailleul et dez gens d'Escoce, le roy Edouart d'Engleterre alla, à tout grant host, sur Escoce, et fut bataille assignée et pleinne d'une part et d'aultre, et se assemblerent les ungs aux autrez [1]. En la parfin, Jehan de Bailleul, roy d'Escoce, humble et bien veullans au roy d'Engleterre vint, et mercy luy cria [2]. Et d'icelle bataille comme confuz prindrent la fuite très laide grant foison des gens d'Escoce, et du roy Edouart le roy Jehan de Bailleul en prison à Londrez envoiez [3].

---

2. C'était ordinairement à Scone que se faisaient couronner les rois d'Écosse, et à Dunfermline qu'ils étaient inhumés.

3. Westminster. — L'hommage fut rendu à Norham et à Newcastle en novembre et décembre 1292 (Rymer, *ibidem*, p. 112 et 113).

105. — 1. Le ms. A ajoute : par les causes que nous avons dist ès ans M. CC. IIIjXX XV et en l'an M. CC. IIIjXX XVj.

2. Le 29 juin 1294 (Rymer, *ibidem*, p. 132).

106. — 1. A Dunbar, en 1296.

2. A Kyncardyn, le 2 juillet suivant (Rymer, I, 3ᵉ partie, p. 161).

3. Il se retira en France en 1298.

107. — *En celuy temps, environ la feste de la Circuncision [1] Nostre Seigneur, après xvj ans ou environ que la prinse de Meulin le prince de Guallez avoit esté faicte [2] d'iceluy roy Edouart, aucuns dez barons de Guallez se rebellerent de rechief et esmurent guerre ouverte contre ; le quel, ce congneu, alla isnellement et hardiement sur eux, et en une isle en mer [3] lez prist, et de eux eust victoire.

108. — *L'an de grace M. CC. iiij^xx xiij [1], l'evesque de Saint-Andrieu [2], Guillaume Le Gualloiz [3], et aultrez grans maistres, qui tout le pais d'Escoce representoient et qui encaché [4] estoient, vindrent au roy de France et à luy s'alierent. Le quel, si comme l'en dist, par le traitié de leurs convenances leur promist aide et secours faire en leur guerre contre le roy d'Engleterre, et pour ce, et en signe de feaulté et de hommaige, firent ceux d'Escoce en leur monnoie le signe d'une fleur de liz [5].

109. — *Ceste aliance sceue du roy d'Engleterre Edouart, si s'apensa que au tant à son cousin [1] Philippe le roy de France, le plus tost qu'il pourroit, en feroit ; et tantost manda messagez au conte de Flandrez Guy ; et traitierent du mariage du jenne Edouart, son aisné filz, et de Katherine [2], fille au devant dit conte, en ce que Flandrez toute d'ore en avant en la foy et hommaige du roy d'Engleterre demourroit, et que le roy d'Engleterre à tout son povair luy feroit ayde contre le royaulme de France [3].

110. — *Et vraiement en icel an, c'est assavoir l'an de grace M. CC. iiij^xx et xix [1], Edouart le roy d'Engleterre, tierce foiz après

---

107. — 1. La Circoncision, le 1er janvier (1297 n. st. ?).

2. Leolyn ou Lewelin, prince de Galles, avait été fait prisonnier à la fin de 1282 (Rymer, I, 2e partie, p. 212).

3. Dans l'île d'Anglesey, comme en 1277?

108. — 1. Ou mieux 1295 (le 23 octobre ; Rymer, I, 3e partie, p. 152).

2. Guillaume de Lamberton, évêque de Saint-Andrews.

3. William Wallace ou Walleis.

4. Ms. A : en cache.

5. Détail inédit, mais dont l'exactitude paraît très douteuse.

109. — 1. Au huitième degré, par Blanche de Castille, mère de saint Louis, laquelle était née d'Éléonor, fille de Henri II d'Angleterre.

2. Ou mieux Philippe. Elle fut arrêtée à Paris avec son père, en 1296, et y mourut en 1304, sans avoir été mariée.

3. L'alliance entre Édouard Ier et Guy de Dampierre et l'accord au sujet du mariage furent conclus le 7 janvier 1296, n. st. (Rymer, I, 3e partie, p. 168).

110. — 1. Ou mieux 1298.

les rebellions des gens d'Escoce, lez poursuivi vaillanment, comme
hardiz roy et chevalereux, à grant et innombrable ost, plus que
oncquez devant n'avoit fait. Et com[m]e d'accord dez parties, le jour
de feste de la Magdaleine, à bataille oultréc venissent en ung lieu
en Escoce que l'en disoit Fae-moustier², et illec endroit et bien
prez, sur une montaigne, de la nuit de devant, tout le povair
d'Escoce sans gueires excepter, riches et povres, petis et grans,
[vieils] et jennes, fames et hommez, gentilz et villains, se fussent
logiés et illec assis jusques à l'cure de tierce, tous d'une voulenté
voullans avant mourir que la franche liberalité de leur pays et eux
feussent au roy d'Engleterre à tous jours deboutez et asserviz,
adecertez le roy Edouart de Angleterre, en l'an de son regne xxiiij⁰,
Anthoine de Bec, patriarche de Jherusalem, evesque de Duresme
et chappelain du pape Boniface³, qui leur estat et leur povair
advisoient, que le soleil la gregneur partie d'icelle journée avoient
devant lez visagez, en eux chevalereusement se plingierent et
embatirent; et illec ceux d'Escoce de toute pars furent avironnez et
assailliz; et comme illec, par l'espace d'un jour, se fussent mont fort
combatuz, dez gens d'Escoce fut grant abateiz et mortalité, car de
l'occision du peuple, si comme il fut dist, les chevaux entroient
au sanc dez mors jusquez aux pances, et dez gens si naîrent mont
grant foison. De la quelle chose l'en ne treuve mie escript ès
gestez de la Grant Bretaigne que oncquez maiz, en nul aage, puis
la fundacion d'Escoce ne d'Engleterre, eust en nulle bataille si
grant mortalité de gens.

111. — *Bien tost après ceste bataille, la gent d'Escoce, qui
mont espoventez estoient du roy d'Engleterre et des siens de jour
en jour sans nul respit, humblez, creantans foy et hommaige au
roy d'Engleterre et de lui tenir, vindrent et mercy luy crierent.
Le quel lez rechut. Et en ceste maniere toute Escoce en la main
du roy d'Engleterre Edouart demoura, fors en aucuns paluz et
montaignes, que l'en n'avoit pas encore visitez¹. Et parmy lez

---

2. Falkirk. — La bataille fut bien livrée le 22 juillet.
3. Durham. — Boniface VIII (1294-1303). — Il semble, d'après les *Grandes
Chroniques*, que ce fut Clément V qui, en 1305 seulement, « donna à
l'evesque de Dunelm (Durham) la patriarché de Jherusalem. » — « Maistre
Anthoine Becq » existait encore en 1308 (*Anciennes Chroniques de Flandres*,
dans le *Recueil des Historiens*, XXII, p. 398).
111. — 1. « Et lors prist toute Escoce et la mist soulz sa seigneurie,
excepté aucunez garnisons assises en palus et sur hautesse de montaignes

bonnes villez et chasteaux d'Escoce mist grant foison de soudaiers
à pié et à cheval, de par luy, comme roy d'Engleterre et d'Escoce.
Et adonc, de par luy et au nom de luy, fist de toute Escoce gardien mons. Jehan de Roideconnin[2], baron d'Escoce, noble et
hardy-chevalier. Le quel, comme gardien de par le roy d'Engleterre et seneschal d'Escoce, Robert de Bruis[3], qui enfouy et muchez
s'estoit, et que l'en cachoit à prendre, comme traistre et en agueit
apensé, qui à refuge s'estoit muché en une abbaie[4], manda ledit
mons. Jehan que à luy illec endroit venist parler. Et, comme iceluy
Jehan à luy dedens le moustier de la dicte abbaie venist à luy, le
dist Robert de Bruis tantost d'un coustel par desriere le fery, et
illec l'ochist.

112. — *Après ce, en yce mesmes an, pour eschiver la pestilence
et la grant mortalité des Crestiens, entre le roy de France et le
roy d'Engleterre Edouart fut la paix faicte[1]. Le quel roy d'Engleterre prist à fame et espousa Marguerite seur du roy de France,
fille Philippe le roy de France qui mourust en Arragon[2]. En la
quelle Marguerite iceluy roy d'Engleterre engendra ung beau filz
qui eust nom Thonmas, qui nasqui en l'an ensuivant[3]. Et par le
traitié de cest mariage se departi le roy de France de faire ayde en
nulle magniere aux Escoz, et le roy d'Engleterre de l'aliance au
conte de Flandrez[4].

environ la confinité de la mer. » (Ms. A, f° 114 v°, *Chronique française de
G. de Nangis.*)

2. Jehan Comyn, seigneur de Badenagh. D'après Rapin Thoiras, il était
surnommé le Rouge, *red* en anglais ; de là le nom que lui donne notre
chroniqueur (Roideconnin, Rerdeconnin, pour Red-Comyn).

3. Robert Bruce, comte de Carrick, fils du seigneur du Val-d'Anaunt. Il
fut couronné roi d'Écosse le 25 mars 1306, n. st.

4. L'église des Cordeliers à Dumfries. Jean Comyn avait trahi Robert,
après avoir promis de l'aider dans sa révolte contre Édouard Ier; il fut tué
en 1306, avant le 5 avril. Le pape Clément V excommunia Robert le 15 des
calendes de juin même année, et la sentence fut renouvelée par Jean XXII
le 6 des ides de janvier 1320 (Rymer, I, 4° partie, p. 49 et 52, et II, 1re partie, p. 189).

112. — 1. La paix avait été signée à Paris dès le 20 mai 1303.

2. Le mariage d'Édouard Ier avec Marguerite, fille de Philippe le Hardi
et sœur de Philippe le Bel, avait été célébré dès 1299.

3. Outre Thomas de Brotherton, comte de Norfolk et de Suffolk, naqui-
rent de cette union Edmond de Woodestooke, comte de Kent, et Alianor,
depuis comtesse de Bar.

4. Voir toutefois *La France sous Philippe le Bel*, par Boutaric, p. 402 et 403.

113. — *En l'an de grace m. ccc. iij, Edouart le roy d'Engleterre, qui pas n'avoit onblié la mort de son prinche Jehan de Rerdeconnin et lez faulx sermens et les rebellions de. ceux d'Escoce, quarte foiz ala sur eux, à grant et innombrable ost, avec luy le patriarche de Jherusalem Anthoine de Bec, et, tant par tricherie dez genz du pays comme en plusieurs[1] assaux[2], les prist bien près de la gregneur partie, c'est assavoir contez, barons, chevaliers et escuiers, et aucuns des freres Robert de Bruis[3], Symon Frisel[4], et Guillaume Le Gualaiz[5], et grant multitude d'aultrez, bien jusques à ij^c, donc lez ungs il fist pendre et traynner, lez aultrez escarteler et desmembrer, et ès lieux donc ilz estoient nez et parmy les bonnes villes d'Escoce leurs membres pendre, et aux aultrez les testes couper et ycelles à Londrez la cité d'Engleterre, sur la Tour, meitre et encrouer.

114. — *L'an de grace m. ccc. iiij[1] ensuivant, Edouart le roy d'Engleterre, quintefoiz, luy et Marguerite sa nouvelle fame, poursuivant le droit du royaulme d'Escoce, comme, à grant host, ralast sur eux, et à celle empointe toute Escoce près mist en sa main, mons. Hemarc de Valence[2], son baron d'Engleterre, continuellement cachant et poursuivant Robert de Bruis, si hardiement et sagement que à poi ne le prist, adecertez en cest ost et en ceste mesmes année, Edouart le roy d'Engleterre, qui mont estoit pené d'une maladie que l'en appelle le flux du ventre et de long temps, en la marche d'Escoce[3] (Dieu! quel douleur!) clouist son desrain jour.

115. — *Quant Robert de Bruis sceust que le roy d'Engleterre estoit mort, seleement et occultement adjoingnist à luy et atrait aucuns des riches hommes d'Escoce et le peuple par mont de belles parolles, et se rebellerent de rechef, et esmut toute l'isle d'Escoce[1]

---

113. — 1. Ms. A : en plusieurs *en plusieurs*.

2. La principale défaite des Écossais eut lieu à Méthuen en 1306.

3. Trois des frères de Robert Bruce périrent sur l'échafaud.

4. Symon Frisel ou Fraser.

5. William Wallace fut exécuté à Tower-Hill le 23 août 1305.

114. — 1. Ou mieux 1307.

2. Aymar de Valence, descendant d'un frère utérin de Henri III; il était comte de Pembroke du chef de sa femme Jeanne.

3. A Burg près Carlisle, le 7 juillet 1307.

115. — 1. Le chroniqueur n'est pas seul à employer cette expression

contre les gens du roy d'Engleterre qui parmy les villes et chasteaux d'Escoce estoient en garnison; et s'alia tout le peuple d'Escoce, povres et richez, à yceluy Robert, et le firent chevetaine et
capitaine d'Escoce, et en plusieurs lieux parmy Escoce debou-
terent et cacherent villainement la gent d'Engleterre.

116. — ¹Lors tantost et isnellement, mons. Hemarc de Valence et
lez aultrez barons d'Engleterre, qui Escoce tenoient en la main
du roy d'Engleterre, manderent au jenne roy Edouart d'Engleterre ¹ que il leur envoiast secours, ou, se non, mont longuement
de temps [et] bonnement, illec endroit ne povaient contrester ne
proffiter à leur honneur. Edouart, jenne damoisel, roy d'Engleterre, qui en contens estoit envers son cousin Thonmas le conte de
Lenclastre et tous les aultrez barons d'Engleterre pour Pierres
de Cagneston, baniz d'Engleterre du commandement le roy
Edouart son pere, que il avoit rappellé en son royaulme contre
la voulenté et l'enditement de ses barons ², pour le quel grant
discencion et descort s'en esmut et esleva entre le roy et ses
barons, en telle magniere que il retarda et entre oublia à secours
envoier à ses gens, qui dedens Escoce estoient et qui envers les
Escoz de jour en jour contrestoient, à moult de perilz et de assaux,
nequedent en leur poosté et subjection, à leur povair, bien par l'es-
pacée de xij ans lez tindrent, tous jours esperans et attendans d'Engleterre secours et ayde avoir. De la quelle chose si comme à petit
de force le roy tint, que en la fin furent si efforciement contrains
qu'ilz furent deboutez à delessier lez villez et lez chasteaux d'Escoce, et eux comme dolens et courouchez en Engleterre revindrent.

117. — ¹Tantost aprez ce, Robert de Bruis, qui tout le peuple
d'Escoce, tant richez comme povres, les cueurs de eux avoit à luy
adjoins, fist parmy Escoce lez chasteaux et forteresses trebucher
et aterrer jusques à iiij ou à v ¹, à ce que ceux d'Engleterre en

---

(Rapin Thoiras, I, p. 342); il entend par là sans doute la partie de l'Écosse
au nord des golfes de Clyde et de Forth.

116. — 1. Édouard II, fils aîné d'Édouard Iᵉʳ et d'Éléonore de Castille,
sa première femme.

2. Pierre de Gaveston, favori d'Édouard II, avait été exilé par le père de
celui-ci le 26 février 1307 (Rymer, I, 4ᵉ partie, p. 70). Il fut rappelé dès le
6 août même année, exilé de nouveau le 18 mai 1308, et enfin exécuté le
1ᵉʳ juillet 1312.

117. — 1. Rapin Thoiras rapporte ce démantèlement des forteresses
d'Écosse à l'année 1307, avant la mort d'Édouard Iᵉʳ.

Escoce nul ahert[2] plus n'eussent fors que à plains champs. Et ainssi en ceste magniere ont esté lez guerres des roys d'Engleterre et de la gent d'Escoce pour lez causes devant dictes.

[L'AN M. CCC. XXIII.]

118. — *En l'an de grace[1] Nostre-Seigneur M. CCC. XXIIJ, une grant heresie[2] en France avenue, près de la ville de Chasteau-Landon, au terrouer des Gastinoys[3], si comme l'en dist, que comme gens mauldiz, c'est assavoir l'abbé de Serquenseau[4], si comme l'en dist, clers et laiz jusques à environ V ou VJ, eux esmeuz ès ars dyaboliques, en faisant grande iniquité et dolosité à Dieu le tout puissant et à toute crestienté, avoient prins ung chat, baptisié et donné nom, et puiz mis en une huche avec plusieurs hosties sacrées que yceluy chat debvoit[5] mengier, puis yceux mauvaiz avoient fermé la huche et enfouy aux champs, en ung quarefourc d'un chemin, dedens terre. Et ceste grant deablie faisant ycelle mauvaise gent, si comme il fut dist, afin que, se le chat eust vescu IX jours, ilz l'eussent prins et escorché, et de la peau chacun eust eu une couroie, et l'eussent chainte, par vertu de la quelle ilz eussent eu tant des avoirs et sceu des choses comme ilz vousissent, si comme en leur mauvaise oppinion cuidoient. La quelle chose dedens lez IX jours que le chat avoit esté mis dedens la huche en terre, des pastoureaux et des plus simples du peuple, par la voulenté Nostre Seigneur Jhesucrist, au gratement des chiens d'iceux pastoureaux par le miaulement du chat, et du charpentier qui icelle huche avoit faicte fut sceu qui tel chose avoit faicte. Et tantost ce congneu par le prevost de Chasteau-Landon, l'archevesque de Sens[6] et le prevost de Paris, à Chasteau-Landon, à Paris, à Sens et ailleurs furent saisiz et prins,

---

2. Retraite, refuge, point d'appui. — Ce mot manque dans les glossaires.

118. — 1. Pâques 1323, le 27 mars.

2. Comparer le Continuateur de Nangis, II, p. 47, et le Continuateur de Jean de Saint-Victor (*Historiens*, XXI, p. 680, note 3).

3. Le Gâtinais, partie de l'Orléanais et de l'Ile-de-France, dont les principales villes étaient Nemours et Montargis.

4. Cercanceau, commune de Souppes, arrondissement de Fontainebleau (Seine-et-Marne).

5. Ms. A : debvoir.

6. Guillaume de Melun, mort en 1329.

et au chasteau de Montet[7] et en aultrez lieux, dessoulz estroite garde, furent aquestionnez, liez et emprisonnez.

119. — Adecertez en cest an, mons. Jourdain de l'Isle, Thoulousein, chevalier, qui devant estoit nommé Jourdenet de l'Isle, hault homme et noble en la Gascongne, frere mons. Bernart Jourdain de l'Isle seigneur, pour plusieurs violences, meurdrez et despis que il avoit faiz au roy et à la gent de France, et pour aultrez meurdres, desroberies de marchans et arsons de villez, le samedi aprez l'Ascencion Nostre Seigneur, adonc vij jours au moys de may[1], du Chastelet de Paris en la grant rue Saint Denys, à la queue d'une chareite, parmy les boes, sus ung bahu et une claie, jusquez à la villeite Saint Laurens[2] fut traynnez, et d'illec, tout nu, à terre, jusques au gibet fut traynnez, et illec au plus hault des larrons fut penduz, present Gauchier de Crecy, connestable de France, et Gauchier de Chastillon, son filz[3], le mareschal de France[4], le prevost de Paris, et aultrez grans maistrez de France, et grant multitude de peuple de Paris; donc l'en ne remembre pas ne ne trouve l'en escript és gestez de France que onquez, puis le temps Guenelon[5], si trés hault ne si gentil homme fût mort de telle mort en France comme le dessus dist mons. Jourdain.

120.— 'Et en ycest an, Marie la roynne de France et de Navarre, fille jadiz de l'empereur de Romme, le jour de la Penthecouste[1], en la chappelle royal du palaiz de Paris fut couronnée en roynne, present l'archevesque de Treves[2], son oncle, et le roy de Behangné,

---

7. Ne serait-ce pas le château de Moret-sur-Loing, arrondissement de Fontainebleau, où furent emprisonnés plusieurs Templiers en 1307 et Louis comte de Nevers en 1311 ?

119. — 1. Cette date du ɣ est celle indiquée par les *Grandes Chroniques* et par une Chronique anonyme (*Historiens*, XXI, p. 140). Le Continuateur de Nangis, II, p. 145, fixe, au contraire, le supplice au 21 mai, veille de la Trinité.

2. Aujourd'hui La Villette.

3. Gaucher de Chastillon, seigneur du Tour et de Sompuis, mort en 1325, avant son père.

4. Le ms. A n'indique pas le nom de ce maréchal (cette qualité ne paraît pas avoir appartenu au fils du connétable).

5. Le traître Ganelon de la *Chanson de Roland.*

120. — 1. La Pentecôte le 15 mai 1323.

2. Baudouin de Luxembourg, fils de Henry IV de Luxembourg comme l'empereur Henry VII, père de la reine Marie et de Jean l'Aveugle.

son frere. Pour le quel couronnement, le samedi veille de la dicte Penthecouste, touz les bourgoiz et tous les mestiers de Paris firent trez belle feste, et vindrent de Paris, encontre la venue de Charlez le roy de France et de Navarre et d'icelle roynne Marie sa fame, jusquez bien prez du champ du Lendit; et estoient rengiez sur le chemin d'un costé et d'aultre, lez ungs en paremens richez et de noble euvre, lez aultrez en robes [neuves][3], à pié et à cheval, chacun mestier par soy ordonnés, o trompes, tabours, et buisines, et tinbres et naquaires, grant joie et grant noyse demenant. Et lors yceux mestiers, aprez la venue du roy de France et de la roynne[4], tous ordenez deux à deux, l'un mestier aprez l'autre, et lez bourgoiz aprez en tel guise ordenez, vindrent en la court du roy et par devant son palaiz, que jadiz avoit fait faire Philippe le Beaux, roy de France, son pere, par Enguerran de Marigny, son coagiteür et gouverneur du royaulme principal; et tout pour le roy et la roynne honnourer. La quelle feste d'iceux bourgoiz et mestiers tourna envers le roy de France et les siens[5] en grant honneur louable, et aux gens de Paris aussi[6].

121. — Et ycest an, pour l'eschivement de la grant mortalité du peuple et pour aultrez causes, furent trefvez données entre le roy

---

3. Le mot *neuves* a été ajouté d'après le récit de 1313 dont il sera parlé plus loin, note 6.

4. Suivant le Continuateur anonyme de Jean de Saint-Victor (*Historiens*, XXI, p. 677 et 678), semblable entrée du roi et de la reine de France (notre chroniqueur n'en a point parlé) aurait eu lieu aussitôt après leur mariage, le 30 septembre 1322, ce qui paraît difficilement conciliable avec le fait d'une seconde entrée solennelle la veille du couronnement. Le Continuateur de Nangis, II, p. 46 et 47, ne parle ni de l'une ni de l'autre entrée; et, dans les *Grandes Chroniques* (qui passent sous silence l'entrée du 14 mai 1323), le récit de celle du mois de septembre 1322, identique à celui du Continuateur de Jean de Saint-Victor, pourrait bien avoir été interpolé et transposé (Voir l'édition petit in-folio, col. 1248).

5. Ms. A : *des siens*.

6. Notre chroniqueur, tout en restant original dans certains détails, a pris encore cette fois ses phrases toutes faites dans la *Chronique française de G. de Nangis* (Ms. Fr. 17267, f° 105 v°, et ms. A, f° 119 r°) : à partir des mots « touz les bourgoiz et tous les mestiers, » ce paragraphe, — sauf les mots « de Paris encontre..... d'un costé et d'aultre, » et ceux « Et lors yceux mestiers, aprez la venue du roy de France et de la roynne, » — est copié littéralement sur le récit de la fête donnée en 1313 par Philippe le Bel à Édouard Ier, roi d'Angleterre, récit qu'on retrouve dans les *Grandes Chroniques*, col. 1208.

d'Engleterre et la gent d'Escoce jusquez à xij ans de la Penthecouste[1] lors ensuivant.

122. — Et à la feste saint Jehan Baptiste, dez partiez d'Engleterre Henry de Suilly vint en France[1].

123. — Et aprez ce, au moys de juillet[1], comme le conte de
Namur, oncle Louys le conte de Flandrez et frere de Robert de
Flandrez, eust demandé à Louys, son nepveu, la franchise et seigneurie du pais[2] des marchandises en la ville de Dant[3] aussi
comme ceux de Bruges, au quel le conte de Flandrez Louys luy
otroia, et luy en donna ses lettres, et comme ceux de Brugez,
apperchevans que ceste chose seroit contraire à leur ville et à tout
le commun, si firent demander du conte Louys à son oncle le
conte de Namur les lettres que de ce luy en avoit données, et à ce
en riens ne voullut obeir ne iceuz lettres rendre, pour ce ceux de
Brugez se assemblerent à grant ost, et assirent le Dant; et tantost
ceux de la ville du Dant yssirent hors de leur ville avec le conte
de Namur, et illec se assemblerent de si grant effort et fut la bataillle
si aspre que ceux du Dant en la gregneur partie furent desconfiz;
et le conte de Namur, aussi comme à mort navré, fut de ceux de
Brugez prins, et illec emprisonné, et la ville de Lescluse tout
[arse][4].

124. — En cest an, en la saison d'esté, par le royaulme de
France et especiaulment à Paris, fut si grant multitude de gens
maladez, et tant en moururent, que chacun en estoit esbahy[1].

---

121. — 1. La Pentecôte suivante, 3 juin 1324. — En réalité, les trêves
furent conclues, le 30 mai 1323, pour treize ans à partir du 12 juin de cette
année, ce qui diffère fort peu, d'ailleurs (Rymer, II, 2ᵉ partie, p. 73 et 76).

122. — 1. Il fut délivré sans rançon par Robert Bruce, dès le carême
de 1323, n. st., et ensuite dépêché par Édouard II vers Charles le Bel
(Rymer, II, 2ᵉ partie, p. 105, et *passim*).

123. — 1. D'autres disent en août.

2. « Du pais », du poids. — « Si avint que li contes Jehans de Namur, qui
estoit adont sire de l'Escluse, vault que li pois et li balance fust à l'Escluse,
que chil de Bruges leur avoient osté » (*Chronique de Jean Desnouelles,* dans
le *Recueil des Historiens,* XXI, p. 197. — Voir aussi *Chronique Normande
du XIVᵉ siècle,* p. 33).

3. Dam, ville de la Flandre occidentale (Belgique), à 5 kil. de Bruges. —
La rivalité de l'Ecluse amena sa déchéance commerciale. Notre chroniqueur confond Dam avec cette dernière ville, sa voisine, dont il relate,
d'ailleurs, la ruine à la fin du paragraphe 123.

4. Voir les *Historiens des Gaules et de la France,* XXII, p. 415, note.

124. — 1. Mortalité non mentionnée par les autres chroniqueurs.

125. — Et en cest an, merquedi [vegille de] feste de la Concepcion Nostre-Dame[1], au moys de decembre, Jehan de Persan, qui par aucun temps devant avoit esté[2] prevost de Monmorency[3], sur un eschauffault en Greve à ce apparellié, presens l'archevesque de Senz, l'evesque de Paris, l'abbé de Saint-Denys Gille, et celuy[4] de Saint-Germain-des-Prez, fut son fait et tout le proccis de sa deablie du chat de l'official de Senz, devant le peuple, manifesté, et illec desgradé et à Jehan Loncle, pour le temps prevost de Paris, baillié, et en la place dez Pourceaux à Paris ars[5].

126. — Et en ceste mesmes année, Charlez le roy de France et de Navarre, aprez l'execucion faicte de mons. Jourdain de l'Ille, chevalier, luy, mons. Charlez conte de Valoiz son oncle, Robert d'Artoiz, et grant multitude des chevaliers de France, avec luy le roy de Behangne, visitans les provinces de Thoulouse et d'Aubigoiz, avironna et lors lez courages de mains, tant du menu peuple que des noblez et dez barons, qui jà esmeuz estoient par le conseil des mauvaiz et à par ung poi de luy se voulloient deffier, rafferma en la grace de son amour. Et pource que il se demonstra favourablez et begnin, fut de eux honnourablement et grandement recheu, et merveilleusement atrait à luy les cueurs de touz. Adecertes tant d'amour furent[1] endroit luy affaiz et atraiz que ilz luy promirent loyaulment à faire luy ayde, de toute leur vertu et à leurs proprez despens, envers tous lez adversaires du royaulme de France, et mesmement contre le roy d'Engleterre Edouart et sez Gascoingz, contre lez quieux il proposoit en brief temps aprez guerroier[2]. Et comme, par la saison de l'iver, Charlez le roy de France et de Navarre estant en ycellez provincez, pour lez iniqui-

---

125. — 1. La fête de la Conception tomba le jeudi (8 septembre) en 1323.

2. Ms. A : estre.

3. Seul notre chroniqueur indique cette fonction.

4. Ms. A : et *de* celuy.

5. Voir le paragraphe 118 et, pour ce qui concerne le sort des autres auteurs du maléfice, le Continuateur de Nangis, II, p. 49 et 50.

126. — 1. Ms. A : d'amour *firent*.

2. Fidèle à son système, notre chroniqueur a reproduit ici presque littéralement le récit du voyage de Philippe le Bel en 1303, tel qu'on le trouve dans la *Chronique française de G. de Nangis* (Ms. A, fᵒ 115 rᵒ, et Fr. 17267, fᵒ 99 rᵒ), et dans les *Grandes Chroniques*, col. 1181, à partir des mots « lez courages » et jusqu'au mot « guerroier » ; il s'est borné à changer le nom du roi de France et celui de ses adversaires.

tez et felonnies que la fame et les gens mons. Jourdain de l'Ille, à Paris justicié, avoient faictez à ceux du pais, et qui à gens d'armez s'estoient traiz en la cité de Bordeaux, manda le lieutenant du roy d'Engleterre en Gascongne. Le quel, si comme aucuns dient, rescript au roy de France que il n'y vendroit pas, et que tenu n'y estoit pas de venir sans le commandement et octroy de son seigneur le roy d'Engleterre. Et pour ce, sans nul conseil et sans le sceu du roy de France, aucunes des gens du roy de France entrerent dedens les termes du roy d'Engleterre en Gascoigne, et ardirent et embraserent plusieurs de ces villes. Et comme ce venu à la congnoissance du lieutenant du roy d'Engleterre en Gascoigne, lez gens du roy d'Engleterre une ville du roy de France[3], tantost aprez ce, toute ardirent, et, si comme l'en dist, pource que de ceste iniquité et felonnie Charles le roy de France ne lez siens quant à lors jusques au temps d'esté [ne se povaient vengier], comme celuy qui n'estoit pas d'armez convenables appareillié, commanda son retour pour s'en retourner en France.

127. — Et en venant en France parmy la terre d'Orbenois[1], luy et Marie la roynne de France et de Navarre sa fame, jadiz fille de Henry de Lucembourt, empereur d'Alemaigne, qui avec luy avoit esté, acoucha d'un filz, qui eust nom Philippe[2] en baptesme et mourut trois jours aprez sa naissance, la dessus dicte roynne Marie (Dieux ! quel douleur !), en la ville d'Issodun[3], au terrouer de Berry, au moys de mars, clouist son desrenier jour, et en l'eglise des Jacobines au dessoulz de Montargis, le merquedi[4] aprez la feste de l'Anunciacion Nostre Seigneur, present son frere le roy de Behaingne, fut honnourablement enterrée.

128. — *Quant Charles le roy de France et de Navarre, Charlez le conte de Valoys, son oncle, et ses aultrez amys, mont courouchez, furent revenuz en France, le roy de France Charlez

---

3. La bastide de Saint-Sardos (Lot-et-Garonne). — Voir le Continuateur de Jean de Saint-Victor (*Historiens*, XXI, p. 682) et le Contin. de Nangis, II, p. 55.

127. — 1. Orbenois, nom défiguré. — Bourbonnais?

2. Louis, selon Du Tillet, dit le P. Anselme, I, p. 97.

3. Issoudun (Indre).

4. 28 mars 1324, n. st.; si, comme l'a écrit le P. Anselme, l'inhumation de la reine eut lieu le 21 mars suivant son épitaphe, il faudrait lire, dans notre texte, *avant* et non *après* l'Annonciation.

manda au roy d'Engleterre Edouart, son serourge[1], ce se estoit de son sceu et de son mandement que tel despit avoit esté fait à sa gent comme nous avons dit dessus. Le quel respondi et luy rescript par ses lettres que non, ainchoiz desavouait le fait du tout. Adonc lez messagiers du roy de France à luy envoiez luy requirent que lez malfaicteurs qui ce avoient fait en la prison du roy de France, à Pieregort[2], envoiast, pour faire ce que droit en diroit. Le quel ycestuy mandement du roy de France contredit et despit ; et ce rapporté au roy de France Charlez, luy manda que de la duché d'Acquitaine et de la conté de Pontieu vînt en France luy faire hommaige comme appartenant au fief de son royaulme, et pour yceux despiz amender. Adecertez le roy d'Engleterre Edouart, affin de soi departir de l'ommaige de Gascorigne et de la conté de Pontieu, sans lez plus tenir du roy de France, par fraude, si comme l'en dist, donna Gascoingne à mons. Haynmes, son frere, et [luy commanda] que de celle terre de Gascoingne vînt au roy de France faire hommaige, et de France s'en allast droit en Gascongne, avec l'archevesque de Develin[3], d'Irlande, pour enquerre la verité du fait que le roy de France luy avoit mandé, et icelles à luy rapporter pour punir ceux qui feussent[4] à punir.

[L'AN M. CCC. XXIIII.]

129.—*Après ce, à la feste de Pasquez[1], l'an de grace M. CCC. xxiiij, messire Haymmes, frere du roy d'Engleterre, et l'archevesque de Develin, de la terre d'Irlande, de par Edouart le roy d'Engleterre à Charlez le roy de France et de Navarre dez parties d'Engleterre vindrent en France, et, devant[2] le roy de France, à Charlez son oncle, conte de Valoiz, vindrent, et luy dirent pour quoy ilz estoient venus, et que le roy d'Engleterre avoit donné au dit mons. Haymmes Gascongne, et que d'icelle il estoit prest de en faire hommaige[3]. Au quel, si comme l'en dist, il fut respondu

---

128. — 1. Son beau-frère.

2. Périgueux.

3. Alexandre, archevêque de Dublin (Voy. Rymer, II, 2ᵉ partie, p. 93 et 94, aux 11 et 16 mars 1324, n. st.).

4. Ms. A : feissent.

129. — 1. Pâques 1324, le 15 avril.

2. Devant, *avant* ?

3. Ms. A : de faire *en* hommaige.

que, contre[4] le don, le roy[5] de France pour ung roy tel comme le roy d'Engleterre ne prendroit ung conte en hommaige.

130. — Et en cest an[1], au moys d'aoust, Charlez le roy de France et de Navarre Jehanne, qui sa cousine germaine estoit, jadiz fille de mons. Louys de France conte d'Evreux, filz le roy Philippe qui mourut en Arragon, par l'octroy du souverain evesque pappe Jehan le xxij[e], espousa[2].

131. — *Aprés ce, en cest an, pour le murmure, si comme l'en dist, que Charlez le conte de Valoyz avoit en son cueur concheu de ce que le mariage[1] de Edouart, l'ainsné filz d'Engleterre, et d'une des filles au dessus dit conte de Valois avoit esté, du roy et de la roynne Ysabel d'Engleterre, seur le roy de France, pour la prouchaineté de linaige[2] refusé et contredit, icil Charlez, je ne sçay par quel conseil, à grant assemblée de gens armez à pié et à cheval, avec luy Charles[3] et Philippe de Valoiz, ses filz, Philippe le conte d'Evreux, Robert d'Artois conte de Beaumont, Louys conte de Clermont, et plusieurs aultrez barons et chevaliers de France, au moys d'aoust[4], aprez xxix ans que la premiere guerre de Gascongne entre le roy de France Philippe le Beaux et le grant roy d'Engleterre Edouart avoit esté, erraument suivi le dessus dit mons. Haymmes conte de Quent, et puissamment en plusieurs villes champestres et chasteaux de Gascongne entra ; et yceux, comme non garniz et non pourveuz de batailler, paisible-

---

4. *Contre*, c'est-à-dire au sujet, à propos, ou l'occasion de (Voy. para-graphe 95 : contre les relevaillez).

5. Ms. A : du roy. — Ms. B : le roy.

130. — 1. Ms. B : En celui an [1323].

2. Le P. Anselme dit que la dispense du pape fut donnée le 21 juin 1324, et il reporte la date du mariage à 1325. Le Contin. de Nangis, II, p. 55, n'indique pas le mois ; celui de Jean de Saint-Victor (*Historiens*, XXI, p. 682) fixe la célébration au 5 juillet 1324, comme Bernard Gui (*ibidem*, p. 733); elle eut lieu à Anet. — Ms. B : espousa iij[e] fame.

131. — 1. Voir paragraphe 94.

2. Ce motif, s'il fut allégué, n'était pas le véritable : en effet, le pape Jean XXII avait, dès 1317, accordé une dispense générale pour le mariage des enfants d'Edouard II avec leurs cousins et cousines au 4e degré (le huitième, selon notre droit civil) et au-dessous. — Voir Rymer, II, 1re partie, p. 119, et 3e partie, p. 76.

3. Charles de Valois, comte d'Alençon, de Chartres, etc., second fils de Charles comte de Valois et de sa première femme, mort à la bataille de Crécy en 1346.

4. A la Madeleine, 22 juillet, dit le Contin. de J. de Saint-Victor.

ment se rendirent, jà soit ce que begninement trefvez demandassent jusques à tant qu'ilz eussent responce du roi d'Engleterre, leur seigneur.

132. — *Quant ce apperchut messire Haymmes, frere du roy d'Engleterre, que Charlez son oncle[1], conte de Valoiz, estoit ainssi venuz sur luy, qui estoit avec sa simple mesnie sans nulles armez ne sans nul appareil bataillereux, si se doubta de son honneur, et se traist vers une ville de Gascoingne que l'en dist la Riolle[2], et en icelle ville se mist. Et comme Charlez conte de Valoiz, par ces espieurs ce sceu, avec son grant host de Thoulouse et d'icelle partie, tantost environ ycelle ville de la Ryolle, l'endemain[3] de la Saint-Berthelemieu, mist son siege, adecertez mons. Haymmes, estant en la ville de la Riolle, manda à son frere le roy d'Engleterre comme il estoit illec, et tout l'estat de la besongne, et que aucun confort luy envoiast.

133. — *Edouart, le roy d'Engleterre, qui mont dolent estoit de ce que l'en estoit ainssi allé sur sa terre et Haymmez son frere assis, comme nous vous avons dist devant, par mer grant foison de gens d'Irlande et de Guallez à Bordeaux, la maitresse cité de Gascoingne, envoia. Et comme eux en Gascoigne en allassent, en la terre de Bretaigne aucuns de eux, comme mauvaiz, plusieurs villes ardirent et lez biens qu'ilz peurent ravir enporterent[1]. Adecertez Charlez le conte de Valoiz, qui, par l'espace de cincq sepmaines, de sa voulenté avoit tenu le siege devant la Riolle, au quel siege le conte de Boulongne[2] estoit mort, mons. Jehan de Saint-Flourentin[3] et mons. Jehan de Medontel, chevaliers de France, avec mons. Jehan des Barres[4], en yceluy host

---

132. — 1. Marguerite de France, mère d'Edmond comte de Kent, était sœur consanguine du comte de Valois.

2. La Réole (Gironde).

3. 23 août 1324.

133. — 1. Cette descente des Anglais en Bretagne n'est relatée dans aucune chronique contemporaine, non plus que par D'Argentré et Dom Lobineau.

2. Robert VII dit le Grand, comte d'Auvergne et de Boulogne. L'*Art de vérifier les dates* dit qu'on « ne peut marquer précisément le temps de sa mort, et qu'il n'était plus en vie au mois de mai 1326. »

3. Le seul seigneur dont le décès devant La Réole soit mentionné par les autres chroniqueurs.

4. Il était maréchal de France depuis 1318 et seigneur de Chaumont-sur-Yonne, d'après le P. Anselme, qui ne cite rien qui le concerne après 1322 et n'indique pas la date de sa mort.

mareschal de France, nasvré à mort, avec iiij de ses chevaliers
et viij de ses escuiers, manda à mons. Haymmes, le frere au roy
d'Engleterre, qui dedens la ville estoit, que, se il ne luy rendoit la
ville paisiblement dedens le quart jour ensuivant, se il povait par
force la prendroit. Et lors, par mont de conseulz d'une part et
d'aultre, mons. Haymmes à Charlez le conte de Valoiz, au nom
de son cousin Charlez le roy de France, la ville de la Riolle
paisiblement rendy⁵, en telle magniere, si comme aucuns dient,
que tantost comme lez choses qui sont de paiz entre son frere le
roy d'Engleterre et son cousin le roy de France seroient accordées,
yceste ville de la Riolle et lez chasteaux et aultrez villez champestres, qui au devant dist Charlez au nom du roy de France,
son nepveu, paisiblement s'estoient soubmises en la seigneurie
du roy de France, au roy d'Engleterre feussent⁶ franchement
rendues; et sur ce furent triefves données et octroiées d'une part
et d'aultre; et le tiers jour aprez, en ung dimenche⁷, environ
prime, de la Riolle mons. Haymes s'en party, [et] en la cité de
Bordeaux paisiblement, au convoi de Charlez le plus jenne des
filz du conte de Valoiz, entra. Et ce fait, tantost l'ost se desraina⁸,
et s'en revint Charlez le conte de Valoiz avec les aultrez barons
et chevaliers de sa compagnie en France.

134. — Et en yceste mesmes année vraiement, au moys de
janvier ¹, Charlez le roy de France et de Navarre, par son conseil,
fit une constitucion par le royaulme de France, la quelle fust
tenue et gardée à perpetuité en court laye², qui dès lors à tous
jours, fût l'acteur³ ou le deffendeur, celuy qui convaincu seroit
par jugement⁴ pairoit lez despens et interestz au victorien, par

---

5. Suivant un document cité par Lancelot (*Mémoires de l'Académie des
Inscriptions*, X, p. 588), la capitulation de La Réole serait du 22 septembre 1324. Le siège aurait donc duré un peu moins longtemps que ne
l'écrit notre chroniqueur (« par l'espace de cincq sepmaines; » voir plus
haut).

6. Ms. A : *feussent* au roy d'Engleterre feussent.

7. Les deux derniers dimanches de septembre tombèrent le 23 et le 30.
Voir la note 5 ci-dessus.

8. *Se desraina*, se sépara, leva le camp.

134. — 1. Voir *Ordonnances*, I, p. 784.

2. On remarquera que les tribunaux ecclésiastiques ne sont pas visés
dans l'ordonnance et ne pouvaient l'être.

3. Le demandeur (*actor*).

4. Qui perdrait son procès.

tauxacion du juge qui le jugement airoit donné. Et en donna lettre soulz le sien grant seel, contenant cest tiltre :

135. — 'Karolus, Dei gracia Francorum et Navarre rex, universis presentibuz et futuris, ad perpetuam rei memoriam. Inter curas assiduas et immensas sollicitudines que ministerio regie majestatis incumbunt, de statu salubri regnicolarum nostrorum cogitare nos convenit, ut, improborum temere litigandi audacia refrenata tempestateque dissensionum sedata, vigeat inter omnis transquille beatitudo quietis, et bone voluntatis homines in justicie et pacis osculo delectentur. Sane cum hactenus ab olim, in multis regni nostri Francorum partibuz, consuetum fuerit expensas inter litigantes coram secularibuz judicibuz non reffundi, ex quo multi sue salutis prodigi, pacis emuli, exultantes in rebuz pessimis, immo, dum se ipsos precipitabant, gaudentes si secum in precipi[ci]um detrahebant, frequenter alios provocabant temere, et, necdum juste vocati ad judicium, se improbe deffendebant, ac sepiissime contingebat pauperes, innocentes ac rectos, imminencium, quas nunquam recuperarent, expensarum formidine, vel juri suo cedere vel aliud prosequi non audere, Nos premissis inconvenientibuz obviare nostrorumque subditorum indempnitatibuz cupientes, [h]ac irrefragabiliter constitucione santimus ut, in omnibus et singulis nostris ac prelatorum, baronum, nobilium, et aliorum subditorum nostrorum secularibuz curiis, victus victori in expensis causarum de cetero comdempnetur ad integram earum refusionem, taxacione judicis et juramento victoris precedentibuz, debite compellendus, premissa non obstante consuetudine, quam¹, corruptellam pocius reputantes, ad instanciam et de consilio dictorum baronum et aliorum, auctoritate regia, ex certa scientia, tenore presencium abolemus, decernentes eciam amodo, quicquid contra dictum, factum, actemptatumve fuerit, penitus non valere. Quod ut firmum et stabile perpetue perseveret, presentes litteras sigilli nostri fecimus appensione muniri. Actum Parisius, anno domini millesimo trecentesimo vicesimo quarto, mense januario².

---

135. — 1. Ms. A : *quem.*

2. Le texte donné par Laurière offre les variantes ci-après (nous mettons en italiques celles qui nous paraissent moins bonnes que notre texte) : ..... *Franciæ* et Navarre rex... *tempestates* que... inter omnes tranquille... regni Francie... consuetum *fuit*... refundi... alios frequenter provocabant... et interdum juste... vel illud persequi non audere... nostrorum

136. — ‘Adecertes en ycest an [1], pour lez deux roys de France et de Angleterre apaisier, noble dame madame Ysabel roynne d'Engleterre, seur Charlez le roy de France et de Navarre, à la mikaresme [2] vint en France; au pourchas de la quelle, environ la Magdalaine [3], la paix entre le roy de France et le roy d'Engleterre fut faicte [4].

[L'AN M. CCC. XXV.]

137. — ‘En l'an de grace ensuivant [1] M. CCC. XXV, comme Louys le conte de Flandres, qui à Gant estoit en parlement, lez gens de Brugez, qui doubte avoient que aucune chose ne fist contre eux, dez plus souffisans de eux y envoierent; lez quieux à deux de eux le dist conte, si comme l'en dist, fist coupper les testes [2], et les aultres par devers luy retint; et luy, qui pour ce se doubta que en la ville de Gant ne fût pas asseur, se fut trait à Courtray, pour quoy ceste chose sceue, ceuz de Bruges vindrent à Courtray, et les faubours ardirent [3], et se rengierent à plain champ pour batailler, et le conte de Flandrez contre eux. Et comme en plain champ illec venissent le vendredi [4] devant la feste saint Jehan-Baptiste, ceux de Brugez, comme felons et plains d'iniquité, en ycelle bataille aterrerent et ochirent mons. Jehan de Nelle, dist de Flandres, seigneur de Crievecueur [5], mons. de

_____

que providere subditorum... hac irrefragabili perpetuo valitura constitucione... condamnetur... juramento victoris precedente... consuetudine, quam,... baronum et aliorum nobilium... decernimus eciam ut quidquid amodo,.. et stabile perpetuo... vigesimo... _januarii._ — Nous ne notons pas les variantes qui ne portent que sur l'orthographe des mots.

136. — 1. Ms. B : Ou dit an [1323].

2. 14 mars 1325, n. st. — Le voyage de la reine était annoncé comme prochain par Édouard II au pape le 8 du même mois (Rymer, II, 2ᵉ part., p. 132).

3. Un accord provisoire fut signé le 31 mai, et ratifié par le roi d'Angleterre le 13 juin (Rymer, _ibidem_, p. 137 et 138).

4. Le Ms. B ajoute ici : « En icellui an fut canonisié saint Thomas d'Aquin. » (Cette canonisation remontait au 15 des calendes d'août 1323.)

137. — 1. Pàques 1325, le 7 avril.

2. Ni le Continuateur de Nangis, II, p. 62, ni Jean Desnouelles (_Historiens_, XXI, p. 197) ne relatent le supplice des deux Brugeois.

3. Suivant les mêmes, l'incendie de Courtray aurait été allumé par les gens du comte de Flandre.

4. 21 juin. C'est le jour auquel l'_Art de vérifier les dates_ donne la préférence. Jean Desnouelles indique le 24.

5. Il avait pour père Guillaume de Flandre, second fils de Guy de Dam-

Gavres, le bastart de Haynnault, avec xiiij chevaliers bannerez qui de la partie au conte de Flandrez estoient ; et iceluy Louys conte de Flandrez, nasvré, si comme l'en dist, qui, tantost aprez ce, par leur puissance prindrent, et à Brugez, comme hardiz et chevalereux et victorieux, de la bataille emmenerent, et illec l'emprisonnerent.

138. — Adecertez en icest an, les Guelfes contre les Guibelins en plaine bataille furent desconfis, et plusieurs chevaliers de France, qui avec lez Guelfez et en leur ayde estoient, furent prins[1].

139. — Et en ceste année, au moys d'aoust, Ysabel, fille Charlez le roy de France, à Chasteau-Neuf-sur-Laire fut née[1].

140. — Et en cest an, le conte d'Ausserre[1] et plusieurs aultres grans barons, qui de la partie au conte de Savoie[2] estoient, furent du daulphin de Vienne[3] prins[4].

141. — En icest an, comme pour la très grande complainte venue par plusieurs fois à Charlez roy de France et de Navarre d'aucuns bourgoiz de Paris et dez bonnes gens dez villes voisines, c'est assavoir de Pentin, de Poitronville, du Mesnil-Mautemps, de Monstereul, de Charronne, de Fontenay, du Pré-Saint-Gervaiz, de Rony[1], et d'aultrez hamyaux, pour cause de la guarenne des

---

pierre, et pour mère Alice, fille de Raoul III de Clermont seigneur de Nesle. — Le ms. B omet : seigneur de Crievecueur.

138. — 1. Voir, sous l'année 1326, le Contin. de Nangis, II, p. 76 et 77.

139. — 1. Avant la Pentecôte (26 mai) selon le P. Anselme, qui nomme cette fille Jeanne, comme Bernard Gui. On trouve Charles le Bel à Châteauneuf-sur-Loire en juillet, août et septembre, mais non en mai (*Mansiones*, tome XXI des *Historiens*, p. 493 et 494).

140. — 1. Jean II de Chalon, comte d'Auxerre, mort en 1346 à la bataille de Crécy ; il était fils de Guillaume de Chalon et d'Alix de Bourgogne (*Art de vérifier les dates*, III, 2ᵉ partie, p. 91).

2. Édouard comte de Savoie, mort en 1329.

3. Guigues VIII, mort en 1333.

4. A Varcy, le 9 août 1325 (*Art de vérifier les dates*) ; en 1324, d'après le Contin. de Jean de Saint-Victor ; en 1326, suivant les *Grandes Chroniques*.

141. — 1. Ms. B : Petronville, Menil de Mautemps, Montereul, Fontené, Rosni. — *Pentin*, Pantin ; *Poitronville*, aujourd'hui et dès le xvᵉ siècle Belleville ; *Mesnil-Mautemps* (ce nom subsistait encore en 1364), Ménilmontant ; *Monstereul*, Montreuil-sous-Bois ; *Charronne*, Charonne ; *Fontenay*, Fontenay-sous-Bois ; *Le Pré-Saint-Gervaiz*, les Prés-Saint-Gervais ; *Rony*, Rosny.

connins[2] que le roy y avoit, — la quelle garenne contenoit bien,
si comme l'en disoit, iiij lieues de terre de long [et] de lé ou environ, et duroit du pont de Charenton jusquez au Pré-Saint-
Gervaiz [et] de Rony jusquez au commun gibet[3] de Paris et aux
marés[4] d'environ Paris au dessus de l'ostel jadiz dez Templiers,
— lez quieux connins destruioient toutez les semences et le grain
des dictes terres et mengoient lez bourjons dez vignez en la saison,
si que tout se ramenoit à noient, pour quoy le roy, de grace
enclinant à la requeste dez dictez bonnes gens, affin que la dicte
guarenne fust ostée, fist widier la dicte guarenne dez diz connins
et lez pertuis et fossez, où lez diz connins habitoient, estouper et
aterrer, [et] vendi la dicte guarenne aux dictez bonnes gens heri-
tagiés des diz lieux, tant comme ycelle se comportoit de long et
de lé, par une grande somme de peccune que il en eust ; et est à
entendre chacun arpent de vigne vj s. parisis et chacun arpent de
terre arable iij s. parisis. Et ainssi osta le roy et ramena à noient
la dicte guarenne à perpétuité, et leur en donna sur ce sa lettre
scellée de son seel[5].

142. — Et en icest an, Edouart le jenne, de xiij ans ou environ
d'aage[1], filz le roy d'Engleterre Edouart et de Ysabel sa fame,
honnourablement et à grant gent vint en France ; et le mardi[2]
aprez la Saint-Remy, sur lez choses qui sont de paix entrejectées
et confirmées de son pere le roy d'Engleterre et de Charlez le roy
de France et de Navarre son oncle, au manoir du roy, au Boiz-de-
Vinciennes delez Paris, present grant foison de prelaz et barons
des royaulmez de France et d'Engleterre, et present la roynne
Ysabel sa mere, de toutes les terres que son pere et ses successeurs[3]
roys d'Engleterre avoient tenus au païs[4] de Gascongne des roys

---

2. Lapins.

3. Ms. B : Et du Rony jusques au gibet. — Ms. A : de Rony et jusquez.

4. Ms. B : mareez. — D'où le nom du quartier du Marais.

5. L'abbé Lebeuf, III, p. 150, et V, p. 81, place à tort en 1328 cette
suppression de la garenne royale, sur laquelle il ne donne d'ailleurs que
des renseignements incomplets.

142. — 1. Édouard était né à Windsor le 13 novembre 1312 (Rymer, II,
1re partie, p. 18).

2. 8 octobre 1325. Édouard s'était embarqué à Douvres le 12 septembre
(Rymer, II, 2e partie, p. 143), et Froissart s'est trompé en écrivant qu'il
avait accompagné sa mère.

3. Le ms. B porte avec raison : prédécesseurs.

4. Ms. A : royaulme de Gascongne.

de France en foy et hommage, et de la conté de Ponticu[5] en Picardie, à son oncle Charlez le roy de France et de Navarre lez hommagez fist.

143. — Et en cest an, de tout l'esté il ne plut, et fist en yceluy esté si chault et si grant seicheresse, et eust sur terre si petit d'eaues, que l'en ne remembre mie que, en nul aage mès, si grant chault ne si petites eaues feussent. Et fut, par le plaisir Nostre Seigneur, en cel an très grant habondance dez blefz et des vins[1].

144. — Et en cest an, au moys de novembre[1], Estienne l'evesque de Paris mourust.

145. — *Aprez ce, en ceste mesmes année, Charlez conte de Valoiz, oncle Charlez le roy de France et Ysabel la roynne d'Engleterre, qui, dez la Penthecouste de devant, avoit geu malade, la sepmaine devant Nouel[1] mourut ; et en l'eglise des Freres Prescheurs, present Philippe le conte de Valoiz, son ainsné filz, et Charlez son aultre filz, et la contesse de Haynnault[2], sa fille, son nepveu Charlez le roy de France, et sa niepce Ysabel la roynne d'Engleterre, fut, en icelle eglise des Freres Prescheurs, honnourablement enterré[3].

---

5. Édouard II avait fait don à son fils aîné du comté de Ponthieu et de Montreuil et du duché d'Aquitaine, les 2 et 10 septembre 1325, don que Charles le Bel avait approuvé à l'avance moyennant payement de 60,000 l. (Rymer, II, 2ᵉ partie, p. 141 et 142). — Ms. B : Poitou.

143. — 1. Voir le Contin. de Nangis, II, p. 63. — Dans le ms. B, ce paragraphe et le suivant sont rejetés après le paragraphe 148.

144. — 1. Le 24, d'après le *Gallia Christiana*.

145. — 1. Noël, 1325, le mercredi. — La mort du comte de Valois est fixée au 16 décembre tant par les *Grandes Chroniques* que par le ms. U. 41 de la Bibliothèque municipale de Rouen, manuscrit qui parait être identique au ms. Fr. 9624 de la Bibl. Nationale (*Historiens*, XXI, p. 156). — Girard de Frachet et le Continuateur de Jean de Saint-Victor ajoutent que le cœur du comte fut inhumé aux Frères Mineurs ; et de même le ms. Fr. 17267, qui, à propos de la sépulture du corps dans l'église des Dominicains, fait la remarque suivante (fᵒ 122 vᵒ) : « Non pas pour ce qu'il y eust esleu sa sepulture, mais y fut mis en garde pour estre porté à la maison de chartreuse que il avoit fondée et où il avoit esleu sa sepulture. »

2. Jeanne de Valois, femme de Guillaume Iᵉʳ le Bon, comte de Hainaut, de Hollande et de Zélande, sœur germaine du futur Philippe VI.

3. Le ms. B ajoute : Et fist faire une donnée en disant : « Priez pour messire Enguerrand de Mangni (Marigny) et pour mons. Charles de Valois.» (Conf. Contin. de Nangis, II, p. 64.)

146. — Et la sepmaine ensuivant, le samedi [1] aprez Noel, Gille de Chanbely, de la nacion de Ponthoise, abbé de Saint-Denys-en-France, [mourust]; aprez le quel frere Guy de Chatez [2], tresorier [3] de Saint-Denys-en-France, fut abbé [4].

147. — Et aprez ce, en cest an, au moys de decembre [1], Louys le conte de Flandrez de la prison de Brugez par aucunez condicions fut delivré, et au roy de France tantost s'en vint.

148. — Et en cest an, par le grant yver qui, par l'espace de ix sepmaines, avoit duré, le lundi jour de feste de l'Apparicion [1] Nostre Seigneur, Charlez le roy de France et Ysabel d'Engleterre, sa seur, et aultrez grans gens estans au palaiz de Paris, par la ravine dez grans glachons courans aval par l'eaue de Sainne, deux dez grandez archez du Grant-pont de Paris et tout Petit-pont [2] abatirent, avec aultrez grans dommaigez que au pont de Charenton et ès aultrez ediflices de dessus Sainne firent. Et lors esconvint, par l'espace de v sepmaines, dez viandez de dehors apporter ès nefz et en bateaux secourre à ceux de la Cité.

149. — Et en cest an, au moys de mars, plusieurs gens de la ville de Paris, qui la croix avoient prins du cardinal Nichole [1] avec le roy de France Philippe le Beaux [2], Louys, Philippe et Charlez, ses filz, et son gendre le roy d'Engleterre [3], à Paris en l'ille Nostre-Dame, douze ans aprez ce, en la ville de Paris, en la grant rue Saint-Denys, à l'opposite de Champeaux [4], en l'onneur de Nostre Seigneur et de sainte Croix et de son saint Sepulcre, ediflierent et fonderent ung hostel-dieu; au quel Ysabel la roynne

---

146. — 1. 28 décembre 1325. — Ms. Fr. 17267 : « mourut de apoplessie. »

2. Chates ou Chastres, aujourd'hui Arpajon.

3. Fonction non mentionnée par le *Gallia Christiana*, et rappelée aussi par Girard de Frachet.

4. En février ou en mars 1326, n. st. Il se démit en mai 1343.

147. — 1. Jean Desnouelles (*Historiens*, XXI, p. 198) indique aussi le mois de décembre, d'autres le mois de février 1326, n. st.

148. — 1. Ms. B : le jour de la Thiphaine, — 6 janvier.

2. Le ms. B ajoute : qui estoient de feust (de bois).

149. — 1. Nicolas, cardinal du titre de Saint-Eusèbe (Nicolas de Fréauville ?).

2. Ms. A : avec *Charlez* le roy de France Philippe le Beaux.

3. Ms. B : avecquez le beau roy Philippe, Loys et Philippe, ses filz, et Édouard roy d'Engleterre, son gendre.

4. Ms. A : Chappeaux.

d'Engleterre, fille au dit Philippe le Beaux, et son filz Edouart le
duc d'Acquitaine, successeur au royaulme d'Engleterre, qui
adonc estoient en France, et Climence la roynne de France et de
Navarre, assist chacun la premiere pierre [5].

[L'AN M. CCC. XXVI.]

150. — [*]En l'an de grace aprez ensuivant[1] M. CCC. XXVj, Jehanne
la roynne de France et de Navarre, seur Philippe d'Evreux, fille
jadiz de Louys de France conte d'Evreux, à Paris, le jour de la
Penthecouste[2], en la chapelle royal du palaiz de Paris, present
ma dame Ysabel roynne d'Engleterre, Edouart duc d'Aquitaine,
son filz, et plusieurs aultrez grans gens, fut couronnée et ointe
en roynne.

151. — [*]En cest cours de temps et en ceste mesmes année, que
le roy de France Charlez faisant feste à la roynne sa fame au couronnement d'icelle, aucuns des gens mons. Jourdain de l'Ille, qui
troiz ans devant avoit esté justiciez à Paris, et autrez barons de
Thoulouse, au confort de mons. Bernart Jourdain[1] seigneur de
l'Isle, frere du devant dist justicié, couvertement, si comme l'en
dist, avec lez gens de Gascoingne, lez gens du roy, qui la ville de
la Riolle tenoient et lez aultrez villes et chasteaux que Charlez le
conte de Valoiz avoit prinses ij ans de devant en Gascoingne,
tuerent et ochirent, et ycelles villes et chasteaux à mons. Jehan de
Bretaigne conte de Richemont, qui en ces parties la personne de
Edouart le duc d'Aquitaine representoit, à plain vouloient delivrer et de rechief en la seigneurie du roy d'Engleterre lez meitre.
Adecertez mons. Alphons d'Espaigne[2], cousin du roy de France,

---

5. Ces détails sur la pose de la première pierre de l'*hôpital* sont inédits.
On ne trouve relatée ailleurs (Corrozet, Du Breul, Sauval, *Gallia Christiana*) que la pose de la première pierre de l'*église* à la date du 18 *mai*
1326 (Voir la nouvelle édition de Lebeuf publiée par Henri Cocheris, II,
p. 234).

150. — 1. Pâques 1326, le 23 mars.

2. 11 mai. — Sur la présence du duc d'Aquitaine, voir une lettre
d'Édouard II, du 12 juin 1326 (Rymer, II, 2ᵉ partie, p. 159).

151. — 1. Ms. A : Joudain.

2. Alphonse de la Cerda, fils aîné de Ferdinand infant de Castille (fils
lui-même d'Alphonse X, roi de Castille et de Léon) et de Blanche fille de
saint Louis. — Voir une note du tome XXI des *Historiens des Gaules et
de la France*, p. 686, et une autre p. 68. — Si, comme on l'admet, cet
Alphonse de la Cerda est le même personnage que celui dont notre para-

et lez Franchoiz qui de par[3] le roy de France en ces parties
estoient alez pour la dicte occision, debatant à prendre en la main
du ròy le chastel de Mont-Guillaume[4] et aultrez fortresses sur lez
ennemis, par la tricherie des gens du païs tenans du roy de
France, furent villainement deboutez arriere, jasoice que à grans
coustemens le roy de France y feust, qui montoient, si comme
aucuns disoient, jusques à la somme de xliiij[cx] livres parisis[5],
avec la terre que le roy de France en celle année y perdy. Et
ainssi le dessus dit mons. Alphons d'Espaigne et les Franchoiz,
ingloricux et sans riens faire, dolens et courouchiez, s'en revindrent
en France.

152. — *Icy pooves savoir comment, pour quoy et en quel temps
les Angloiz furent prins et emprisonnez par le royaulme de
France.*

*En icest an, Edouart[1] le roy d'Engleterre, par le conseil de
Hue son despencier, chevalier, coagiteur et gouverneur de son
royaulme, en toutez les prieurtez et maisons, comme que[2] l'eglise
de Saint-Denys-en-France, Saint-Germain-des-prez delez Paris,
l'abbaie de Fescamp, et aultrez eglises du royaulme de France
avoient parmy Engleterre, ès quelles il n'avoit que moynez de la
nacion franchoise ne n'avoit eu dès la fundacion d'icelles par
l'ordonnance des roys d'Engleterre qui les fonderent, le roy d'Engleterre Edouart fist [iceux moynez] prendre et emprisonner, et
de eux une grande somme de peccune lever, et establi que d'ore
en avant, en quelque magniere que ce fût, nulz Franchoiz[3] n'y
feussent recheuz, maiz la gent de sa nacion d'Engleterre, et que
l'argent et les levées des rentez d'icelles maisons ne feussent plus
porté d'ore en avant hors de son royaulme. Et avec ce, de son
commandement, parmy Engleterre, tous les Franchoiz qui en
cest an y estoient venus, tant pour raison de ce qu'ilz estoient
Franchoiz, comme pour souspechon qu'i ne feussent espies de la

---

graphe 163 rapporte le décès, il faut en conclure que le commandant de
l'expédition (selon quelques-uns, ancien archidiacre de Paris) n'était pas
un petit-fils de Blanche, mais son fils même.

3. Ms. A : qui *par* de par.

4. Montguillem (Gers) ?

5. *Sic.*

152. — 1. Ms. B : le roy Édouart dit le Jeune.

2. Ms. A : comme de.

3. Aucun autre chroniqueur ne relate cette interdiction.

roynne Ysabel ne n'eussent apporté ou envoié hors d'Engleterre
lettres contrairez au royaulme[4], furent prins et en diverses prisons parmy Engleterre emprisonnez[5]. Et comme ceste chose et
lez coustemens faiz à poi de proie et d'onneur au royaulme de
France, avec l'occision faicte de nos gens en Gascoingne, tantost
sceust Charlez roy de France et de Navarre, si fist une grande
assemblée dez prelaz et barons du royaulme de France en la cité
de Miaux[6]; et illec, si comme l'en dist, par le conseil de Ysabel
la roynne d'Engleterre, sa seur, mons. Jehan de Serchemont[7],
pour le temps chancelier de France, mons. Philippe de Messe[8],
qui avoit esté official de Paris, mons. Guillaume Courtehcuse,
chevalier, Pierres Remy[9], Jehan Billouart[10], Martin des Essars[11],

---

4. Édouard II ordonna à plusieurs reprises d'arrêter les porteurs de
lettres suspectes (Rymer, II, 2ᵉ partie, p. 149, 156 et 163, 3 janvier, 12 mai
et 4 août 1326).

5. On trouve bien, dans Rymer, II, 2ᵉ partie, p. 105, 126 et 149, des
ordres de saisir les Français et leurs biens, mais ces ordres remontaient à
1324 et avaient été révoqués en février 1325. En 1326, ils furent renou-
velés, mais seulement les 26 août et 10 septembre, postérieurement aux
saisies exécutées en France (*ibidem*, p. 163, 164 et 166). — Les biens des
abbayes et prieurés furent restitués au commencement de 1327 (*ibidem*,
p. 173 et 175).

6. M. Hervieu (*Recherches sur les premiers états généraux*, p. 176) rattache cette assemblée de Meaux uniquement à « la rupture de la trève par
le roi d'Angleterre et à l'invasion du sol national. » Notre chroniqueur
fournit donc des données toutes nouvelles sur l'objet de cette réunion de
la noblesse et du clergé.

7. Ms. A, ici : Serclemont. — Jean de Cherchemont ou Serchemont avait
été rétabli chancelier le 19 novembre 1323, après avoir occupé cette fonction du mardi avant la Purification 1320 au 2 janvier 1321. — Voir le
paragraphe 185.

8. Qualifié conseiller du roi en 1327.

9. Voir paragraphe 174.

10. Ancien fondé de pouvoir de Charles comte de Valois, argentier du
roi avant 1327.

11. Conseiller du roi comme le précédent, l'un des exécuteurs testamentaires de Philippe le Bel, maître des Comptes et familier du roi en
1320. — Deux des chapelles fondées à l'autel de Sainte-Catherine, dans la
cathédrale de Rouen, le furent par lui, et les rentes qu'il affecta à cette
fondation (sur des biens sis à Rouen et aux environs) furent amorties par
Philippe de Valois, à la requête de ses exécuteurs testamentaires, en février
1339, v. st. (Archives de la Seine-Inférieure, G. 3528.) Les des Essars
étaient, en effet, Normands d'origine ; parmi les anciens maires de Rouen,
l'on trouve en 1309-1310 Martin des Essars, et en 1321-1322 Guillaume
des Essars.

familiers du roy, et plusieurs aultrez, sur ce appellez à son conseil (qui à ce ne fut pas honnourable, maiz vergondeux, toutesfoiz au prouffit de la bourse), et entre lez aultrez choses [ordonna] que tous lez Aingloiz et Aingloisces du royaulme, à une certaine journée, clers et lays, feussent prins et saisis, tant en lieux sains comme hors, et eux emprisonner, que l'en sceust combien chacun eust vaillant de biens, et, en cas que l'omme aingloiz airoit espousé fame engloisce, que le roy eust une somme d'argent pour la moitié[12] de ce qu'ilz eussent vaillant, et, où la fame seroit franchoise et l'omme engloiz, la moitié de la somme d'argent que la partie à l'omme vauldroit, et aussi, au cas que l'omme seroit franchoiz et la fame engloisce[13], tout aussi la moitié comme dessus est devisé. Et pour ce faire, le roy manda, par ses lettres secreites, à tous lez seneschaux, bailliz, prevostz et aultrez justiciers de son royaulme, que, le samedi[14] aprez la feste Nostre-Dame en aoust lors prouchain venant, feussent tous lez Aingloiz et lez Aingloisces, clers et lais, tant povres comme riches, prins et saisis, et generalment toute la nacion d'Engleterre, exceptez les Escoz. Et lez lettres du roy veues, tous les Aingloiz, en iceluy jour de samedi, à gens armez, aucuns gesans en leurs liz, en eux metant au nombre comme Juifz, usuriers ou aultrez mauvaises gens, par le royaulme de France furent prins et saisis, tant ès lieux sains comme hors, et eux emprisonnés, comme bonnez gens qu'ilz estoient. Le roy fist faire commandement en plain palaiz, à Paris, par Guillaume Courteheuse, chevalier, à touz les clers de la nacion d'Engleterre, feussent Cordeliers ou Jacobins ou d'aultrez religions, que, dedens le moys ensuivant, ilz preissent leurs livres et leurs biens et widassent le royaulme de France sans nul delay ; et que, dez aultrez Angloiz qui laiz estoient, que l'en cuidoit riches, inventoire fust fait de leurs biens, et que des aultrez l'en sceust par leur serment combien ilz eussent vaillant.

---

12. Notre texte fournit l'explication d'une phrase incidente du Continuateur de Nangis, II, p. 68 (illorum tamen Anglorum qui divites apparebant bona, *quoad partem quæ ad eos contingere poterat,* confiscavit), phrase dont Géraud n'a « pas vu clairement le sens, » fort obscur en effet.

13. Ainsi le principe d'après lequel la femme suit la nationalité du mari n'était pas encore admis en France. On sait qu'il ne l'a jamais été en Angleterre ; d'où cette conséquence bizarre qu'aujourd'hui l'Anglaise mariée à un Français possède une double nationalité, tandis que la Française qui épouse un Anglais n'en aurait plus aucune.

14. Le 16 août 1326.

Et ainssi fut il fait contre droit escript et bonne foy, sans ce que l'en trouvast en eux nulle malefachon, au grant honte du roy de France et de son conseil, et qui à nul bien l'argent qu'il en eust ne luy tourna [15]. Donc il ne remembre pas que, en nul aage, que l'en treuve escript, pour discorde qui fust entre ij roys [16], tel oultrage fut faicte aux Crestiens pour haynne de prinche comme lors, comme ilz feussent crestiens, laboureux de bras, ouvriers de plusieurs mestiers, marchans, et bonnes gens comme autrez.

153. — *Après la prinse dez Aingloiz ainssi faicte comme nous avons dit dessus, Ysabel la royne d'Engleterre, qui de bonne foy Edouart son seigneur, le roy d'Engleterre, et à sa requeste avoit laissé [1] venir en France pour appaisier luy et le roy de France, son serourge, des malefachons cy dessus devisées, elle bien conseillée en France de ses amys charneux dez choses si aprez devisées, si comme il luy sembloit, elle et Edouart son ainsné filz, qui en France estoit, mons. Haymmes, frere du roy d'Engleterre [2], mons. Jehan de Haynnault, frere du conte de Haynnault [3], mons. Rogier de Mortemer, frere le seigneur de Mortemer, qui d'Engleterre pour le fait du conte de Lenclastre Thonmas estoit banniz [4], avec grant multitude de gens armés se mirent de France à aller en Angleterre, et en Hollande en mer entrerent, et nagierent tant que paisiblement ilz arriverent au royaulme d'Engleterre [5]. Et illeuc d'aucuns chasteaux et bonnez villes paisiblement furent recheuz.

154. — Et en ycést an, en la feste de Toussains [1], à Chasteau-Thierry [2] la segonde fille [3] du roy fut née; et Ysabel sa premiere

---

15. « Et orent tout leur avoir despendu en vivres et en serjans, ne li roys n'en ot riens mès que la vilonnie. » (Contin. de J. de Saint-Victor, *Historiens*, XXI, p. 686.)

16. Ms. A : entre *les* ij roys.

153. — 1. Ms. A : avoit laisser.

2. Voir Rymer, II, 2ᵉ partie, p. 167 et 169.

3. Jean de Hainaut, frère de Guillaume Iᵉʳ comte de Hainaut, était seigneur de Beaumont, et, du chef de sa femme Marguerite de Nesle, comte de Soissons. Il mourut en 1356.

4. Roger de Mortimer, seigneur de Wigmore, exécuté en 1330. — Jehan de Wavrin, I, p. 50, relate en 1325 la mort, dans la Tour de Londres, d'un Rogier de Mortemer, *oncle* du seigneur de Wigmore.

5. Le 22 septembre 1326. (Voir Rymer, *loco citato*).

154. — 1. Le 1ᵉʳ novembre. — « Avant le 16 janvier 1327 » (Anselme).

2. *Sic* le Contin. de Jean de Saint-Victor; — à Châteauneuf-sur-Loire,

fille, aprez ung an qu'elle avoit esté née, à Chasteau-Neuf-sur-Laire[4] trespassa.

155. — Et en icest an, le mardi jour de feste saint Martin d'yver[1], ung homme que l'en appelloit Pierres d'Arragon[2], pource que en aucuns lieux il avoit transcendu l'Escripture divine, et par ij foys en avoit esté reprins et s'en estoit rendu coulpable, et tousjours estoit rencheu en son erreur, fut, à Paris, au jardin du palaiz royal, dez maistrez expers en theologie, present l'evesque de Paris Huguez de Besanchon[3] et grant multitude du peuple de Paris, fut condempné à mort et au prevost de Paris Huguez de Crusy[4] livré. Et tantost, en yceluy jour de mardi, le devant dit Pierres d'Arragon en la place aux Pourceaux fut ars, et sa char et ses os ramenez en pouldre.

156. — 'Et en cest an vraiement, depuis ce que la roynne Ysabel d'Engleterre et sa compagnie furent passés oultre en Angleterre, l'evesque de Rocestre[1], apperchevant que la roynne Ysabel n'estoit pas passée oultre, à si grant compaignie de gens d'armez, si occultement, par estrange passage, pour le bien et l'onneur de son seigneur le roy d'Engleterre ne pour le bien d'aucuns de la terre, en la sepmaine de la feste saint Nicholas d'yver[2] si fist ung sermon à ce que le peuple, povrez et richez, noblez et aultrez, se tenissent devers le roy leur seigneur, son tieufme[3] commenchant, selon droit escript, que toutez personnez se doibvent tenir devers leur prince, et especialment au cas où ilz veoient leur prinche

---

selon le Contin. de Nangis et les *Grandes Chroniques ;* mais on trouve le roi à Château-Thierry du 10 octobre au 5 novembre (*Historiens,* XXI, p. 496).

3. Marie, d'après notre paragraphe 176.

4. Où elle était née (paragraphe 139).

155. — 1. Le 11 novembre.

2. Aucune autre chroniqúe ne parle de ce Pierre d'Aragon et de son supplice.

3. Hugues de Besançon, précédemment chantre de l'église de Paris, élu le 19 janvier 1326, mort en 1332.

4. Hugues de Crusy était encore prévôt de Paris en novembre 1329; il fut depuis (au plus tard en 1331) président au Parlement (Voy. paragraphe 275).

156. — 1. Henri, évêque de Rochester. — Il était ami ou oncle de Hue Spenser (*Historiens,* XXI, p. 130 et 157). — Rapin Thoiras raconte un fait semblable de Stapleton, évêque d'Exeter.

2. Le 6 décembre.

3. *Tieufme* ou *tieusme,* thème, texte, sujet.

assailli de guerre, soit tort ou droit, et vivre et mourir avec luy en deffendant l'onneur du royaulme contre touz adversaires, feussent freres, seurs, famez ou enffans, ou aultrez gens quieux qu'ilz feussent, ou aultrement ilz forferoient corps et avoir, en disant enco[r]e que il est escript en droit que, dès lors et si tost comme aucun subget pense en son cueur à soy rebeller contre son seigneur, il est condempné à mort corporelle. Et plusieurs aultrez choses recita en son sermon, donc grant prolixité seroit du racompter. Maiz le deable, qui est mauvaiz à seigneurie, aucuns mauvais, qui illec estoient, plains de grant iniquité et felonnie, qui presens estoient, non aians paour de Dieu, sans nulle consideracion de raison, du commandement de la roynne Ysabel si comme aucuns dient, sacherent le preudomme evesque jus de l'eschaufault où il preschoit, et incontinent luy coupperent la teste, c. et lv ans [4] aprez le martire saint Thonmas l'archevesque de Cantorbiere [5], au temps Henry le premier, roy d'Engleterre, duc de Normendie [6].

157. — *Tantost [1] que ceste occision fut faicte si comme vous avez ouy, mons. Henry de Lenclastre, jadiz frere Thonmas de Lenclastre, qui par semblant demonstroit estre amy et bien veullant de son cousin germain le roy d'Engleterre Edouart, du commandement la roynne Ysabel d'Engleterre, à l'aide dez freres du roy d'Engleterre, en ung privé lieu où le roy d'Engleterre avec sa privée mesnie estoit, s'en alla, et le roy son cousin germain, à moult de blanches parollez, donnant luy entendre de certaines besongnes donc ilz airoient conseil ensemble au chastel que l'en appelle Quinehours [2], en yceluy chastel avec le roy alla, et illec comme traistre, si comme l'en dist, le roy son cousin germain comme prisonnier laissa. Du quel, par le commandement de la roynne et de la voulenté et accord dez barons, à grant foison de gens d'armes, jusquez à une pieche de temps gardien fut establi, si comme les croniques tesmoignent, en l'an du regne à yce roy

---

4. Ms. B : c. et lx ans.

5. Thomas Becket ou S. Thomas de Cantorbéry, tué le 29 décembre 1170.

6. Ms. B : En cellui an, l'evesque de Rocestre en Engleterre, pour qu'il fist ung sermon et propos qui ne plaisoit pas à chacun, fut saché hors de l'eschaufaut où il preschoit, et incontinent la teste lui fut couppée, c. et lx ans, etc.

157. — 1. Ms. B : Tantost après.

2. Kenilworth.

d'Engleterre Edouart xxij[3], ccc. et xlvj ans après le benoist martire saint Edouart jadiz roy d'Engleterre, que sa gent par traison tuerent[4].

158. — 'Mons. Hue son despensier, chevalier, coagiteur et gouverneur du royaulme d'Engleterre, incontinant que Edouart le roy d'Engleterre, son cher seigneur et amy, fut emprisonné si comme vous avez ouy, le dit Hue, du commandement de la roynne Ysabel, à la haynne du fait de la mort de Lenclastre Thonmas et en despit du roy d'Engleterre son seigneur, fut tantost pris et traynné, et puis liez à ung pillier, et son ventre ouvert, ces boyaux ars devant luy, comme mort qu'il feust, et sa teste couppée, et son corps taillié en iiij parties qui furent penduez en quatre cités d'Engleterre, et depuis sa teste mise sur la Tour de Londres la cité; avec Hue son despencier le viel, son pere[1], qui tantost après ce, sans aucune cause si comme l'en dist, eust sa teste couppée, vj ans[2] aprez l'execucion de Thonmas le conte de Lenclastre, cousin germain du roy d'Engleterre et oncle Charlez le roy de France.

159. — Et aprez ce, environ la Nativité de Nostre Seigneur Jhesucrist, les gens de Gascongne entrerent ès termes du roy de France, et eurent grant proie, et plusieurs villes en feu ardirent et brouirent, et grant foison de la gent au roy de France tuerent, avec Saintes en Poitou qu'ilz tout ardirent[1].

160. — 'Après l'emprisonnement du roy d'Engleterre Edouart, ses ij freres et aucuns des barons d'Engleterre, comme dessus est devisé, en acomplissant le conseil que la roynne avoit eu en France et leur aliance, avec l'octroy de plusieurs bonnes villes, chasteaux et citez, et d'aucuns prelaz de la terre, que il à ce esmurent, desposerent leur roy[1], disans que il n'estoit mie souffisant de tenir plus terre[2]. Et en lieu de luy Edouart son ainsné

---

3. Lire : xxe.

4. Édouard II dit le Martyr, assassiné le 18 mars 978.

158. — 1. Selon Froissart (édition de M. S. Luce, I, p. 31, 34 et 35), le supplice du père (9 octobre 1326) aurait précédé celui du fils (après la Toussaint).

2. Lire : iv ans.

159. — 1. Voir Girard de Frachet et le Contin. de J. de Saint-Victor (*Historiens*, XXI, p. 68 et 687) et le Contin. de Nangis, II, p. 78.

160. — 1. Le ms. B ajoute : de la dominacion royal.

2. Édouard II abdiqua le 24 janvier 1327, n. st. (Rymer, II, 2e partie, p. 171).

filz, duc d'Aquitaine, qui encore n'estoit chevalier, en ycest an de Nostre Seigneur m. ccc. xxvj, en l'an de son aage xvme, le dymence devant la Purificacion[3] à la vierge Marie que l'en dist la Chandeleur, couronnerent; et fut couronné en roy d'Engleterre.

161. — Et tantost aprez ce, au moys de mars ensuivant, lez Gascoings entrerent ès termes du roy de France, et plusieurs des chastelains et connestablez, avec grande multitude des gens du roy de France, tuerent et ochirent[1].

162. — Et en ycest an, pour la guerre de Gascongne, de la ville de Paris et de plusieurs aultrez villez du royaulme fut au roy de France ung grant subside octroyée[1], qui tantost aprez fut du roy rappellé; et dez eglises[2] et de ceux qui tenoient les pocessions des fiefz[3], par le royaulme de France, grant somme de peccune en cest an fut levée.

[L'AN M. CCC. XXVII.]

163. — *En l'an de grace aprez[1] ensuivant m. ccc. xxvij, le lundi xx° jour[2] au moys d'apvril, mons. Alphons d'Espaigne, chevalier, filz de très honneste dame et de grant sainteté ma dame Blanche d'Espaigne, fille au saint roy Louys jadiz roy de France, et de l'ainsné filz le roy de Castelle[3], mourut; et le lundi ensuivant aprez la feste saint Marc[4] l'euvangeliste, à Paris, en l'eglise des Freres Prescheurs, present Charlez le roy de France et de Navarre, son cousin, et sa fame Jehanne la roynne de France, fut honnourablement enterré.

---

3. Ce dimanche tomba le 1er février 1327, n. st. (Rymer, *ibidem*, p. 172). — Ms. B : le jour de la Chandeleur.

161. — 1. Voy. la note du paragraphe 159.

162. — 1. Fait inédit.

2. Le pape, afin de lever lui-même un subside pour sa guerre d'Italie, concéda à Charles le Bel, pour deux ans, un décime sur les églises et abbayes (Contin. de Nangis, II, p. 77).

3. Il s'agit là des droits perçus sur les francs-fiefs tenus par des roturiers (Voir *Ordonnances*, I, p. 786 et 797; II, p. 13; XI, p. 501, 23 janvier 1326, v. st.).

163. — 1. Pâques 1327, le 12 avril.

2. Les autres chroniqueurs ne précisent ni la date du décès, ni celle de l'inhumation; ils relatent qu'Alphonse mourut à Gentilly, dans l'hôtel du comte de Savoie.

3. Ms. A : Blanche d'Espaigne et de l'ainsné filz le roy de Castelle et fille au saint roy Louys jadiz roy de France.

4. Saint Marc le 25 avril; le lundi suivant, 27.

164. — *Aprés ce, en ceste sepmaine mesmes de feste saint Marc l'euvangeliste [1]; par aucunes condicions entrejectées du jenne roy Edouart d'Engleterre et du roy de France Charlez son oncle, entre ces deux roys de la guerre de Gascongne et de toutez aultrez choses fut faicte la paix [2].

165. — Et en cest an, en la saison d'esté, Edouart le jenne roy d'Angleterre, au premier an de son regne, contre lez Escoz, en poursuiant Escoce à grant et innombrable host, avec mons. Thonmas et Haymmes, ses oncles, et mons. Jehan de Haynnault, à Neuf-Chastel-sur-Tine [1] illec assemblez pour dedens Escoce entrer, pour doubte de la trayson d'aucuns d'Engleterre illec faicte, et si comme l'en dist que ilz avironnez et empeschez des choses qui sont de paix, et sur ce jour octroié aux Escoz, se descrava [2] l'ost, et s'en revint le jenne roy et sa chevalerie, sans coup ferir, en Angleterre [3].

166. — *Et aprez ce, en ice mesmes an, Edouart jadiz roy d'Engleterre, seigneur et pere du jenne roy d'Engleterre, par le conseil d'aucuns de ses prouchains, au moys de septembre [1] mourut. Aprez le quel, en ceste année, son ainsné filz, Edouart le jenne roy d'Engleterre, la fille au conte de Haynnault espousa [2].

167. — Et en ycest an, du roy de France et de Navarre fut fait Louys de Clermont, son cousin [1], duc de Bourbon [2].

168. — Adecertez en ycest mesmes an, Charlez roy de France et de Navarre, aprez ce que il eust fait une grant quantité de nouveaux chevaliers à la feste de Nouel au palaiz de Paris, depuis

---

164. — 1. Ms. B : à la feste saint Marc.

2. La paix avait été signée à Paris dès le 31 mars 1327, n. st., et le traité ratifié par Édouard III le 11 avril suivant (Rymer, II, 2ᵉ partie, p. 185 et 187).

165. — 1. Les troupes avaient bien été convoquées à Newcastle-upon-Tyne (au 18 mai 1327) et Jean de Hainaut faisait partie de l'expédition (Rymer, II, 2ᵉ partie, p. 186, 188, 190, 191 et 195).

2. *Se descrava.* Ce mot manque dans les Glossaires. Les éditeurs du tome XXII des *Historiens* traduisent *se destraver* par : se mettre en marche.

3. Voir *l'Art de vérifier les dates*, II, 2ᵉ partie, p. 43.

166. — 1. Le 21 septembre 1327. Voir le paragraphe 214 ci-après.

2. Philippa, fille de Guillaume Iᵉʳ. Le mariage fut célébré à York le 24 janvier 1328, n. st.

167. — 1. Ms. B : Loys, conte de Clermont en Beauvesis, cousin germain...

2. Le 27 décembre 1327 (P. Anselme, I, p. 297).

ce tantost au Boys-de-Vincennes, par viij jours ou environ estant malade, le jour d'un lundi premier jour du moys de frevrier, en l'an de son aage xxxiij° [1], clouist son desrain jour ; et le vendredi ensuivant [2], delez Philippe le Grant, son frere, jadiz roy dez diz royaulmes, en l'eglise Saint-Denys-en-France, present Philippe de Valoiz, son cousin germain, Louys duc de Bourbon, Robert d'Artoiz conte de Beaumont, et aultrez haulx hommes du royaulme de France, fut honnourablement enterrez. Du quel, le samedi enssuiant, son cueur, à Paris, en l'eglise dez Freres Prescheurs, fut enfouy. Et le dimence ensuivant, sept jours au dist moys de fevrier, ses boiaux, avec toutez ses aultrez entraillez, en l'eglise royal de Nostre-Dame-de-Maubuisson delez Ponthoise furent enterrez.

169. — *Après ce, Philippe conte de Valoiz, son cousin germain, jadiz ainsné filz de Charlez le conte de Valoiz et de Jehanne sa fame, jadiz niepce [1] de Charlez conte d'Angou et roy de Sezille, prist tantost, par l'assentement dez barons de France [2], qui à ce paisiblement le rechurent, le gouvernement des royaulmes, c'est assavoir de France et de Navarre, en ces lettres son tiltre en telle magniere disant selon lez latins : *Philipus, Valesie et Andegavie comes, Francorum et Navarre regna regens, universis presentes litteras*, etc.

170. — Icil Charlez roy de France et de Navarre regna ès diz royaulmez vj ans. Et eust deux enffans filles, donc la premiere eust nom Ysabel [1], qui mourut, et l'autre fille segonde, qui vivoit,

---

168. — 1. *Sic* P. Anselme, I, p. 95. — Le ms. B ajoute : de son regne le vj°.

2. 5 février 1328, n. st.

169. — 1. *Niepce*, c'est-à-dire petite-fille (Voy. la note 3 du paragraphe 44) de Charles I°, roi de Naples et de Sicile et de plus comte d'Anjou et du Maine. Ces mêmes comtés avaient été transmis par Charles II le Boiteux, fils de Charles I°, à sa fille Marguerite (et non Jeanne), à l'occasion de son mariage avec Charles comte de Valois (P. Anselme, I, p. 100).

2. Nulle mention, dans notre chronique, ni à propos de la régence de Philippe de Valois ni à propos de son avènement au trône, des prétendus états généraux de 1328 (Voir dans le même sens M. Hervieu, p. 179). — Remarquons toutefois que, si le chroniqueur ne parle ici que du consentement des barons, il fera allusion plus loin au concours donné par les bourgeois et le peuple de Paris à l'accession de Philippe VI à la couronne (paragraphe 212 : « de leur auctorité le rechurent à seigneur. » — Paragraphe 296 : « les quieux le rechurent à roy »).

170. — 1. Voir paragraphe 139, note.

eust nom Marie. Et laissa sa fame grosse, la roynne Jehanne, jadiz fille du conte Louys d'Evreux.

171. — Et en ceste mesmes année, au moys de fevrier, Louys duc de Bavieres [1], par la voulenté de aucuns des Ronmains, contre l'inbicion [2] du pappe Jehan le xxij [3], de dyademe imperial fut couronné.

172. — Et en icest an, la nuyt du xxv jour du moys de fevrier, aussi comme à heure de mynuit, fut eclipse de lune [1].

172 bis. — Et aprez ce, à Paris, une très grande mortalité de malades, povres et riches, ensui; en la quelle, le dimenche xxme jour [1] au moys de mars, mourust au Bois-de-Vincennes ma dame Blanche, jadiz fille au bon duc de Bretaigne et fame defunt mons. Philippe d'Artoiz, filz au conte d'Artoiz Robert qui mourut devant Courtray en Flandrez; et le lundi ensuivant xxj jour au dit moys de mars, à Paris, en l'eglise des Freres Prescheurs, present maistre Robert d'Artoiz [2], son filz, et aultrez, fut enterrée.

173. — Et en cest an, la vigille de Pasquez [1], Jehanne d'Evreux roynne de France, fame Charlez roy de France et de Navarre

---

171. — 1. Louis, duc de Bavière, mort en 1347. Il avait été élu empereur le 20 octobre 1314, couronné à Rome par les évêques de Venise et d'Alérie le 17 janvier 1328, n. st., et excommunié par le pape dès le 23 octobre 1327, quand il se fut fait couronner roi d'Italie à Milan le 31 mai. — Le ms. Fr. 17267, f° 123 r°, raconte que « vindrent à luy, de l'estude de Paris, deux moult lettrés clers, maistre Jehan de Jandun et maistre Marcille de Pade, et li preschèrent et distrent moult d'erreurs, et qu'il ne debvoit pas estre subget au pape, et par fraude l'Église avoit moult usurpé des droiz de l'Empire. Donc le duc de Bavière, combien que l'en li conseillast qu'i les debvoit punir, les tint près de luy, et contre culz et ledit duc fist le pape procès et les reputa herites. » (Voy. Leroux de Lincy, *Paris et ses historiens aux XIV⁰ et XV⁰ siècles.*)

2. Inhibition, défense.

3. Ms. A : le cxxij°.

172. — 1. Éclipse mentionnée par l'*Art de vérifier les dates* et comme ayant eu lieu à l'heure indiquée.

172 bis. — 1. Le 20 mars 1328, n. st., tomba bien un dimanche; mais, d'après Corrozet et Du Breul, l'épitaphe de Blanche de Bretagne portait le 19 comme date de son décès.

2. Son comté de Beaumont venait d'être érigé en comté-pairie (janvier 1328, n. st.).

173. — 1. Tous les autres chroniqueurs fixent la naissance au vendredisaint 1er avril, et non au samedi.

trespassé le premier jour du moys de fevrier dessus dit, eust enffant une fille, qui au Boiz-de-Vincennes mourust [2].

[L'AN M. CCC. XXVIII.]

174. — *L'an de grace ensuivant [1] M. CCC. xxviij, aprez la mort de Charlez, roy de France et de Navarre, Pierres Remy, tresorier de France, grant homme vers iceluy roy, et de luy mont amé, et envers lez princhez de ses royaulmes noblement honnouré [2], present grant multitude de la gent de Paris, l'endemain [3] de la feste saint Marc l'euvangeliste, environ heure de tierce, fut le premier pendu au plus hault du gibet adonc nouvellement machonné.

175. — Et en icest an vraiement, s'accorderent et eurent paix la gent d'Escoce au roy d'Engleterre; et espousa David, le filz Robert de Bruis gouverneur d'Escoce, la seur·au roy d'Engleterre Edouart, au premier an de son regne [1]. Aprez la quelle chose, le dist Robert de Bruis en ceste mesmes année mourust [2].

176. — Adecertez en cest mesmes an, lez chasteaux et bonnes villes et tout le peuple [1] de Navarre, sachans la mort de Charlez roy de France et de Navarre, le gouverneur et lez aultrez justiciers, qui parmy Navarre estoient de par le roy de France, hosterent, disans que leur droicte ligne de France estoit separée, et que de nulli ne tendroient fors que de la fille Louys jadiz roy des diz royaulmes [2], que Philippe le conte d'Evreux avoit espousée.

---

2. Le ms. B relate la naissance au Bois-de-Vincennes, mais non la mort, de la fille de Jeanne d'Évreux. Et, en effet, cette fille, nommée Blanche, épousa, le 18 janvier 1345, Philippe duc d'Orléans, qui avait huit ans de moins qu'elle (Ms. Fr. 17267, f° 139 r°). — D'après les *Mémoires de la Société de l'Hist. de Paris*, II, p. 396, l'accouchement de la reine aurait eu lieu à l'Hôpital de Saint-Jacques des Pèlerins.

174. — 1. Pàques 1328, le 3 avril.

2. « Grant homme..... honnouré, » formule encore empruntée par l'auteur à la *Chronique française de G. de Nangis* (Supplice de Pierre de la Broce, en 1277; Ms. A, f° 102 v°; Ms. Fr. 17267, f° 73 v°).

3. 26 avril. — D'après le Contin. de Nangis et le Contin. de J. de Saint-Victor, Pierre Remy aurait été pendu le jour même de saint Marc.

175. — 1. Édouard III renonça, le 1er mars 1328, n. st., à la suzeraineté du royaume d'Écosse; le mariage de sa sœur (Jeanne) fut célébré le 7 juin 1329.

2. Le 7 juin 1329. David avait alors six ans ou environ.

176. — 1. Ms. A : et *lonc* le peuple.

2. Le ms. B ajoute : premier filz du beau roy Philippe.

De lors aprés ce, à Saint-Germain-en-Laye en composicion de paix, par grant conseil, entre Philippe le conte d'Evreux par raison de sa dicte fame et le roy de France Philippe de Valoiz fut traitié, et par accord fait, entre lez aultrez choses, que Philippe le conte d'Evreux demourroit et seroit roy de Navarre et le roy de France non [3].

177. — En cest an, Louys de Baviere, aprés plusieurs mandemens fais au pappe Jehan à Avignon en Prouvence, en la cité de Romme ung frere Cordelier nommé Nicholas [1], si comme l'en dit, establi à estre pappe avec iiij cardinaux.

'PHILIPPE DE VALOIS, LE VIe PHILIPPE ROY DE FRANCE.

178. — 'Aprés Charles le roy de France et de Navarre regna en France son cousin germain Philippe le conte de Valoiz, ainsné filz de Charlez jadiz conte de Valoiz, frere Philippe le Beaux jadiz roy de France. Et commencha à regner cestuy Philippe de Valoys en l'an de l'Incarnacion Nostre Seigneur M. ccc. xxviij; et à Rains la cité, le dimenche jour de la Trinité, lors xxix jour au moys de may, avec Jehanne [1] sa fame, jadiz fille du duc de Bourgongne et seur de la roynne Marguerite de Navarre [2] qui fut fame Louys roy de France et de Navarre, et en l'an de son aage xxxve [3], fut sacré et couronné en roy de France.

179. — 'Ceux de Brugez et d'Ippre [1] et lez aultrez de Flandrez, qui, dez le temps du conte Guy de Flandrez [2], contre le royaulme de France avoient tenu rebellion, et, en ce poursuivant de mal en pirs, le conte Louys de Flandrez, leur seigneur, au fait de Lescluse [3] de eux prins, et à Brugez emprisonné, et de la conté

---

3. Voir une note de Géraud, tome II, p. 84, du Contin. de Nangis.

177. — 1. Pierre Rainallucci ou de Corbière, ou de Corvara ou Corvaria (Pierre Ranuche des *Grandes Chroniques*), antipape, élu le 12 mai 1328, sous le nom de Nicolas V.

178. — 1. Jeanne de Bourgogne, première femme de Philippe VI, troisième fille de Robert II duc de Bourgogne et d'Agnès de France, fille puînée de saint Louis.

2. Marguerite de Bourgogne, reine de Navarre comme femme de Louis le Hutin.

3. Ms. A : xxve. — Ms. B : xxxve. Philippe de Valois était né en 1293, selon le P. Anselme; d'ailleurs, sa mère étant morte dès 1299, il avait plus de 25 ans en 1328.

179. — 1. Ypres.

2. Guy de Dampierre.

de Flandrez essillié ; car lez grans richez hommez de Flandrez, qui voulloient obeir au roy et à leur dit conte et ensuivre la voie de verité, et lez prestrez qui celebrer ne vouloient[4], lez deputez du peuple de Flandrez, en grant indignacion de la magesté royal, entroient et brisoient leurs maisons, et illec, maugré leur lignage, lez prenoient, et tantost lez faisoient mourir. Et cest occision ainsi faicte du peuple de Flandrez lez ungs dez aultrez, especiaulment dez menuz gens aux gros, avec lez aultrez meurdres jadiz faiz à Brugez et à Courtrai en Flandrez, feussent aux lignages des mors et au royaulme de France non à souffrir ; car comme iceux Flamens, en affermans leurs cueurs à tenir et poursuir ceste grant felonnie et iniquité contre le roy de France et Louys leur conte, et de Flandrez à perpetuité iceluy conte essillier, et de par eux au roy d'Engleterre Edouart secours et ayde querre, la quelle tantost leur denea, Philippe de Valoiz, en cest an de Nostre Seigneur M. ccc. xxviij, à la requeste de Louys le conte et l'essillié adonc de Flandrez, pour obvier aux iniquitez dez Flamens, à ce qu'ilz obeissent à Louys leur conte et qu'ilz le rechussent à seigneur, pour donner parmy la terre de Flandrez la voie de paix, comme lez Flamens de jour en jour par leurs messagez requissent les choses qui sont de paix, lez quieux en ce ne furent en riens ouyz, en cest an, pour ces choses, Philippe roy de France, à la feste de la Magdalaine[3], à Arras la cité d'Artoiz assembla ung grant host et tel que, de long temps de devant, de Franchoiz ne fut si bel veuz.

180. — *Icy povés ouyr et escouter la bataille faicte, au val de Cassel en Flandres, des Flamens contre Philippe de Valoiz, roy de France, et ses Franchois*[1].

*Et comme Philippe de Valoiz roy de France, son noble host à Arras assemblé, se esmut viguereusement, et chevaucha, et passa l'eaue du Liz[2] en la terre de Flandrez sur ces ennemis jusques à Cassel, et illec, dessoulz Cassel, si ficherent leurs trefz, et leurs

---

3. Il faut lire : « au fait de Courtray. » (Voy. paragraphe 137.)

4. A cause de l'excommunication encourue par les Flamands (Conf. Froissart, II, p. 2 et 3, 186 et 187).

5. 22 juillet (Conf. Continuateur de Nangis, II, p. 92).

180. — 1. Ms. A : et *de* ses Franchois.

2. La Lys, affluent de l'Escaut.

tentez tendirent, et illec premierement se logerent, adecertez les
plus hardiz et jennes gens qui de Brugez et d'Ippre et du pays
d'environ s'estoient conqueillis, et en la ville sur le mont de Cassel
leur ost assemblé, convoitans de très grant cueur contre lez Franchoiz batailler, requirent au roy jour assigné de bataille avoir.
Aux quieux l'en respondi de par le roy que c'estoient gens sans
chief, pour quoy journée assignée ne leur donneroit, et que ilz
se deffendissent le mieux qu'ilz peussent. Lez quieux Flamens,
dez maintenant leur fol orgueil et oultrecuidance poursuivans,
ung cocq de toille rouge [3] mirent sur le plus hault lieu de Cassel,
escript, si comme l'en dist, en ceste magniere :

> Quant cest cocq chantera
> Le roy franchoiȝ Cassel prendra [4].

181. — *Adecertez environ iiij[c] dez soudaiers de l'ost dez Franchoiz, de leur auctorité si comme l'en dit, le lundi et au jour de
mardi [1] vigille de feste saint Berthelemieu l'appostre, monterent à
mont la montaigne vers lez Flamens et à eux souvent geterent ;
et comme ceux qui ne cuidoient pas que illec eust si grant multitude de Flamens et que, se illec se tenoient longuement, seroient
perduz, devant lez Flamens s'en fouirent [2]. Adonc au dit jour
de mardi, xx[u] Flamens ou environ, tous enflambez de batailler,
par leur fol hardement, non pourveuz de conseil, espessement
aussi comme pluie, tous à pié, à bastons et à gondendars [3], la
croix rouge [4] en leurs pennonceaux et banieres, descendirent aval
la montaigne, et dedens l'ost dez Franchoiz jusquez bien prez des
tentez du roy vindrent. Lors mons. Regnault de Lor, chevalier
du roy de France, quant ce apperchust, si se appareilla de ses
armez, et leur demanda, si comme l'en dist, ainssi : « Quieux

---

3. Ms. B : ung coq paint de teille.

4. D'après le Continuateur de Nangis, l'inscription portait :
> Quand ce coq chanté aura,
> Le roy Cassel conquestera.

Et d'après les Grandes Chroniques :
> Quand ce coq-ci chanté aura,
> Le roy trouvé ça entrera.

181. — 1. Les 22 et 23 août.

2. Bidaldis fugientibus, sicut solet (Contin. de Nangis, II, p. 97).

3. « Lances agües bien ancorées, que l'en appelle bouteshaches et goden-
dars » (Grandes Chroniques, col. 1171).

4. Détail inédit.

gens estez vous ? » et ilz luy dirent que ilz estoient bonnes gens,
meilleurs que luy, et qu'ilz se venoient rendre. Et il leur respondi : « En telle magniere ne se vient l'en pas rendre ; vous ne
venés pas pour bien ainssi. » Et ce dist, d'un dez Flamens incontinent, avec ung de ses escuiers, fu tantost occiz[5]. Et quant le
conte de Haynnault Guillaume, qui en une des costieres de la
montaigne de Cassel estoit, le daulphin de Vienne, le connestable
Gauchier de Crecy, le mareschal de France Robert Bertran,
apperchurent que si grant habondance de Flamens à pié estoient
descenduz et descendoient encore de la montaigne de Cassel tant
à si grant nombre, armez à bastons ferrés agus et à gondendars,
aussi menuement à poi comme pluye, et qu'il estoient entrez bien
avant dedens l'ost dez Franchoiz et venoient tout droit aux tentez
du roy, si furent tous espovantez et firent sonner leurs trompez,
tabours et buissines, et prindrent leurs armez et se armerent
isnellement, et firent leurs gens de toutez pars appareillier et avec
ce crier : « Aux armez ! veés cy lez ennemis ! » Et ce ouy, tantost
isnellement de toutez pars chacun se appareilla. Et ce fait, aux
Flamens, qui jà estoient rengiez, coururent asprement sus. Et
comme le conte de Haynnault, qui d'un dez costés, et son ost, de
la montaigne de Cassel estoit assis et logié, tantost fist tourner
son ost, et les Flamens enclost et dedens eux comme chevalereux
entra, et grant abateis en fist, et grant foison de par luy furent à
leur fin mis, adecertez les Thoulousains et les Pieregors[6], avec
plusieurs de France aussi, comme d'une paour espoventez, prindrent la fuite très laide. Adonc le roy ce appercheu, si prist ces
armes hastivement, et monta tantost sur son cheval, et isnellement
vers les Flamens se traist. Et lors le roy à grant multitude et
compagnie de chevaliers ainssi vers lez Flamens aller lez Franchoiz yce apperchevans[7], pour le roy aidier et l'onneur du
royaulme de France à ycelle journée deffendre, isnellement se
hasterent, et [de] leurs armez, si comme chacun povait, s'appa-
reillierent, et à ce du tout s'abandonnerent, disans et crians

---

5. Cet épisode, omis par Froissart et par les *Grandes Chroniques,* est
raconté différemment par le Contin. de Nangis, II, p. 97.

6. Les soldats originaires du Périgord.

7. A partir de ces mots, notre chroniqueur copie presque textuellement
le récit de la bataille de Mons-en-Puelle dans la *Chronique française de
G. de Nangis* (Ms. A, f° 116 r°, et Ms. Fr. 17267, f° 100 r°), récit conforme à celui des *Grandes Chroniques.*

ensemble à ceux de leur ost qui s'enfuyoient : « Retournez ! le
roy a aujourduy victoire[8] ! » Et ainssi la bataille contraignant et
de toutez pars croissant, Charlez le conte d'Alençon, frere du roy
de France, Philippe[9] le roy de Navarre et conte d'Evreux, son
cousin, Louys duc de Bourbon, le duc de Bourgongne, Artus[10]
le duc de Bretaigne, Robert d'Artoiz conte de Beaumont, le daulphin de Vienne, le conte de Bar[11], noblez chevaliers, et aultrez
grans maistrez, plusieurs princes, contes, barons et chevaliers,
avec les aultrez noblez compagnies à pié et à cheval, ès Flamens
lotis isnellement[12] se plingerent, et contre eux asprement se combatirent lors iceux noblez, avec leur noble et forte compagnie à
pié et à cheval. Entre eux merveilleuse, aspre et aigre, fut faicte la
bataille, car lez Flamens furent du tout en tout acraventez, et de
eux fut faicte grant occision et mortalité et grant abateiz[13] ; et par
grans monceaux les Flamens parmy la plaine, illec morts, à terre
gesoient, bien jusquez à xxij[u] [14] et plus ; et de la nostre gent franchoise poi ou aussi comme noient en y eust de perduz[15], fors que
des chevaux, donc trop grant foison perdirent[16]. Et si comme aucuns
disoient que, dedens le deux jours ensuivant, les Flamens
debvoient avoir à Cassel si grant multitude de gens armez que à
paine les povait l'en nombrer ; maiz Nostre Seigneur Jhesucrist,
misericord et piteable au roy de France et ès siens, comme aultre-
foiz a esté au fait de Ferrant de Flandrez[17] et ailleurs, ne souffry
pas les iniquitez dez Flamens plus à tenir ; car, en celle empointe,

8. *Chronique française de G. de Nangis :* crians ensemble : « Le roy se
combat ! le roy se combat ! »

9. Ms. A : Louys.

10. Jean III (et non Artus). Le paragraphe 83 lui avait donné son véritable nom, et les paragraphes 226, 257 et 260 le lui restituent.

11. Édouard Ier, comte de Bar, mort en 1336. Il était beau-frère de la
reine de France, comme ayant épousé Marie de Bourgogne, seconde fille
de Robert II.

12. *Chronique française de G. de Nangis :* ès Flamens *lors* isnelment
se plungièrent et embatirent.

13. Ici la rédaction de notre chronique redevient entièrement originale.

14. Chiffre exagéré et que contredit à lui seul celui de xx[u], donné plus
haut comme le nombre total des Flamands. Le Contin. de Nangis indique,
d'après une lettre du roi à l'abbé de Saint-Denis, 11,547 tués ; peut-être
aussi le ms. original portait-il seulement : xlj[u] et plus.

15. 17 tués seulement, tant nobles que roturiers (Contin. de Nangis).

16. *Equorum permaximus numerus* (le même).

17. A Bouvines.

ung des nostres, par le miracle Nostre Seigneur, avoit plus de
vertu et de forche que trois des leurs. Et quant lez Franchoiz,
dès l'eure de nonne jusquez à complie, se furent ainssi noblement
combatuz, et les Flamens de toutez pars à leurs fins mis par la
belle victoire qu'ilz avoient eue, si s'en vindrent à leurs tentes et
trefz. Et en demantiers bien iiij[xx] ou plus de Flamens des villeitez
d'environ Cassel, tous en leurs chemises, vindrent au roy mercy
crier, et à luy se rendirent [18] ; maiz nostre gent, aussi que
achienniz [19] sur lez Flamens, environ xxx, maugré la garde [20] du
roy, tuerent. Et tantost, en celle nuit ou l'endemain, nos Franchoiz dedens Cassel entrerent et la ville ardirent, et puis Courtray
et toutez les villes environ prindrent à abandon et à terre abatirent. Et ce fait, nostre roy de France et son host devers la ville
d'Yppre ysnellement errerent, et ycelle dès maintenant assirent et
devant se logerent. Et comme, luy et son noble ost estant au siege
d'Yppre, ceux d'Yppre et de Brugez, mont espoventez de l'occision
de leur gent ainssi faicte dessoux Cassel, si comme nous avons
dist, et que en nulle magniere contre le roy ne povaient contrester,
humbles et begnins, leurs corps et avoirs en la propre voulenté
du roy se mirent et rendirent, et de eux [21] nostre roy rechust
ostaigez. Et ainssi, en l'an et au mardi vigille de saint Berthelemieu [22] l'apostre dessus diz, au moys d'aoust, icil roy de France
Philippe eust victoire contre lez Flamens au val de Cassel en
Flandrez, au premier an de son regne, en l'an xxxve [23] de son aage.
Et pour la victoire que nostre roy de France Philippe, par l'aide
de Dieu, avoit ainssi eue au val dessouz Cassel, fut à luy soub-
mise toute la terre de Flandrez comme nous avons dist, aprez
c. xiiij [ans] que le grant Philippe, jadiz roy de France, eust victoire jadiz au pont de Bouvines contre le conte Ferrant de
Flandrez [24], xxvij ans aprez l'occision faicte de nostre gent fran-

---

18. Épisode inédit.

19. Enragés. — Ce mot *achienniz*, aussi expressif qu'un autre de forma-
tion analogue, *allouvi* (affamé), ne se trouve dans aucun glossaire.

20. La sauvegarde.

21. Ms. A : et de eux *et de eux*.

22. Et non le jour même de saint Barthélemy, comme le dit Froissart,
I, p. 86.

23. Ms. A : xxve. — Voir note 3 du paragraphe 178.

24. Le 27 juillet 1214.

choise à Brugez[25], xxvj ans aprez la mortalité et trebucheure du
conte d'Artoiz Robert et dez Franchoiz faicte en la bataille de
Courtray [26] ij ans devant la bataille de Mont-en-Pevre [27] en
Flandrez faicte du roy de France Philippe le Bel contre lez
Flamens.

182. — *Adecertez tost aprez ce que ceux de Brugez eurent
baillez hostagez, Philippe le roy de France institua et mist en
saisine Louys le conte de Flandrez, sur les condicions faictes et
entrejectées au mariage de Marguerite fille de Philippe le Grant[1],
au temps passé roy de France et de Navarre, et du dit Louys, et
que, se en aucune chose les distes condicions excedoit, la conté[2]
de Flandres forferoit, et ycelle perdroit.

183. — Et ce fait, l'ost des Franchoiz se descrava. Et ainssi
Philippe de Valoys roy de France, au val dessoulz Cassel en
Flandres, usé[1] de l'aide de Dieu, de ces Flamens, non pas sans
grant peril de luy mesmes, louable victoire en rapporta, et en
France à grant joye inestimable s'en revint[2]. Et à Paris, le jour
de feste saint Michel[3], — la grant rue Saint-Denys à Paris,
Grant-pont, et la grant rue d'illec faisant droit chemin[4] à l'eglise
Nostre-Dame de Paris, encourtinés[5], — à trompes, timbres et
nacaires, du peuple de Paris à grant joie fut recheu.

184. — Et en cest an, le jeudi xiij[e] jour[1] au moys d'octobre,

---

25. Massacre des Français dans la nuit du 20 au 21 mars 1302.

26. Le 11 juillet 1302.

27. La bataille de Courtray précéda, en effet, de deux ans celle de Mons-en-Puelle (18 août 1304).

182. — 1. Voir paragraphe 49.

2. Ms. A : *le* conte.

183. — 1. *Usus*, usant.

2. Ces mots « non pas sans grant péril....., s'en revint » sont copiés encore dans la *Chronique française de G. de Nangis* (bataille de Mons-en-Puelle). On remarquera que, pour son édition des *Grandes Chroniques*, M. P. Paris a suivi des manuscrits où manquent les mots *non pas,* indispensables cependant d'après le récit même.

3. Le 29 septembre 1328.

4. Sans doute « la fameuse Calandre, voie triomphale par où l'on se rendait du Palais à Notre-Dame » (Leroux de Lincy, *Paris et ses historiens,* p. 163).

5. Ornées de tapisseries et autres tentures.

184. — 1. Le P. Anselme dit que la reine Clémence mourut le 12, bien que son épitaphe portât le 13 (le 14, selon Du Breul). L'inventaire dressé

Climence la roynne de France et de Navarre mourut, la quelle fut fame jadiz de Louys roy de France et de Navarre, ainsné filz Philippe le Bel. Et le lundi ensuivant, en l'eglise des Freres Prescheurs Jacobins fut ycelle roynne Climence honnourablement enterrée.

185. — Et en cest an vraiement, le mardi[1] devant la feste de Toussains, au province de Poitou, mons. Jehan de Serchemont, chancelier de France, par le quel conseil, par le royaulme de France generaulment, la prinse des Aingloiz deux ans devant avoit esté faicte[2], aux champs soudainement mourut; — avec mons. Guillaume de Marcilly, chevalier, inquisiteur sur les officiers du roy[3], qui en celle sepmaine mourust à Paris.

186. — Et après ce, deux jours au moys de novembre, à Nostre-Dame-des-Champs delez Paris, Louys conte de Valoys[1], frere Philippe le roy de France, mourut; et le vendredi ensuivant, iiij jour au dist moys, à Paris, en l'eglise des Cordeliers, fut honnourablement enterré[2].

[L'AN M. CCC. XXIX.]

187. — *En l'an de grace après[1] ensuivant M. CCC. XXIX., au moys de may[2], Gauchier de Crecy, connestable de France, à Paris mourust. Après le quel fut connestable de France Jehan[3] conte d'Eu.

188. — Et en cest an, la grant chierté de charbon à Paris fut

---

après le décès de cette princesse indique bien le 13 (Douët d'Arcq, *Nouveaux comptes de l'argenterie des rois de France*, p. 37).

185. — 1. 25 octobre 1328.

2. Voir paragraphe 152.

3. Fait inédit.

186. — 1. Né de la troisième femme de Charles comte de Valois, Mahaut de Chastillon. Le P. Anselme lui donne le titre de comte d'Alençon, titre qui appartenait à son frère consanguin Charles.

2. Le P. Anselme a eu raison, on le voit, de dater le décès de 1328, malgré l'épitaphe de ce prince, telle que l'a rapportée Du Breul, p. 521.

187. — 1. Pàques 1329, le 23 avril.

2. Le P. Anselme indique seulement l'année.

3. Le comte d'Eu était Raoul Ier de Brienne, dont le père, Jean II, était mort à Courtray. Le P. Anselme se borne à dire, au sujet de sa nomination, qu'il était connétable avant 1336, et que, suivant Butkens, il l'était dès 1332. Raoul mourut, le 18 janvier 1345, dans un tournoi célébré à l'occasion du mariage de Philippe duc d'Orléans.

veu [1] ; car le sac de charbon communcement, en cel an, fut vendu xij s. et xiiij s. parisis, ce qui oncquez maiz n'y avoit esté, donc chacun se tenoit amerveillié. Et comme ung charbonnier dist Jehan La Biere, qui se disoit preneur du charbon pour le roy [2] (et non estoit, ains le vendoit, si comme l'en dist, en gros et en detail, en faux sacs qui n'estoient pas justes, et failloit bien de chacun sac environ demi-minot [3]), pour ceste chose eust esté emprisonné au Chastelet, et au prevost de Paris nommé Hugue de Crusy, present plusieurs, eust confessé que luy et lez aultres maistres charbonniers de Paris de piecha avoient fait compilacion et taqueson [4] ensemble, c'est assavoir qu'ilz alloient aux forestz et ès lieux donc le charbon venoit à Paris, et illec achetoient le charbon dez marchans qui le faisoient ouvrer, et puis, quant chacun en avoit une grande quantité achetée, ilz n'en faisoient venir au port de Greve que une navée ou deux ensemble, en une certaine journée, quant il estimoient ; et quant ycelle navée à la journée assignée estoit vendue [5], l'autre marchant de Paris à une aultre journée si refaisoit venir la sienne, ou lui ou celuy qui avoit l'autre navée vendue, et puis la vendoit et bailloit aux porteurs de charbon, et par tieux sacs comme est dessus dit. Avec ce, se ung marchant de charbon, de Paris, faisoit venir au dist port une navée de charbon, les porteurs le prenoient et l'emportoient de la nef aux justes sacs, et puis les desemplissoient où ilz voulloient et le metoient en leurs faux sacs, et en iceux le portoient ceux [6] les acheteurs ; et en prenant cest charbon en la nef, aucune foiz il disoient ensemble : « à loe ! à loe ! » c'est-à-dire que le faux petit sac avoit non loe [7]. Et le mengier que ceux de se larrecin

---

188. — 1. Tout ce paragraphe relate des faits inédits.

2. Sur le droit de prise, voir Du Cange au mot *Prisia* et le *Recueil des Ordonnances, passim.*

3. Le sac de charbon contenait une voie ou deux minots ou seize boisseaux (Delamare, *Traité de la police*, III, p. 934). La fraude était donc d'un quart du contenu (toutefois, voir *Mémoires de la Société de l'Hist. de Paris*, VII, p. 129).

4. Cabale et coalition.

5. Le charbon à quai, d'après le règlement de 1299, devait être vendu dans un délai de trois jours (*Traité de la police*, III, p. 935).

6. Chez. — Dans l'ordonnance du 30 janvier 1350, Jean le Bon défendit de « muer le charbon de sac en autre » (*ibidem*).

7. Faut-il lire : l'oë (l'oie) ?

faisoient, ilz l'appeloient entre eux l'amandier [8]. Adecertez le dist Jehan La Biere, pour lez larrecins qu'il faisoit du charbon, en cest an, au jour de samedi xxj [9] jour au moys de may, au gibet de Paris comme larron fut pendu. A l'accusacion du quel, et les quieux en sa desreniere fin il afferma sur l'ame de luy estre tieux comme luy et de sa condicion et qui avoient fait le dist taqueson, plusieurs marchans de Paris, grossiers, mesureuxs [10] et porteurs de charbon, donc l'un estoit appellé Jehan Plumet, Raul Le Grant, Guillaume Le Tisonnier, et aultrez neuf, que marchans que porteurs, qui par le dist prevost tantost furent prins, et au dist Chastelet de Paris mis, et sur lez choses dessus dictes examinez, que ilz confesserent à vrayes, le samedi iiij jours au moys de juing ensuivant, au dist gibet comme larrons furent penduz, xiij ans aprez le fait dez boulengiers [11] qui, pour la malefachon du pain, sur roes de chareites, ès hallez de Paris, devant le peuple illec assemblé, furent mis, et aprez bannis.

189. — 'En cest an, le mardi ensuivant [1], à Amiens la cité de France, le roy d'Engleterre Edouart, à ce sollempnellement et par plusieurs foiz appellé, au roy de France Philippe de Valoiz du duchié d'Acquitaine et de la conté de Pontieu [2] en Picardie fist hommaige.

190. — Et aprez ce, à Paris, ung dez diz marchans de charbon et grossier, nommé Guillaume Villecoc [1], cervoisier, emprisonné avec lez dis marchàns de charbon pour la dicte cause du dit charbon, le mardi ès festez de Penthecouste xiij jour au dit moys de juing, à costé dez diz charbonniers fut penduz.

---

8. Le profit, — du verbe *amender, amander* ou *amendir*, bénéficier, profiter.

9. Ou mieux : xxe.

10. *Sic.*

11. Ms. B : talemeliers et boulengiers. — Voir notre paragraphe XXIII, Première partie.

189. — 1. Ms. B : le vj[e] jour de juing, — qui était bien un mardi (Rymer, II, 3e et 4e parties, p. 27). Le Continuateur de Nangis et les *Grandes Chroniques* placent à tort la formalité de l'hommage au dimanche 25 juin ; Édouard III était, d'ailleurs, de retour à Douvres le 11 (Rymer).

2. Ms. B : de Poitou.

190. — 1. Un Guillot Wilecoc figure comme porteur de charbon juré dans les documents publiés par M. Leroux de Lincy (*Hist. de l'hôtel de ville de Paris*, 2e partie, p. 175), mais l'année précise n'est pas indiquée.

101. — Et le dimence ensuivant, jour de la Trinité [1], au parvis de l'eglise Nostre-Dame de Paris, sur ung eschauffault à ce appareillié, lez bullez Louyz de Bavieres, empereur de Romme, en tapinaige [2] atachiés au maistre huis de la dicte eglise, par l'evesque de Pariz Huguez de Besenchon, present grant foison du peuple de Paris illec assemblez, furent arses.

102. — Et en cestuy jour de la Trinité, en la cité de Cantorbiere [1], en l'eglise de Saint-Thonmas, la fille du conte de Haynnault fut couronnée en roynne d'Engleterre.

193. — [1]Et en icest an vraiement [1], le mardi jour de feste de la Decolacion saint Jehan-Baptiste [2], ung larron nez d'Auvergne, par sa malle adventure, en l'eglise Saint-Gervaiz de Paris, aprez la grant messe chantée en icelle eglise, embla ung calice au quel avoit dedens xxiiij oublies sacrées, et cest larrecin emporta en ceste ville de Saint-Denys ; et si comme il l'apportoit, si prist ce galice et le brisa en plusieurs pieches. Et quant il fut en ceste [ville], il le porta chiez ung orfaivre pour le vendre ; et tantost par le dist orfeivre fut prins ; et, à Saint-Denys luy estant emprisonné, confessa à Robert Le Basenier, pour le temps baillif de Saint-Denys, presens plusieurs, que il l'avoit emblé le dist calice et ce qui estoit dedens, à Paris, en l'eglise de Saint-Gervaiz, avec plusieurs aultrez larrecins, comme de escuellez d'argent et d'aultrez choses que il avoit fait plusieurs foiz, luy et xxiiij ses complices. Adecertez ce congneu, au curé [3] de Saint-Gervaiz, Adam [4] appellé, ceste chose mandée, le vendredi premier jour du moys de septembre, par l'abbé de Saint-Denys, Guy, de Chaate-soulz-Mont-le-Hery, les dictes oublies benoitez et sacrées au dist mons. Adam, curé de Saint-Gervaiz, furent humblement rendues, et à Paris, à grant compagnie de peuple et de torches, à grant joie et à grant procession, honnourablement en la dicte eglise de Saint-Gervaiz

---

101. — 1. 18 juin. — D'après le Continuateur de Nangis et les *Grandes Chroniques*, ce serait le 11 qu'aurait eu lieu cette exécution.

2. *Clam et de nocte* (Contin. de Nangis), — le 12 juin (Ms. Fr. 17267).

102. — 1. Plusieurs lettres d'Édouard III sont datées de Cantorbéry le 18 juin 1329 (Rymer).

193. — 1. Faits inédits.

2. 29 août 1329.

3. Ms. A : *du curé*.

4. Il existait encore le 29 mars 1330, n. st. (*Cartulaire de N.-D. de Paris*, III, p. 257).

apportéez. Et le dessus dit larron, en icelle journée de vendredi, environ heure de prime, present grant multitude de peuple de Paris et de Saint-Denys, au plus hault du gibet de Saint-Denys comme larron fut penduz.

194. — Et en cest an et en cest mesmes temps, la foible monnoye courant par le royaulme de France, donc le peuple estoit mont grevé et dommaigé, affin qu'elles feussent reffourmées, remises et ramenées à leur droit cours, Philippe de Valoiz, roy de France [1], par le conseil dez prelaz, barons, bonnes villes du royaulme, et aultrez saiges congnoissans en tieulz choses [2], ordonna et fist faire monnoie, et par le royaulme, en l'an precedant xxviij, le iiij[e] jour du moys d'apvril [3], ycelle crier et publier par son ban, c'est assavoir que la monnoye d'or et d'argent airoient leurs cours jusques à la feste de Nouel prouchain ensuivant; ensement que le fleurin royal d'or ne seroit prins ne mis pour plus grant [prix [4]] de xxviij s. parisis, et lez aultrez fleurins qui seroient de poix à l'avenant, et lez aultrez monnoiez d'argent, blances et noires, pour le prix qu'elles couroient en cest present an, sans hauchier; et, le dist Nouel passé, le royal n'eust cours ne ne fust pris ne mis pour plus de xxj s. parisis, et lez aultrez fleurins qui seroient de pois à l'avenant, et la maille blance pour vj tournoiz, le parisis double pour trois mailles parisis, et lez aultrez monnoies d'argent à l'avenant; et que ce fût ferme, lez monnoies airoient cours en ceste magniere jusques à la feste de Pasques ensuivant l'an mil ccc. xxx; et le dit jour de Pasquez passé, le dist royal n'eust cours ne ne fût mis ne pris pour plus de xvj s. parisis, et lez aultrez monnoiez d'or [5] qui feussent de poix à l'avenant, la blanche [maille [6]] pour iiij tournoiz, le double

---

194. — 1. Tout ce paragraphe est la reproduction presque textuelle de l'Ordonnance du 21 mars 1328, v. st. (*Recueil des Ordonnances des rois de France*, II, p. 27).

2. « Comme nous..... avons mandé et fait convocations de prélats, barons et bonnes villes, et autres saiges et connoissans en tiex choses » (Ordonnance précitée). — Voir M. Hervieu, *Recherches*, p. 190 : il considère cette réunion, convoquée pour le 12 mars 1328, v. st., comme une assemblée d'états généraux.

3. Sur les dates variables des Ordonnances, voir la note *b*, page 605, tome II du *Recueil*. — 3 avril 1329, n. st.

4. [Prix], d'après le *Recueil*, II, p. 28.

5. *D'or* manque dans le *Recueil*.

6. [Maille], d'après le *Recueil*.

parisi pour ung parisi, et lez aultrez monnoiez d'argent à l'avenant selon leur droit cours ; et qui feroit le contraire en prenant
ou metant lez dictez monnoiez d'or et d'argent pour plus grant
pris ou aultrement que dist est, la monnoie seroit forfaicte et
acquise au roy.

195. — *Adecertes les monnoies que icil roy de France Philippe,
de Valoiz commencha à faire faire en cest an par Remon Seigneur [1],
son maistre monnoier, et lez quellez par le royaulme de France,
au jour de samedi [2] avant la feste mons. saint Denys, en cest an
ensuivant, le roy par son ban fist crier et generalement publier [3],
si furent parisis d'or vaillans par pois et par loy et aiant cours du
dit jour de Pasquez en avant pour xx s. de bons petis parisis de la
valeur et de la loy de ceux du temps du saint roy Louys, jadiz roy
de France ; item, parisis d'argent vaillans par pois et par loy et
qui airoient cours chacun par xij [4] des diz bons petiz parisis ;
item, gros tournoys d'argent de la valeur et de la loy de ceux du
temps du dit saint Louys et que eussent cours pour xij bons petiz
tournoiz ; item, bons petis parisis de la valeur et de la loy de ceux
du temps du dit saint Louys ; item, petiz tournoiz de la valeur et
de la loy de ceux du temps du dit saint Louys ; item, petites
mailles parisis et tournoizes de la valeur et de la loy d'iceux
deniers ; item, petites poitevines, donc les quatre vauldroient par
poix et par loy ung bon petit tournoiz, et lez cincq ung bon petit
parisi. Et en ce avoit encore esté ordené [5], pour ce que les mon-

---

195. — 1. Il est nommé Raymont Cirault dans notre paragraphe 251.
Les divers manuscrits de la *Chronique française de G. de Nangis*, que possède la Bibl. nationale, l'appellent Raymon de Bediers, de Bedites, de
Beditis ou de Bedicis. Une ordonnance du 23 octobre 1323 (M. de Saulcy,
Documents inédits sur les monnaies, I, p. 204) le nomme Raymon Siran de
Bedres. Enfin dans le registre des Archives nationales $\frac{X\ 2^A}{3}$ f°° 121 r°,
150 v° et 152 v°, il est appelé Syran et Suyran. C'est ce nom que notre
chroniqueur ou plutôt ses copistes auront traduit ici par Seigneur et plus
loin par Cirault.

2. 7 octobre.

3. Tout ce qui suit reproduit presque littéralement l'Ordonnance du
samedi après la Saint-Michel, 30 septembre 1329 (*Recueil*, II, p. 37). Toutefois notre chroniqueur a omis les paragraphes 8 et 9 et 13 à 29 de cette
ordonnance, plus le paragraphe 7 à partir des mots « Et pour ce que nous
aions quantité d'or, d'argent, de billon, à faire ouvrer. »

4. *Recueil* : pour xij.

5. Ms. A : Et en ence avoit encore a esté ordené.

noiez dessus dictez à tousjours maiz feussent establez, que le royaux d'or qui avoient esté faiz lors desrenierement eussent cours, par deffaulte de monnoye, pour le prix de xij s. chacun des doubles qui avoient cours, ou pour xij s. d'iceux bons[6] petiz parisis que l'en feroit ouvrer[7], ou pour xv gros tournoys, et que lez deniers d'or diz à l'aignel eussent cours chacun[8] pour le prix de xiiij gros tournoiz et vij petiz tournoiz; et que toute aultre monnoie d'or feussent abatuez et mises au buillon[9].

196. — Et en ycest an, en la sepmaine de la saint Remy[1], à Chartres la cité de France, Artus[2], duc de Bretaigne, la fille au conte[3] de Savoye Edouart espousa[4]. Et en la sepmaine de feste de Toussains ensuivant[5], le dit Edouart conte de Savoie mourut.

197. — Et le mardi avant la feste saint Climent[1] aprez ensuivant, Maheult la contesse d'Artoiz, jadiz fille du conte d'Artoiz Robert qui mourut devant Courtray en Flandrez, mourut[2]; et l'endemain de feste saint Andrieu[3] appostre ensuivant, en l'eglise royal Nostre-Dame-de-Maubuisson delez Ponthoise fut enterrée. Et en icest [an], aprez la mort à la contesse d'Artoiz Maheult, Jehanne de Bourgon[g]ne, roynne de France et de Navarre, [fame jadiz le roy Philippe le Grant] qui mourut à Long-champ, le merquedi[4] aprez Nouel, de la conté d'Artoiz au roy de France

---

6. Le *Recueil* omet : bons.

7. *Recueil* : ouvrer. — Ms. A : oultrer.

8. Le *Recueil* omet : chacun.

9. *Recueil* : au billon.

196. — 1. Saint Remy, le dimanche 1er octobre. — Le 21 mars 1329, d'après le P. Anselme et l'*Art de vérifier les dates.*

2. Voir la note 10 du paragraphe 181.

3. Ms. A, ici et plus loin : duc. — C'est une faute que l'on peut imputer à Jean Ravencau : Saint-Wandrille était voisin de Maulévrier, qui appartenait depuis 1304 aux comtes de Savoie, créés ducs en 1417 seulement.

4. Jean III épousa en troisièmes noces Jeanne, fille unique d'Édouard comte de Savoie et de Blanche de Bourgogne.

5. Le 4 novembre, suivant l'*Art de vérifier les dates.*

197. — 1. Saint Clément, le jeudi 23 novembre.

2. D'après le P. Anselme, elle serait morte en octobre, le 27 suivant Lancelot (*Mémoires de l'Acad. des Inscriptions*, X, p. 504). Le Continuateur de Nangis, II, p. 111, dit qu'elle tomba malade vers la Saint-Clément et mourut dans la huitaine.

3. Saint André, le 30 novembre.

4. 27 décembre. — Le 28, selon le P. Anselme, I, p. 386.

Philippe de Valoiz fist hommaige ; et d'icelle, saufz tous droiz, la mist en saisine. Et tost aprez ce, comme celle roynne Jehanne s'en alloit en sa conté d'Artoiz, comme d'une d'icelles villes en la ville de Roye en Vermandoiz, le vendredi aprez la feste saint Thonmas le martir [5], mourut ; et aprez ce apportée à Paris, et le samedi aprez la feste de la Conversion saint Pol [6], à Paris, en l'eglise des Freres Cordeliers fut honnourablement enterrée. Aprez la mort de la quelle, pour le debat qui, à cause de la dicte conté, estoit ou pourroit estre entre lez gendres de la dicte roynne, c'est assavoir entre le duc de Bourgongne, le dauffin de Vienne, et le conte de Flandrez, et aussi pour Robert d'Artoiz, prist le roy de France la dicte conté d'Artoiz en sa main, et la bailla en garde à ung de ses chevaliers appellé mons. Mille de Masy [7], jusquez à tant que droit eust departy lez diz hoirs de la dicte roynne.

198. — Et aprez ce, en cest an, à Paris et par le royaulme de France, fist le roy ordonnances publiques que chacun avaluast ses desrées, marchandises et ouvragez, et les laboureux de bras leurs journées, à la value de la forte monnoie qui courroit à la Pasque ensuivant [1] ; donc grant paine y eust.

199. — *Et en cest an vraiement, au royaulme d'Engleterre, mons. Thonmas de Brendechon, seneschal d'Engleterre, conte de Marchal, et mons. Haynmes son frere, conte de Kent, comme ennemis à leur char et sanc le roy d'Engleterre, jadiz leur frere, qui par leur aide avoit esté prins et emprisonné comme vous avez ouy devant, les quieux, pour savoir que la roynne Ysabel et son concubin mons. Rogier de Mortemer, chevalier, avoient fait du dessus dit roy leur frere, et pour en revengier le fait et punir ceux qui faisoient à punir, plusieurs [1] barons d'Engleterre avoient à eux aliés à ce que, dedens ung certain jour, la roynne d'Engleterre, le dist mons. Rogier, et le roy d'Engleterre aussi, le quel ilz tenoient pour bastart et fîlz du dit mons. Rogier, feussent prins

---

5. Saint Thomas de Cantorbéry, le 29 décembre. Le vendredi suivant était le 5 janvier 1330, n. st. D'après l'épitaphe de la reine Jeanne, telle qu'elle est rapportée par Corrozet et Du Breul, cette princesse serait morte le 21 de ce dernier mois.

6. La Conversion de saint Paul, le jeudi 25 janvier 1330, n. st.

7. Mile de Meysi (*Recueil des Ordonnances*, II, p. 94).

198. — 1. Voir les ordonnances des 6 et 16 avril et 29 novembre 1330 (*Recueil*, II, p. 49, 50 et 58).

199. — 1. Ms. A : *avoient* plusieurs... avoient.

et emprisonnez. La quelle chose en trayson, par aucuns du conseil de ceste aliance, ceste chose fut mandée et fait savoir au roy d'Engleterre et à la roynne Ysabel, sa mere, Et ce sceu, tantost le roy d'Engleterre et la roynne sa mere envoierent querir à force de gens le dist mons. Haynmes, qui de ce ne se donnoit garde. Au quel, quant il fut venu devant eux, ilz demanderent de ceste aliance et pour quoy il en estoit. Et lors leur respondi mont de choses, et entre les aultrez, si comme l'en disoit, leur raconta tout le fait de l'aliance[2]. Pour quoy incontinent, si comme l'en dist, par jugement fut prononcié que le dit mons. Haynmes comme traystre airoit la teste couppée. Et ceste cruelle sentence rendue, en la sepmaine de feste de l'Anunciacion Nostre Seigneur[3], au moys de mars, le dist mons. Haynmes en une place, veant tout le peuple, fut mené ; et comme illec il fût tout loiez par mont grant espace du jour, et que nully d'Engleterre, prisonnier ne aultre, pour dons ne pour promesses que l'en leur fist, ne luy voullurent oncquez la teste trencher, adecertez aprez mont de pleurs et de gemissemens du peuple qui ceste douleur veoient, ung prisonnier tout jugié à mort, qui n'estoit pas Aingloiz[4], fut amené avant, et celuy, par telle condicion que il seroit delivré de prison, (Dieu ! quel oultrage et douleur !) au dist mons. Haynmes la teste couppa. Et ce fait, la teste avec le corps furent requeillis et en terre [benoite] mis, ij ans aprez la mort du roy d'Engleterre, son frere, viij ans aprez la mort de mons. Thonmas le conte de Lenclastre, son cousin germain[5].

200. — Et en cest an, au moys de mars[1], en l'onneur de Dieu et de la glorieuse Vierge sa mere, pour lez villains sermens que le peuple juroit et avoit acoustumé de jurer de Dieu, de sa mere, et

---

2. Voir, dans Rymer, II, 3e et 4e parties, p. 40, la relation adressée par Édouard III au pape, le 24 mars 1330, n. st., du procès et de la condamnation du comte de Kent ; elle confirme le récit de notre chroniqueur.

3. L'Annonciation de la Sainte-Vierge, le dimanche 25 mars. — D'après l'*Art de vérifier les dates*, le jugement serait du 18, et l'exécution du lendemain, dans la prison même.

4. Jehan de Wavrin, I, p. 77, dit simplement : « ung homme qu'ils trouvèrent d'aventure, lequel fut par eux constraint de ce faire. »

5. Voir paragraphes 82 et 166.

200. — 1. L'ordonnance fut rendue le 12 mars 1329, v. st., à Saint-Christophe-en-Halate (*Recueil*, II, p. 48). Notre texte en est la reproduction presque littérale.

des sains et saintez de paradiz, et pour lez laidez parolles que l'en
en disoit, pour lez quelles choses du tout estaindre et que le peuple
en cessast, Philippe de Valoiz, roy de France, fist et ordonna par
le royaulme de France en ceste magniere : que quiconquez lez diz
sermens et villaines parollez jureroit ou diroit, pour la premiere
foiz qu'il en seroit souprins et convaincu, fût mis au pillory veant
le peuple, et y demourast de l'eure de prime jusquez à l'eure de
mydi ; et s'il estoit trouvé ou sceu qu'i le rejurast[2] ou dist la
seconde foiz puis la dicte premiere punicion, il airoit fendu à ung
fer chault la baulevre de dessus[3], c'est assavoir ce qui est entre le
nez et la baulevre dessoulz, si que lez dens dessus apparussent
parmy la fente, en telle magniere que lez parties de la dicte baulevre ne se peussent joindre ; et se il estoit trouvé ou sceu qu'i le
jurast ou dist la tierce foiz aprez lez dictes deux punicions, la dicte
baulevre dessus luy seroit couppée tout hors à ung raseur ou
coustel ; et se aucune personne ouait jurer et dire lez villains sermens ou parollez, et il ne l'aloit tantost denuncier à la justice, il
seroit condempné à amende peccunielle selon sa faculté.

[L'AN M. CCC. XXX.]

201. — *En l'an de grace ensuivant[1] M. CCC. XXX, le jeudi[2]
avant la feste de la Penthecouste, deux chevaliers de Languedoc,
[que] devant la majesté royal avoient appellé de trayson, à Gisors,
devant Philippe de Valoiz, roy de France, et grant multitude de
gens nobles du royaulme, vindrent en parc, armez noblement,
pour batailler l'un contre l'autre, et illec, à lances d'acier et espées
bien agües et esmoulues, l'un à l'autre asprement et viguereusement coururent. Maiz comme ilz feussent au parc, ainssi courans
l'un contre l'autre, convoitans à plus asprement aller ensemble,
par mont de conseulz de parlement et de la paix [faire], de leurs
amys[3] empeschiez et avironnez, du dit champ furent retraix.

202. — Et en cest an, à Paris, les changeurs, hontaiés et diffa-
mez du peuple par ung de eux, appellé Guillaume Goudelot, de
Saint-Osmer, le quel, pour faulse monnoie que il achetoit à Fau-

---

2. « Et s'il est trouvé *ou lieu* qu'il le jure » (*Recueil des Ordonnances*).
3. « Les dens *dessoub* » (*Recueil*).
201. — 1. Pâques 1330, le 8 avril.
2. 24 mai.
3. Ms. A : *des* leurs amys.

quemont [1], et la metoit et mesloit avec la bonne. La quelle chose
confessée au prevost de Paris nommé Hugue de Crusy, le dist
Guillaume comme larron, avec ung sien varlet, à Paris, au
commun gibet des larrons, le jeudi [2] devant la Penthecouste,
furent penduz.

203. — Et en cest an, au moys de juing, fut nez Edouart [1], le
premier filz du roy d'Engleterre Edouart le jenne, pour le temps
d'Engleterre roy.

204. — Aprez [1] le quel, le vendredi viij jours [2] d'icest moys de
juing, Louys, le tiers filz du roy de France Philippe de Valoiz
[fut nez. Pour le quel ledit roy de France Philippe de Valoiz [3],]
avec Charlez son frere le conte d'Alenchon, le conte de Roussi [4],
l'evesque d'Avrences [5], et plusieurs aultrez, si comme l'en dist, en
pelerinaige, mont occultement et secretement, se mirent, et alerent
à Saint-Louys de Marcelle, et à Avignon au pape Jehan.

205. — *La roynne de France Jehanne, seur au duc de Bourgongne, qui de Louys, son filz, en gesine estoit, pour la joye du

---

202. — 1. Faulquemont à 36 kil. de Metz, ou Fauquemont (Falkenberg)
près Maëstricht? Ou bien encore Fauquembergue (Pas-de-Calais), dont le
seigneur battait monnaie, d'après le ms. 5876 du Fonds Leber, Bibl. mun.
de Rouen? (Ce beau et curieux ms., copié vers 1500, renferme, entre
autres documents numismatiques, la liste des seigneurs et prélats « se
disant avoir droit de faire monnoie, » *avec le dessin de leurs monnaies;*
l'ordonnance de juin 1313, dont M. de Saulcy n'a donné qu'un très court
extrait; les prix du marc d'or et du marc d'argent (plus complets que dans
le ms. de Poullain); l'ordonnance de 1354, dont le sommaire seul a été
reproduit par M. de Saulcy; et enfin une ordonnance (non datée, mais qui
se place entre 1420 et 1436) des généraux maîtres des monnaies, touchant
le bail à ferme des monnaies, les boîtes, les gardes, essayeurs, tailleurs,
contregardes, maîtres particuliers, monnayeurs et ouvriers, changeurs,
affineurs, départeurs, orfèvres et merciers.)

2. 24 mai.

203. — 1. Édouard, depuis prince de Galles, dit le Prince Noir, né le
16 juin 1330.

204. — 1. Ou mieux : Avant.

2. *Sic* le P. Anselme. — Le 4, d'après le ms. U. 41 de Rouen, f° 119 r°.

3. Les mots entre crochets sont suppléés d'après le récit du Continuateur
de Nangis, II, p. 115 : « *Nascitur* filius, cui nomen imponitur Ludovicus.
Propter quem rex Franciæ ad Sanctum Ludovicum de Marsilia..... peregrè
profectus est. »

4. Jean V, comte de Rouci, mort en 1346.

5. Jean de Vienne, non encore consacré, bientôt transféré à Thérouanne,
puis à Reims.

quel, par la voulenté de elle et par aucuns de son conseil, contre lez relevaillez d'icelle roynne, à grans cousteemens, en Saint-Germain-en-Laie[1] plusieurs eschauffaux et grant appareil à joustez faire de plusieurs grans prinches du royaulme de France, pour grant joye illec demener, furent faiz, et de [grans] vivres et grans garnisons faictes[2].

206. — Et l'endemain[1] de feste de la Nativité saint Jehan-Baptiste, en icest an, par Huguez de Besenchon, evesque de Paris, l'eglise de l'ospital du Saint-Sepulcre dez pelerins croisés, fondée de eux à Paris en la grant rue Saint-Denys, fut dediée.

207. — Adecertez Nostre Seigneur Jhesucrist en qui tout bien est, par le sien plaisir Louys l'enffant de France, nouvellement nez comme dessus est dist, le vendredi[1] jour de feste saint Pierre et saint Pol appostres au dist moys de juing, en Saint-Germain-en-Laye mourut.

208. — Et le dimence ensuivant, premier jour de juillet, une eglise de Nostre-Dame[1], seant delez Saint-Cloust à deux lieues de Paris, fondée d'une congregacion de peuple de Paris qui se appelloient les pelerins Nostre-Dame-de-Boulongne, par le dist Huguez de Besenchon, evesque de Paris, fut beneie et dediée[2].

209. — Et le mardy ensuivant iij jours au dit moys de juillet, à Paris, en l'eglise dez Cordeliers, le dist enffant Louys fut honnourablement enterré. Par la mort du quel et par le commandement du roy, qui de Marceillez estoit revenu en France, la feste qui adonc à Saint-Germain-en-Laie debvoit estre, fut du roy deffendue, et ycelle feste depechée[1].

210. — Et aprez, le lundi xvj jours aprez du dit moys de

---

205. — 1. Ms. A : *de* Saint-Germain-en-Laie.

2. Faits inédits.

206. — 1. 25 juin 1330. — Cette dédicace n'est mentionnée par aucune autre chronique.

207. — 1. 29 juin. L'enfant serait mort le quinzième jour après sa naissance, selon le Contin. de Nangis.

208. — 1. Voir *Mémoires de la Société de l'Hist. de Paris*, I, p. 192.

2. Cette dédicace n'est relatée par aucun auteur. Du Breul, p. 1265, ne mentionne qu'une cérémonie semblable faite par Guillaume Chartier, évêque de Paris, le 9 juillet 1469; ce qui laisserait supposer que l'église primitive avait été démolie ou détruite. — Ms. B : l'église « de Bouloigne-la-petite. »

209. — 1. Voir paragraphes 204, 205 et 207.

juillet, à heure de vesprez [1], par lez royaulmez de France et d'Engleterre fut l'esclipse du soleil veue.

211. — Et en cest an, ung Cordelier appellé Nicholas [1], qui par
l'enchantement Louys de Baviere empereur de Romme, jadiz
envaïseur de l'eglise de Romme, se portoit pour pappe et souverain evesque, et l'avoit esté par l'espace d'un an, si comme vous
avez ouy cy devant, par aucuns conseulz, la voye [2] de vérité luy
apperchevant de son cueur et pour le salut de son ame, par tapinaige de Louys de Bavieres et de la grant cité de Romme se
retraist et s'en party, et à Avignon en Prouvence au pappe Jehan
s'en vint, et mercy et absolucion luy demanda. Le quel en plain
sermon, devant lez cardinaux et grant foison du clergié, ses
erreurs regehies [3], tantost le pappe benignement luy pardonna et
l'en absolut, et le fit le pappe [. . . .], et luy donna l'eveschié de
Lions [4].

212. — Après ce que [1] aucunes dez villez de France, par plu-

---

210. — 1. Éclipse mentionnée par l'*Art de vérifier les dates* comme
ayant eu lieu à trois heures du soir.

211. — 1. Voir paragraphe 177.

2. Ms. A : *de* voye.

3. Reconnues.

4. L'antipape fit sa confession publique le 25 août 1330. — *Tractatur ut
familiaris, sed custoditur ut hostis*, dit une relation contemporaine, imprimée par Baluze (*Vitæ paparum Avenionensium*, p. 152 et 175). Les faveurs
dont il aurait été comblé par Jean XXII ne sont confirmées par aucun
document, à notre connaissance. Au reste, le siège archiépiscopal de Lyon
était, à ce qu'il semble, vacant en 1330 (entre le décès de Pierre de Savoie
et l'élection de Guillaume de Sure, *Gallia Christiana*, t. IV, col. 163).

212. — 1. L'existence de joutes solennelles ou combats singuliers entre
bourgeois était demeurée entièrement ignorée jusqu'ici, au moins pour les
plus anciennes provinces de la France ; le paragraphe XVI de notre Première partie et les paragraphes 50, 212 et 223 de la *Chronique parisienne*
sont la seule trace qui nous reste de ces exercices semi-guerriers, signes
non équivoques du degré de richesse et d'importance où était parvenue,
au commencement du XIVᵉ siècle, la bourgeoisie, cette avant-garde du
tiers-état. Sauval, pour ne citer que lui parmi les historiens de Paris, ne
relate aucune fête de ce genre donnée par les habitants, et il paraît croire
que l'arc et l'arbalète avaient toujours été les seules armes à leur usage.
Lacurne de Sainte-Palaye considère aussi les joutes comme réservées, de
même que les tournois, uniquement à la noblesse. Du Cange lui-même
(*Septième dissertation sur Joinville*, et aux mots *Bohordamentum* et *Justa*)
ne traite des joutes qu'à ce point de vue exclusif, encore bien que les communes, dit-il, apprissent à se servir des armes qu'elles auraient à manier

sieurs foiz, eurent appellez ceux de Paris pour jouster à eux, et
[à] ceux qui y estoient de Paris le pris de leurs festez donnés, et
qui mont de grandez parollez disoient que ceux de Paris feste
publique n'osoient faire, lez gouverneurs et les menistres [2] et ceux

---

en temps de guerre, et cela dans les *bouhours, behourds* ou *behordeis*, qu'il
définit des jeux ou combats de paysans et de bourgeois, *burgensium*, où
ils se rencontraient, armés de bâtons et de gaules, à certains jours, par
exemple les premier et deuxième dimanches de carême. — On s'explique
parfaitement que le récit de véritables joutes entre vilains ait été négligé
par les ménestrels et par les chroniqueurs : la plupart de ces derniers
étaient des laïques aux gages de la noblesse ou étaient des religieux ; or
l'église n'avait que des anathèmes pour ces jeux dangereux et parfois mor-
tels ; quant aux ménestrels et quant à Froissart et aux chroniqueurs
laïques, ils réservaient leur admiration pour les nobles chevaliers qui
savaient payer leurs éloges ; le « borjois borjon » enrichi, son orgueil et
sa lésinerie n'avaient à recueillir que des railleries. Pour célébrer les
hauts faits des bourgeois de Paris, il fallait un enfant de cette ville, fier de
raconter tout ce qui rehaussait la gloire de la « cité de grant renom » (Rap-
procher des expressions qu'il emploie celles de l'Ordonnance de Charles V,
du 9 août 1371 ; *Recueil*, V, p. 418). Notre chroniqueur n'a pas laissé
échapper l'occasion que lui offraient des fêtes dont il avait été témoin oculaire ; de là le curieux récit qu'on va lire, récit qui, comme ceux de 1305
et de 1331, fournit une page d'histoire inattendue, non seulement à Paris,
mais encore à Rouen, à Amiens, à Reims, et à plusieurs autres villes de
l'ouest et du centre de la France, — nous n'ajoutons pas : et de la Flandre.
En effet, le souvenir de ces fêtes de la bourgeoisie s'est toujours conservé
vivace dans cette dernière province, aussi bien dans sa partie française que
dans sa partie aujourd'hui belge. Nous avons sous les yeux un curieux
manuscrit (Bibl. munic. de Rouen, Fonds Leber, n° 5903) qui traite des
joutes célébrées à Lille et à Bruges du xiii° au xv° siècle ; rédigé en 1705
seulement, mais en grande partie à l'aide de documents originaux et d'après
un ouvrage écrit en 1568 par Jacques Le Bouck, héraut d'armes du roi
d'Espagne, qui l'avait « contrefaict à Valenciennes après un ancien livre
authentique, » ce manuscrit est intitulé *Veprecularia ou la Solemnité des
fêtes des nobles rois de l'Épinette de Lille, tenue depuis l'an 1283 jusqu'à
l'an 1487*. La fête se célébrait le premier dimanche de carême, « jour de
behour ; » les bourgeois de Lille y joutaient « à tous bourgeois venant de
dehors, » mais des chevaliers y luttaient également (était-ce exclusivement
entre nobles ?) ; « la plus grande partie du caresme se passoit en joustes et
en divertissements, tant à Lille qu'à Bruges, Valenciennes, Ypres, Tournay et autres lieux. » On ne voit pas, dans ce ms., quel prix était décerné
au vainqueur des joutes de Lille (c'était, dit-on, un collier d'argent aux
armes de la ville, et un épervier d'or à deux lacs de soie verte) ; à Bruges,
aux fêtes de la Foresterie, le premier prix consistait en un « blanc ours. »

2. Les principaux personnages de l'entourage du roi, et peut-être aussi
le prévôt des marchands et les échevins.

de Paris, qui mont desiroient à la ville de Paris faire honneur et essaucier en toutez seigneuries par dessus toutez les villes du royaulme, comme soleil corporé, emprainte et ymaginacion dez trois fleurs de liz [3] au royaulme de France [essaucié] par dessus tous aultrez royaulmes, et à qui lez parollez des gens d'estranges nacions estoient souvent rapportées, Jehan Gencien, Jehan Barbeite, filz jadiz sire Estienne Barbeite, Adam Loncel [4], prevost dez marchans, Jehan Billouart, et Martin des Essars, maistre dez comptez, à eux aliez tous lez bourgoiz de Paris, supplierent au roy que, de sa grace, il voulsist donner congié aux bourgoiz de Paris de faire jouste contre les bourgoiz du royaulme. Adonc le roy de France Philippe de Valoiz, considerant la noblesce et la valeur de Paris, comment lez bourgoiz et tout le peuple de Paris de leur auctorité le rechurent à seigneur, par la proiere de n frere le conte d'Alenchon, Louys de Clermont duc de Bourbon, et Robert d'Artoiz conte de Beaumont, leur octroia leur feste à faire sans esmouvoir le peuple. Lors lez diz bourgoiz, à l'exemple jadiz du roy Priant [5], soulz qui jadiz Troye la grant fut destruite, et de ses xxxv filz, ordenerent que ung des bourgoiz de Paris appellé Renier Le Flamenc [6] seroit le roy Priant, et xxxv des jennes gens enffans de bourgoiz de Paris, donc l'en appelloit l'un, qui estoit eu lieu de Hector le filz au roy Priant, Jaque des Essars [7], l'autre Jehan Bourdon, de Nelle, Jehan Pazdoe, Symon Pazdoe [8], Hue de Dampmartin, Denis Sebillebauch, Pierres Le

---

3. Selon le P. Anselme, I, p. 88, il n'y avait guère que quarante-cinq ans que le sceau royal ne portait plus les fleurs de lys sans nombre. — Ne pourrait-on pas conclure de notre texte que déjà, en 1330, les armoiries de la ville de Paris portaient les trois fleurs de lys, bien que le plus ancien sceau parisien où on les rencontre ne date que de 1358 (V. *Les Armoiries de la ville de Paris*, Imprimerie nationale, 1874, p. 55 et suivantes) ?

4. Son nom manque dans la liste donnée par M. Leroux de Lincy (*Hist. de l'hôtel de ville de Paris*, 2ᵉ partie, p. 203).

5. Le roi Priam. — V. Froissart, édit. Buchon, III, p. 7.

6. Peut-être le même que celui du paragraphe XVI de notre Première partie.

7. Le même sans doute que celui qui donna, en 1326, six livres pour une statue d'apôtre, à la Confrérie des Pèlerins de Saint-Jacques (*Mém. de la Soc. de l'Hist. de Paris*, II, p. 351).

8. Lire : Pizdoë. Ce Jehan est probablement le même que celui qui fut condamné depuis à payer 800 florins d'amende comme complice d'Étienne Marcel (M. S. Luce, *Bibl. de l'École des chartes*, 1857, p. 417).

Flamenc, Guillaume Gencien, Pierres de Pacy, Robert Miete, Jehan de la Fontaine, Robert La Pye, Jehan Maupas [9], et plusieurs aultrez filz de bourgoiz de Paris. Et ce fait, le dessus dist roy Priant, pour l'amour et honneur dez damez de Paris, manda par ses lettres à touz ceux des bonnes villes du royaulme cy aprez nommées, qui pour l'amour dez dames joustez et fait d'armes hantoient, que, en l'onneur de Pallaz, jadiz amoureuse dame en Troye [10], noble cité, et de la nobleté d'amours soustenir, comme à feste ronde [11] que Artus, le roy de Bretaigne, soulloit maintenir, feüssent à Paris, chacun pour troiz foiz à courir à lances briser contre nostre roy Priant et ses filz, le lundi [et] le mardi ensuivant [12] aprez la feste Nostre Dame en aust lors prouchain venant, qui furent en cest [an] de Nostre Seigneur M. CCC. XXX. Et pour ce lez devans nommez bourgoiz de Paris, lez diz jours, delez Paris en ung champ [13] qui est entre l'eglise Saint-Martin-des-Champs et l'ostel du Temple jadiz le manoir des Templie[r]s, par devant toutez lez noblez dames et bourgoises de Paris mont très noblement et richement appareliés et la gregneur partie de ellez couronnées [14], qui sur grans eschauffaux et aultrez grant multitude de riche peuple de Paris sur aultrez eschauffaux, en iceluy champ faiz et sur maisons prouchaines d'illec sur aultrez eschauffaux estoient, le dit roy Priant et ses filz vindrent noblement en champ, et contre tous les sourvenans asprement coururent et jousterent, c'est assavoir contre les bourgoiz de la ville d'Amiens, de la ville de Saint-Quentin en Vermandoiz, de Rains, de Compiengne, et de Verdeloy [15] en Berry, de Miaux, de Mante, de Corbeul, de Ponthoise, de Rouen en Normendie, de Saint-Pourcein [16], contre

---

9. Tous les noms que cite notre chroniqueur, moins Sebillebauch (peut-être défiguré), sont des noms bien connus de familles appartenant à la bourgeoisie parisienne.

10. Notre chroniqueur ou ses contemporains ont prêté là un rôle étrange à la sage Minerve ; est-ce un souvenir du jugement de Pâris ?

11. On connaît les célèbres romans de la *Table* Ronde.

12. 20 et 21 août 1330.

13. « La cousture (culture) Saint-Martin » (paragraphe 270).

14. Les ordonnances avaient pourtant défendu aux bourgeois et bourgeoises, notamment en 1294, de porter « or, ne pierres précieuses, ne couronnes d'or ne d'argent » (*Recueil des Ordonnances*, I, p. 539).

15. Reims. — Compiègne. — Valençay (Indre) ?

16. Meaux, Mantes, Corbeil, Pontoise, Saint-Pourçain (Allier). Le vin de Saint-Pourçain était un de ceux dont les Parisiens faisaient la plus grande

ung bourgoiz de Valenciennes et contre ses ij filz, et contre ung
bourgoiz de la ville d'Yppre. Et comme au dist champ [17] les diz
sourvenans dez dictez villes noblement entrassent, et à courir à
plaine lance contre ceux de Paris se adrechassent, comme ceux qui
cuidoient lez enffans de Paris trouver non saichans du fait de
jouste, et entre lez aultrez bourgoiz ung bourgoiz de Compiengne
que l'en appelloit Cordelier Poillet [18], vestu illec en habit de Cordelier, qui de ceux de Paris se moquoit, et portoit en sa main
ung rainceau d'une verge et en feroit de foiz en aultre ung de ses
compaignons, demonstrant que il chastiroit lez enffans de Paris
que il appelloit « pastez [19] » ; toutefoiz nulle lance ne brisa, et du
plus heingre [20] de ceux de Paris fut geté de son cheval à terre,
son oultrecuidance abessant, et inglorieux du dit champ s'en alla.
Et comme au dist champ, par lez diz jours, ceux de Paris noblement courans et brisant lances contre tous venans, du dist champ,
à la haultesse et franchise d'amours, en emporterent victoire. Et
l'endemain, qui fut jour du merquedi aprez la dicte feste Nostre
Dame d'aoust, les diz bourgoiz des dictes bonnes villes, avec lez
bourgoiz et les noblez dames et bourgoises de Paris, en l'ostel
jadiz du Temple le manoir dez Templiers, dessoulz pavillons à
ce apparellez, à trompes, timbres, tabours et nacaires, grant
joie [21] illec demenant, en la presence de mons. Robert d'Artoiz
conte de Beaumont, [de] mons. Guy Chevrier [22], et des seigneurs

---

consommation, et cette localité avait alors une importance telle que la
royauté y avait établi un hôtel des monnaies.

17. Ms. A : *du* dist champ.

18. V. paragraphe 223 « Cordelier Poullet. » Un Jean Poulet était maire
de Compiègne en 1317 (*Olim*, III, p. 1262).

19. Ce sobriquet n'avait pas été, sans doute, inventé par lui ; quoi qu'il
en soit, il lui survécut : en 1418 « Mgr le Dauphin » (depuis Charles VII)
« alla en Touraine et passa par auprès une place nommée Azay : ceux qui
estoyent dedans estoyent Bourguignons... qui commencèrent à crier :
« C'est le demeurant des *petits pastez de Paris !* » — Le château fut pris
d'assaut par le Dauphin, le capitaine eut la tête tranchée, et deux ou trois
cents hommes de la garnison furent pendus (Jouvenel des Ursins, dans
Denis Godefroy, *Histoire de Charles VI*, p. 355).

20. Le plus faible. L'adresse était encore plus nécessaire que la force
dans ces exercices (Lacurne de Sainte-Palaye, *Mémoires*, I, p. 199).

21. Ms. A : *à grant joye.*

22. Depuis maître des Comptes, qualifié chevalier en 1334 (*Actes normands de la Chambre des comptes*, publiés par M. L. Delisle, p. 94), mort
en 1338.

et maistres de la court, en la presence du prevost de Paris Huguez de Crusi, le chevalier du gueit de Paris, et la gregneur partie des sergens de Paris à pié et à cheval, tous vestus d'un drap [23], disnerent. Et quant de ceste grande feste quant à ceux de dehors Paris attendans, comme dessus est dist, à ung bourgoiz de Compiengne qui estoit appellé Simon de Saint-Osmer, qui en joustant eust une de ses jambes brisées, le prix donnerent ; et en l'ostel où le dist Simon estoit herbegié, en la grant rue de Paris, jouxte le nouvel hospital de Saint-Jasque, en la maison que l'en dist d'ardoise [24], à grant compagnie de noblez bourgoiz de Paris, par une pucelle de Paris, jadiz fille d'un drappier et bourgoiz de Paris jadiz appellé Jehan de Chevreuse [25], la quelle chevauchoit ung cheval blanc, ceinte d'une riche cheinture à la quelle pendoit une noble aumosniere, et tenoit la dicte pucelle sur sa main ung esmerillon [26], le dist cheval, ceinture, aumosniere et esmerillon, à grant joye et à la louenge de Paris, comme à celuy de dehors dez attendans qui mieux c'estoit à la feste porté si comme l'en disoit, lez dis joyaux la dicte pucelle presenta et donna. Et au dessus dist Jaquez des Essars, quant pour ceux de Paris qui mieux s'estoit porté à ceste feste si comme l'en disoit, lez diz bourgoiz de Paris le prix donnerent. Et ainssi ceste feste dez bourgoiz de Paris faicte au très grant honneur de Paris, tant de ceux de Paris comme [de] ceux de dehors, chacun en son lieu paisiblement se retraist, xxv ans [27] aprez lez joustez que Renier Le Flamenc et Pierre, son frere, et lez aultrez bourgoiz de Paris firent à Paris, en la place de Greve [28].

---

23. *Sic* dans Froissart, édition Buchon, III, p. 8. — Voir aussi le Religieux de Saint-Denis, I, p. 612.

24. La maison d'ardoise était située rue Saint-Denis et bornait l'hôpital Saint-Jacques des Pèlerins. Après avoir appartenu à la comtesse de Dreux, elle devint la propriété d'Hervé de Léon, chevalier, seigneur de Noyon-sur-Andelle (aujourd'hui Charleval) ; vendue en 1344, son prix servit à payer la rançon d'Hervé en Angleterre (*Mém. de la Soc. de l'Hist. de Paris*, II, p. 338).

25. Voir *Olim*, III, p. 1171.

26. L'émérillon *volait* la perdrix et la caille. C'est là une indication des chasses alors permises aux bourgeois « vivans de leurs possessions et rentes. »

27. Voir paragraphe XVI, Première partie.

28. Voici comment le ms. B résume tout ce long et si intéressant paragraphe : « En l'an M. ccc. xxx, après la feste Nostre-Dame dicte la my-aoust,

213. — Et en cest an, l'endemain [1] de la feste de la Decolacion saint Jehan-Baptiste, en Brie, au nouvel hostel de Bec-Oisel [2], de Philippe de Valoiz roy de France, et par sentence donnée, le duc de Bourgongne fut establi conte d'Artoiz [3], et, en la presence de plusieurs grans maistres du royaulme de France, le dit duc de la conté d'Artoiz au roy de France fist hommaige.

*Cy parle d'Engleterre.

214. — *Vous avez ouy cy devant comme le roy d'Engleterre Edouart fut emprisonné à l'aide de Thonmas de Bredenchon et mons. Haynmes, ses freres, par la roynne Ysabel d'Engleterre et Rogier de Mortemer, et de puis ce par venin [1] tuez, et comment le dit mons. Haynmes, par la dicte roynne, fut mis à mort. Or fut ainssi que Dieu qui tous les maux revange et donne à chacun sa deserte, le jenne roy d'Engleterre Edouart, que mons. Rogier de Mortemer et la roynne Ysabel, sa concubine, gouvernoient par une somme d'argent [2] que ilz luy lairoient sur son royaulme, et le remenant dez rentes du royaulme avoient la dicte roynne et Rogier de Mortemer, son amy, qui nouvellement conte de La Marche [3] estoit appellé, mons. Thonmas de Bredenchon, oncle du roy, qui encaché estoit à prendre de par la dicte royne et Rogier de Mortemer, son amy, lez barons d'Engleterre à luy aliez, donc aucuns en France s'en estoient venus, à ce que la mort du roy et de mons. Haynmez, son frere, fût revengée, et que le jenne roy

---

les bourgois firent jouxtes contre tous venans des villes et cités du royaume de France, et emportèrent victoire. Toutevoiez ilz donnerent le pris des dictes jouxtes, au regart de ceulx de dehors, à j bourgois de Compeigne appellé Simon de Saint-Omer, qui en joustant avoit une des jambes brisées, auquel pour led. pris furent presentés par une pucelle, fille de Jehan de Chevreuse, drapier et bourgois, ung cheval blanc, une sainture, une bourse ausmonnière, et j esmerillon ; et au regart de ceulx de Paris, le pris fut donné à Jaques de Essars. »

213. — 1. 30 août 1330.

2. Becoiseau, près de Mortcerf (Seine-et-Marne).

3. Le P. Anselme, I, p. 386, mentionne les lettres du roi, dont le registre U 787 des Arch. nat. renferme une copie, f° 139 v°.

214. — 1. Notre chroniqueur n'avait pas précisé (paragraphe 166) le genre de mort infligé à Édouard II. Voir, dans Jehan de Wavrin, I, p. 58, quel ignoble supplice subit ce prince d'après une autre version.

2. Conf. Jehan de Wavrin, I, p. 62.

3. Voir Rymer, II, 3e et 4e parties, p. 51 et 59.

fût du tout seigneur de son royaulme d'Engleterre, par aucuns
messaigez secreitement envoiez devers le roy : que luy de leur
accord fust, et que c'estoit contre l'ame et le corps de luy et contre
son honneur royal que il ne faisoit vengence et justice dez mauvaiz qui le roy son pere et son oncle avoient mis à mort. Le roy,
ce entendu, son cueur à eux se adjoingnist, en demonstrant plusieurs foiz à la roynne, sa mere, que le dit Rogier estoit traystre
du royaulme, et qu'il avoit mal fait de mons. Haynmes son oncle
faire tuer, et qu'il vouloit avoir la seigneurie de son royaulme et
savoir qu'il estoit de son pere et que l'en en avoit fait.

215. — *Quant la roynne [vist] ce que le roy son filz se traioit
à l'amour et à la voulenté et accord de ses barons, si eust paour
que, se lez barons venoient à leur entente, que elle ne pourroit
pas mener la vie que elle menoit ; si s'apensa que, se elle povait
prendre et emprisonner le roy son filz, elle feroit plus de sa
voulenté que devant ; et ordonna, elle et son amy Rogier, que,
dedens la feste de Toussains lors prouchain en icest an, le jenne
roy son filz seroit prins. Maiz, par la voulenté de Dieu, ceste
promocion et ordonnance ne fut pas si secreitement faicte que
tantost ne fût rescripte et signifiée au roy ; le quel incontinent,
par le conseil de ses barons, à ce que le deable sa mere ne son
concubin Rogier de Mortemer ne regnassent plus, et que acom-
plissement de justice fust faicte des mauvaiz, en la sepmaine
devant la dicte feste de Toussains [1], le jenne roy d'Engleterre
Edouart en sa personne, avec aucuns de ses sergens armez de
leurs armes, la roynne Ysabel sa mere, qui en ung privé lieu [2]
estoit avec le dist mons. Rogier son amy, prist et saisi, et dessoulz
estroite garde lez commanda à emprisonner. Lez quieux emprisonnez, la roynne d'une part et le dist mons. Rogier d'aultre,
confesserent comment le roy d'Engleterre avoit esté mort par eux,
et mons. Haynmes son frère ; pour lez quieux meurdres, en cest
an, en la sepmaine de la feste saint Andrieu apostre [3], le dist
Rogier, par les commissaires du roy d'Engleterre deputez sur le
fait, son corps fut taillié en quatre parties, et sa teste couppée, et

---

215. — 1. Le 20 octobre 1330, d'après Lingard (V. Rymer, II, 3ᵉ et
4ᵉ parties, p. 51, à cette date).

2. Au château de Nottingham.

3. Saint André, le vendredi 30 novembre. Suivant l'*Art de vérifier les
dates*, Mortimer fut pendu le 29.

puis traynnez et pendu, avec j chevalier qui estoit appellé mons.
Pierres de Maulay et grant foison d'aultrez, et la roynne Ysabel,
enclose à chetivoison, par la priere faicte, devers le roy son filz,
de Jehan d'Engleterre [4] et de ses deux sœurs [5], ses enffans, et du
roy de France, fut soulz estroicte garde mise et detenue emprison [6].
Et sachés que, par la voulenté Jhesucrist qui tous maulx revenge,
que qui demeure, ceste punicion fut faicte de ses mauvaiz iij ans
aprez la mort du roy d'Engleterre Edouart lors desrainement
mort, ix ans aprez la mort de Thonmas jadiz conte de Lenclastre,
au royaulme d'Engleterre.

216. — ⁺Et après ce, en yce mesmes an [1], au royaulme de
France, pour lez excessives et importables usures que les lombars
faisoient en devorant [2] le peuple, furent lez diz usuriers prins et
emprisonnés par le royaulme de France ; lez quieux, aprez
l'espace de trois sepmainez ou illec environ, furent delivrés parmy
une grant somme de peccune que ilz baillerent au roy. Aprez la
quelle chose, le roy ordonna que tous ceux qui estoient obligez
envers eux, par lettres ou aultrement, eussent leurs gaiges et
leurs lettres, par paiant le pur sort [3], et, là où la personne seroit
digne de foy, que il fût creu par son serment de la principal debte
en quoy il estoit tenu à l'usurier ; et avec ce, que, à tout homme
qui seroit obligé aux diz lonbars usuriers, de tout le dit royaulme,
sur lettres, gaiges ou aultrez choses, il fût rabatu, de la debte en
quoy il estoit obligé, la quarte partie, et par paiant lez troiz pars
de la debte fût quite ; et fut ce crié à certain jour, à Paris et en la
visconté, et par toutez lez seneschauchies et ballies du dit
royaulme de France. Et aussi à tous lez obligez qui vendroient [4]
paier aprez le cry fait, le seneschal, baillif et aultrez justiciers leur
feroient rendre leurs gaiges ou obligacions, par paiant, sans plus,

---

4. Jean de Eltham, comte de Cornouailles, mort en 1336.

5. Jeanne, mariée à David Bruce roi d'Écosse, et Éléonore, femme de
Renaud duc de Gueldres.

6. *Sic.* — Au château de Rising, où elle mourut en 1357.

216. — 1. Voir le *Recueil des Ordonnances*, II, p. 59. Notre chroniqueur
reproduit presque textuellement l'ordonnance du 12 janvier 1330, v. st.,
ainsi que son préambule où est mentionnée une ordonnance antérieure,
sans indication de sa date.

2. Le *Recueil* porte : « le peuple qui est ainsi *dévoié.* »

3. Le principal de la dette.

4. Voudraient ? ou viendraient ?

la tierce partie du debte en quoy il airoit usure ; car de la debte
qui seroit presté sans usure il ne fût riens rabatu. Et pour ce, que
chacun qui vouldroit paier en la magniere dessus devisée, aprez
le cri fait, seroit quitez, et recouvreroit ses obligacions de lettres
ou de gaiges. Et ceux qui ne pourroient paier si tost sans faire
grant meschef, le roy de France ordonna, et de sa grace especial,
que nul debteur ne fût contraint, à la requeste des diz usuriers
ou aultrement, à paier la dicte debte, rabatu le quart, jusquez à
tant que iiij moys feussent passez dez le jour que le cry seroit
fait. Et se ainssi estoit que aucuns debteurs ne se tenissent pour
contens de ceste ordonnance, et qu'il aimeroient mieux poursuivir
l'usurier par voye d'action pour recouvrer leurs obligacions en
paiant le pur sort, le roy voulloit que, non obstant l'ordonnance
dessus dicte de quoy ilz ne se pourroient point aidier en ce cas,
qu'i le peussent poursuivre devant ces juges ordinaires ; et aussi
que le dit creancier se peust deffendre selon raison, en la magniere
qui est devant escript, et ainssi qu'il fut fait devant lez commissaires par la premiere ordonnance[5], c'est assavoir que, là où il
airoit opposicion et debat entre le creancier et debteur, [et où le
debteur] ne pourroit prouver sentence par plusieurs tesmoings, il
seroit creu[6] par son serment avec ung tesmoing digne de foy, et
se il ne povait avoir tesmoing, il fût creu par son serment avec
une bonne presumpcion, consideré la qualité de la personne[7] et
la quantité de la debte ; et fût finée et determinée celle opposicion,
et sans figure de jugement[8], dedens ij moys aprez la publicacion
de la dicte ordonnance ; et aussi se le creancier voulloit aucune
chose prouver contre le debteur, il fût recheu à prouver par tant
de tesmoingz et par telz[9] comme droit veult. Et n'estoit pas l'entente du roy que en ceste ordonnance feussent comprins lez priz
fais de marchans à aultrez marchans par le royaulme.

217. — Et en cest an, fut l'yver mouete et souef et pluvieux,
et furent grans eaues[1].

---

5. Celle à laquelle fait allusion le préambule.

6. « Ne pourront prouver s'entention..... le débiteur sera creu » (Recueil).

7. Ms. A : la quantité de la personne. — Recueil : « la qualité. »

8. « Et sera finie et déterminée telle opposition, qui sera faite sans
signe de jugement » (Recueil).

9. Recueil : « et par eux. »

217. — 1. Conf. Contin. de Nangis, II, p. 119.

218. — Et en cest an, le viij⁰ jour du moys de frevrier¹, à la promocion dez taverniers de Paris, par une grande somme d'argent si comme l'en dist, le roy rappella et souzpendi, tant comme il luy plairoit, lez ordonnancez par luy faictes des vivres et des avaluemens dez journées des laboureux, c'est assavoir que chacun, dès lors en avant, peust à la forte monnoie qui en cest temps couroit vendre sa marchandise tant comme il pourroit, et les laboureurs eux alouer et prendre si grandes journeez comme ilz pourroient.

219. — *Et comme, en cest temps, sur le contens pendant entre le roy de France et le roy d'Engleterre pour cause de la Riolle et dez aultrez villes de Gascongne detenues en la main du roy de France, la paix eust esté faicte, le chastel de Saintes du roy d'Engleterre, estans dedens plusieurs maufaicteurs qui la ville de Saintez avoient arse et le pays gasté et qui le dit chastel tenoient, eus illec par long temps avoient esté assiegés, et qui n'avoient maiz point de vitaille par famine, Charlez le conte d'Alençon, frere du roy de France, en enfraignant la dicte paix, le dist conte le dist chastel fist abatre et geter par terre; et lez gens qui dedens estoient paisiblement s'en alerent¹.

[L'AN M. CCC. XXXI.]

220. — *L'an de grace M. CCC. xxxj, en la sepmaine d'aprez Pasquez¹, à Saint-Cristofle-en-Abace², par l'espace de viij jours, furent en grant conseil et en parlement ensemble le roy de France et d'Engleterre³.

221. — Aprez en cest an, mons. Robert d'Artoiz, qui de toute sa terre, si comme l'en dist, s'estoit dessaisi en la main du roy de France et le filz d'iceluy Robert [voulu faire] saisir¹, fut debouté

---

218. — 1. Le *Recueil* de Laurière ne renferme pas cette ordonnance, mais seulement celles dont elle suspendait temporairement l'exécution (Voy. note du paragraphe 198).

219. — 1. Voir Contin. de Nangis, II, p. 122.

220. — 1. Pâques 1331, le 31 mars.

2. Ms. A : *de* Saint-Cristofle-en-Abace (en-Halate).

3. Édouard III partit de Douvres le jeudi 4 avril; il était de retour le 20; l'accord des deux rois est du 13 (Rymer, II, 3ᵉ et 4ᵉ parties, p. 62, 63 et 65). Philippe de Valois promit de payer 30,000 livres pour indemnité de la destruction du château de Saintes.

221. — 1. Faits racontés par notre chroniqueur seul. — « Le filz, » sans doute son fils aîné, Louis de Beaumont (Voy. paragraphe 256).

de la conté d'Artoiz que il poursuivoit à avoir contre le duc de
Bourgongne, qui conte en estoit pour cause de la duchesse sa
fame ; et lez lettres que le dit Robert s'en disoit avoir avec lez
seaux furent approuvéez pour faulsez [2] ; pour quoy la damoiselle
de Noion [3], par qui les lettres avoient esté faictez, et plusieurs
aultrez, par le commandement du roy, soulz estroite garde furent
serreement emprisonnez.

222. — En cest an, fut l'esté si très sec et fist si grant seicheresse que à bien prez que les biens qui estoient sur terre et en
rachine ne furent perduz, et en aloient lez gens de lieu en lieu en
processions par lez eglises ; car vraiement, de mikaresme [1] jusquez
à la premiere sepmaine du moys de juing, oncquez ne plut. Et
furent les fruis hastiz, car vendenges furent en cest an au moys
d'aoust [2].

223. — Aprez en ycest an [1], le mardi avant la Nostre-Dame en
aoust, et le merquedi ensuivant [2] vigille de la dicte feste, furent
faiz eschauffaux à Paris, en ung champ qui estoit entre la maison
au conte de Flandrez et l'ostel des Aveuglez de Paris [3], de troiz
filz de bourgoiz de Paris contre tous venans aultrez bourgoiz,
donc l'un estoit nommé Enguerran du Petit-Colier [4], l'autre

---

2. L'arrêt est du 23 mars 1330, v. st. — Voir, sur toute cette affaire,
Lancelot dans les *Mémoires de l'Académie des Inscriptions*, VIII et X, le
registre U 787 des Archives nationales, et le Ms. 2731 du Fonds Leber,
Bibl. municipale de Rouen. Ce registre et ce ms. renferment la copie des
pièces du procès de Robert d'Artois.

3. Jeanne de Divion, fille d'un seigneur de la châtellenie de Béthune,
mariée à Pierre de Broyes. — Le ms. A lui donne son véritable nom dans
le paragraphe 263.

222. — 1. 7 mars.

2. Voir le Contin. de Nangis, II, p. 123.

223. — 1. Faits inédits. — On remarquera combien fut peu durable
l'accord de la haute noblesse et de la bourgeoisie, qui avait signalé les
joutes de 1330. Celles de 1331 sont loin d'être aussi solennelles, d'ailleurs ;
et le chroniqueur lui-même paraît avoir beaucoup rabattu de son enthou-
siasme.

2. Les 13 et 14 août 1331.

3. L'hôtel du comte de Flandre était situé sur l'emplacement des rues
qui ont porté depuis les noms de rues Coquillière et Coq-Héron. L'hôpital
des Aveugles ou Quinze-Vingts l'était en face du Palais-Royal actuel, dans
la rue Saint-Honoré.

4. Enguerran du Petit-Cellier. Il fut trésorier de France en 1348. Un
document de la même année (M. de Saulcy, *Histoire des monnaies*, I,

Guillot Rat, et l'aultre Asselin de Monmartre[3] ; et se appelloient
lez Desconfortez d'amours. Et pour ce lez bourgoiz de Senlis[6],
donc l'un estoit appellé Cordelier Poullet, ceux d'Estampez et de
Rouen, y vindrent. De la quelle feste ung bourgoiz de Senlis
eust le prix. Et à ceste feste, le dit Enguerran parmy la ville de
Paris chevauchant lez diz jours, à grant compagnie dez bourgoiz
de Paris et de ses ij seurs, l'une d'une part et l'autre d'autre,
couronnées richement, au dit champ entra. Et comme la feste
des joustez illec estant aucuns eschauffaux, par lez bastons que
lez de pié[7] en osterent, à terre chairent, et iiij hommez tuerent.

224. — Et en cest an, le vicomte de Baieux appellé Pierres
Marie, riche de xij[x] lb. et plus, si comme l'en dist, par lez inquisiteurs lors estans en Normendie fut pendu[1].

225. — Et Mache de Mache[1], lombart, riche de xl[x] fleurins
d'or tousjours avoit esté, si comme il le dist oyant le peuple, pour
la monnoie du tresor du roy, où il avoit fait larrecin si comme
l'en dist, et en cest an, l'endemain[2] de la feste saint Berthelemieu
apposstre, à Paris, au gibet, en hault par dessuz lez larrons, fut
pendu.

226. — Aprez, la damoiselle de Novion[1], pour le fait [des
lettres] qu'elle avoit contrefaictez de la conté d'Artoiz, le dimence
vj jours au moys d'octobre[2], au Chastelet de Paris fut amenée, et

---

p. 261) le qualifie de sire (ancien échevin ?). Les états généraux de 1356
demandèrent son arrestation, en même temps que celle d'autres officiers
royaux.

5. Un Chigalin Rat et un Jehan de Montmartre figurent, en 1338, parmi
les confrères de l'Hôpital Saint-Jacques (*Mém. de la Soc. de l'Hist. de
Paris*, I, p. 212).

6. Ms. A : lez bourgoiz de *Paris*. — Nous avons substitué à ce dernier
mot, qui n'offrirait là aucun sens, celui de Senlis, le vainqueur étant un
habitant de cette seconde ville. Peut-être faudrait-il même ajouter « et de
Compiengne, » Cordelier Poullet paraissant être le même que le Cordelier
Poillet du paragraphe 212.

7. Les gens qui n'avaient pas trouvé place sur les échafauds. — On
pourrait lire : lez de joie.

224. — 1. Fait inédit.

225. — 1. On trouve un Macho de Mathes, clerc, en 1329 (*Ordonnances*, II, p. 29), et un Mathe dit de Mathe en 1318 (*Ollm*, III, p. 1210).

2. 25 août.

226. — 1. De Divion.

2. Voir le document cité par le P. Anselme, III, p. 22, et les registre et
ms. précités.

à Jehan de Millon[3], pour le temps prevost de Paris livrée; et d'illec, en une charcite, au convoi de Jehan le duc de Bretaigne, Louys le conte de Flandrez, mons. Jehan de Haynnault, Jehan[4] conte de Eu et connestable de France, le mareschal Bertran Robert, et celuy de Trye[5], et grant partie du peuple de Paris armés à cheval et à pié, du commandement du roy fut la dicte damoiselle menée en la place aux Pourceaux, et illec, presens les diz seigneurs et le peuple de Paris, fut arse, et sa char et ses os ramenez en pouldre.

227. — Et en cest an, à la saint Remy[1], à Londrez en Angleterre, au marché d'icelle ville, de contez et barons d'Engleterre furent faictes grandez joustez, et grant joye illec demenée.

[L'AN M. CCC. XXXII.]

228. — *L'an de grace[1] M. CCC. xxxij, comme mons. Robert d'Artoiz, jadiz conte de Beaumont, pour lez faiz à luy imposez de par Philippe de Valoiz roy de France, c'est assavoir de faulses lettres et faux seaux que il avoit [fait] faire (faisant mencion[2] du mariage Philippe d'Artoiz jadiz son pere et de ma dame Blanche de Bretaigne sa mere), et de l'empoisonnement de la roynne Jehanne de Bourgongne, sa cousine[3], et aussi de l'envenimement que il avoit pourcaché à faire pour le roy et sa fame Jehanne[4], sur ces choses pour soy expurger de ce, à Paris, par devers le roy en la court de France, sollempnellement et par plusieurs foiz et journée à ce appellez et selon droit escript, des quelles journées le

---

3. Il était prévôt de Paris dès le 7 décembre 1330, et fut depuis trésorier. Dans une ordonnance de 1341, on mentionne sa présence; il fut institué maître-lai à la Chambre des comptes en 1346 (*Ordonnances*, II, p. 13, 165 et 251, et *Actes normands de la Chambre des comptes*, p. 94).

4. Lire encore ici : Raoul.

5. Mathieu de Trie, seigneur d'Araines, mort en 1344.

227. — 1. Le 1er octobre. — Froissart, I, p. 317, ne parle que de tournois célébrés vers la Purification 1331, v. st.

228. — 1. Pâques 1332, le 19 avril.

2. Robert d'Artois prétendait que Robert II, son aïeul, avait fait donation du comté à Philippe, son père, dans le contrat de mariage de celui-ci avec Blanche de Bretagne.

3. La mort si prompte de Mahaut d'Artois et de sa fille avait donné lieu à des soupçons d'empoisonnement (*Mémoires de l'Acad. des Inscriptions*, X, p. 604).

4. Voir paragraphe 254.

dit mons. Robert fut deffaillant, ne ne vint ny envoia, et fut du tout deffaillant [5], par lez quarrefours de la ville de Paris, du com-mandement du roy et par le jugement de sa court, contre l'accort et voulenté d'aucuns dez barons de France [6], le mardy xix jour au moys de may, et le samedi ensuivant xxiij jour en yceluy moys, à trompes, en audience [7], par cry fait par devant le peuple, à tousjours maiz du royaulme de France fut banniz sur la hart [8].

229. — Aprez ce en cest an, pour la guerre qui estoit entre le roy de Behangne Jehan et le duc de Breban [1], à Royaumont delez Compiengne [2], Philippe le roy de France, present l'arche-vesque de Treves, le conte de Haynnault, mons. Jehan son frere, illec lez appaisa et à acort lez mist; et le jour de lundi [3] avant la feste de saint Jehan-Baptiste, à eux et à bien xviij.e che-valiers banerès et aultrez dez parties d'Alemaigne, avec ceux de France grant joie demenans, aprez le noble disner que le roy de France leur fist, de grans chevaux [4], d'armez, et de couppez [5] et d'aultre vaissellement d'or et d'argent le dit roy leur donna.

---

5. Quatre défauts furent prononcés contre Robert d'Artois les 29 sep-tembre et 14 décembre 1331, 17 février et 19 mars 1332, n. st. Cette dernière date est celle de l'arrêt de bannissement.

6. Le Continuateur de Nangis, II, p. 129, nomme le roi de Bohême et Jean de France.

7. Les *Grandes Chroniques*, col. 1307, datent la publication de l'arrêt du 30 mai : « Si commanda [le roy] qu'il fu bani *à trompe* par tous les prin-cipaux quarrefours de Paris. Et avec ce avoit certaines personnes qui crioient *en audience* toutes les causes pour lesquielles ledit messire Robert estoit bani. » — En audience, « à la table de marbre du palais le roy à Paris. » (Ms. 2731 Leber.)

8. « En l'an м. ccc. xxxij, mess. Robert d'Artois, jadis conte de Beau-mont en Normendie, pour plusieurs cas fut bani du royaume de France. » Voilà tout ce que renferme le ms. B sur le procès de Robert et de ses complices.

229. — 1. Jean III dit le Triomphant, duc de Brabant, mort en 1355.

2. Royaumont était situé près Pontoise; il faut lire : Royaulieu (abbaye de Bénédictines, près Compiègne, Oise). C'est cette dernière localité qu'indique l'*Art de vérifier les dates*, lequel donne pour jour du traité le 21 juin 1332.

3. 22 juin.

4. Chevaux destinés aux joutes et aux tournois (Lacurne de Sainte-Palaye, *Mémoires sur l'anc. chevalerie*, I, p. 41). — Tous ces détails sont inédits.

5. Voir note 14 du paragraphe 254.

230. — Aprez en ycest an, le xxviij^e jour au moys de juillet, c'est assavoir le mardi aprez la feste saint Jaquez et saint Cristofle [1], à Melun-sur-Sainne, Jehan dit de France, de l'aage de xv ans [2] ou environ, filz Philippe le roy de France, ma dame Bonne, fille Jehan le roy de Behangne [3], espousa.

231. — Et en yceluy jour de mardi, mons. Huguez de Besenchon, evesque de Paris, mourut; et le vendredi ensuivant, en l'eglise Nostre-Dame de Pariz fut honnourablement enterré [1].

232. — *Et en cest an vraiement, aucuns des barons d'Engleterre à grant host par mer [1] entrerent à force au royaulme d'Escoce, et de la gent d'icest royaulme, barons, chevaliers, escuiers et aultrez, firent grant destruction; et eurent ceux d'Engleterre sur leurs ennemis victoire.

233. — Aprez ce, en ceste mesmez année, le mardi [1] avant la saint Remy et jour de feste saint Michel, au palaiz de Paris, Philippe de Valoiz, roy de France, Jehan dit de France, son filz, — present le duc de Breban, Philippe le roy de Navarre et conte d'Evreux, et Louys dit de Bourbon et conte de Clermont, le conte de Juilliers, le duc de Bourgongne et celuy de Bretaigne, et plusieurs aultrez grans hommes, — fist chevalier [2].

234. — Et en celuy jour, le filz ainsné du duc de Breban, de l'aage de ix ans ou environ, ma dame Marie, fille du roy de France Philippe de Valoiz, espousa [1]. Et fut par dedens lez portes encourtinée [2].

---

230. — 1. 25 juillet.

2. Selon le P. Anselme, Jean, fils aîné de Philippe de Valois, serait né le 26 avril 1319, et le mariage aurait été célébré en mai 1332.

3. Bonne de Luxembourg, fille aînée de Jean de Luxembourg et d'Élisabeth de Bohême; elle mourut en 1349.

231. — 1. Le *Gallia Christiana* donne le 29 juillet pour la date du décès et n'indique pas celle de l'inhumation.

232. — 1. V. Rymer, II, 3e et 4e parties, p. 81, 9 août 1332 : De intentione quorumdam, nonobstante inhibicione regis, armata potentia regnum Scotiæ *per mare* invadere.

233. — 1. 29 septembre.

2. Le Continuateur de Nangis ne dit pas où eut lieu la cérémonie. Parmi les personnages présents, il cite encore le roi de Bohême et le duc de Lorraine (Raoul); il omet le comte de Juliers (Guillaume V, mort en 1361).

234. — 1. Jean de Brabant, duc de Limbourg, mort sans postérité en 1335. Le P. Anselme relate seulement la date du traité de mariage (8 juillet 1332).

2. Détail inédit. — Voir note 14 du paragraphe 254.

235. — Et le jeudi ensuivant[1], octavez de la feste saint Remy, viij jours du moys d'octobre et vigille de feste saint Denys, entre l'abbaie de Saint-Anthoine delez Pâris et devant la premiere tournelle des murs du Bois-de-Vinciennes, — pour l'onneur de la chevalerie mons. Jehan dit de France, filz Philippe de Valoiz adonc roy de France, — de Philippe roy de Navarre et conte d'Evreux, de Louys duc de Bourbon et conte de Clermont, du duc de Bourgongne, de mons. Jehan de Haynnault, du conte de Bar et du conte de Flandrez, du conte de Montfort[2] frere du duc de Bretaigne, du conte de Tonnoirre[3], frere du dit duc de Bourgongne et la roynne Jehanne de France, et de plusieurs aultrez contes, barons et chevaliers des royaulmes de France et d'Alemaigne, fut faicte grant et noble tournoiement.

236. — En cest an le roy de France Philippe, au concelle dez prelaz et barons[1] du royaulme de France, ordonna que quiconquez vouldroit prester pour ung denier la livre [la sepmaine], que hardiement[2] il prestast ; et ceste ordonnance faicte par yceluy que la forte monnoie[3] lors courant fût confermée à avoir encore son cours comme bonne et vraie, et que le tiers de la vessalemente d'argent que lez prelaz et aultrez gens avoient, feussent bourgoiz ou aultrez, que le roy en airoit le tiers, et seroit portée au buillon à ij termez, et quant le roy monnoiroit l'en lez pairoit[4].

---

235. — 1. Faits inédits.

2. Jean de Montfort, depuis Jean IV duc de Bretagne, mort en 1345, frère consanguin du duc Jean III.

3. Robert de Bourgogne, comte de Tonnerre du chef de sa femme Jeanne de Chalon (à qui ce comté avait été cédé par Jean II de Chalon, son frère), fille de Guillaume de Chalon, comte d'Auxerre et de Tonnerre, et de Léonore de Savoie ; il était fils de Robert II, duc de Bourgogne, comme Eudes IV, et mourut en octobre 1338 (*Art de vérifier les dates*, III, 2ᵉ partie, p. 91).

236. — 1. Notre chroniqueur ne parle pas des bonnes villes dont « plusieurs » furent pourtant convoquées à Orléans en mars 1333, n. st.

2. Le chroniqueur interprète bien la pensée de l'ordonnance, qui avait en réalité pour but d'*encourager* les prêts à intérêt, illicites en principe (*Contra* M. Hervieux, *Recherches*, p. 195). — Voir l'ordonnance du 25 mars 1332, v. st., dans le *Recueil*, II, p. 83, et XII, p. 16. — Le taux d'intérêt autorisé représentait plus de 20 pour cent par an. « Et cest article les Prelas n'octroient ne contredient à present,..... mais nous faisons fors que il n'en leveront nulles amendes. »

3. Ms. A : *de la forte monnoie*.

4. Voir l'ordonnance précitée. — Cf. paragraphe 297, note 1.

237. — 'En cest an, la sepmaine peneuse[1], Berouic en Escoce, par la quelle devant l'ost d'Angleterre avoit tenu siege, fut destruite et des Angloiz prise avec plusieurs aultrez villez. Et gaingna le roy d'Engleterre Escoce.

238. — Et en cest an et par lez ij dictez annéez precedentes, fut grant chierté de blé et de vin parmy Espaigne; et estoit le vin aussi comme eaue par grant pluye que il y fist[1].

[L'AN M. CCC. XXXIII.]

239. — 'L'an de grace[1] M. CCC. xxxiij, en Lonbardie, l'ost dez chevaliers de France[2] des Lonbars, comme Guibelins et Guelphez, fut desconfist.

240. — En cest an xviij jours d'apvril, le grant archediacre de Paris, mons. Guillaume de Chenac[1], fut sacré en evesque de Paris, en l'eglise Saint-Marcel lez Paris[2].

241. — Et en cest an, le vendredi xiiij jours au moys de may, de heure de nonne jusquez à heure de vesprez[1], fut l'esclipse du soleil.

242. — En cest an, le mardi jour de feste de la Passion saint Pierres et saint Pol appostrez, ij jours en la fin du moys de juing[1], en l'abbaie que l'en dist au Gars[2], lez Melun-sur-Sainne,

---

237. — 1. La semaine sainte. La capitulation de Berwick n'eut lieu qu'en juillet 1333 (Rymer, II, 3e et 4e parties, p. 96 et 97).

238. — 1. Les autres chroniqueurs ne mentionnent pas cette cherté et le reste.

239. — 1. Pâques 1333, le 4 avril.

2. Ms. A : Franchoiz de France. Le Contin. de Nangis ne dit rien de cette défaite.

240. — 1. Ms. B : Güillaume de Chenart. — Guillaume de Chanac, patriarche d'Alexandrie en 1342, mort en 1348.

2. Le *Gallia Christiana* ne dit pas où il fut sacré, et, quant à la date, se borne à constater que ce ne fut pas avant le 18 avril 1333. — L'abbé Lebeuf, I, p. 199, rapporte, en la désapprouvant, l'opinion de certains écrivains qui avaient soutenu que le siège épiscopal de Paris avait été jadis à Saint-Marcel; le sacre de Guillaume de Chanac a peut-être donné naissance à cette opinion.

241. — 1. A deux heures du soir (*Art de vérifier les dates*), *per duas horas post meridiem* (Contin. de Nangis, II, p. 135).

242. — 1. C'est-à-dire l'avant-dernier jour de juin, le 29.

2. L'abbaye du Jard (Seine-et-Marne).

le roy de France Philippe fist le roy de Mallaigrez[3] nouvel chevalier[4].

243. — En cest an, au moys d'aoust[1], le daulphin de Vienne, qui tenoit siege devant ung dez chasteaux Haynne le conte de Savoie, que yceluy daulphin voulloit prendre, et qui alloit tout priveement au dehors de son ost et despourveuement, fut d'un quarrel d'arbalestrier feru, du quel coup il mourut[2]. Et puis, si comme l'en dist, fut le dist chastel prins et abatu à terre, et la gent dedens destruit.

244. — En cest an fut grant planté et habondance de vin[1], en telle magniere que à paine povait l'en trouver vaisseaux pour le herbergier ; et coustoient plus les vaisseaux que le vin ; et estoit le vin foible, du pris à deux, à quatre, à vj, à viij, à seize [deniers,] et à deux soulz du plus[2]. Et aussi par la grace de Dieu fut si grant habondance de blé en ceste année, et fist trop grande·ment chault ès vendengez.

245. — En cest an, l'abbaie de Royau·lieu fut arse en la gregneur partie, et la ville de Breteul[1] en Biauvoisin[2].

246. — En cest an, le jenne roy d'Espaigne, nouvellement fait roy[1], assembla son host, et sus les Sarrasins au royaulme de Grenade alla, et l'endemain[2] de la feste de la Nativité saint Jehan-Baptiste en plain champ contre lez Sarrasins, si comme l'en dist, eust victoire[3].

---

3. Jayme II, roi de Majorque.

4. Fait inédit.

243. — 1. Le 28 juillet, selon le P. Anselme, II, p. 23.

2. Guigues VIII assiégeait le château de la Perrière près Voiron, château appartenant à Aymon, comte de Savoie, frère d'Édouard (et son successeur, d'après les lois du pays, par préférence à Jeanne, duchesse de Bretagne).

244. — 1. V. le Contin. de Nangis, II, p. 140.

2. « Que cinq ou que six deniers, et fault viij pintes pour un sextier » (Ms. U. 41 de Rouen, f° 120 r°).

245. — 1. Breteuil-sur-Noye (Oise).

2. Faits inédits.

246. — 1. Alphonse XI, roi de Castille et de Léon, couronné en 1331, et alors âgé de vingt-trois ans ou environ.

2. 25 juin. — Le 15 septembre, suivant le ms. U. 41 de Rouen, f° 119 v°, qui attribue la victoire aux rois « d'Espaigne et d'Arragon. »

3. Les Maures enlevèrent par trahison Gibraltar à Alphonse, cette même année 1333. La victoire dont parle notre chroniqueur ne saurait être que quelque succès partiel (V. Rosseeuw-Saint-Hilaire, *Hist. d'Espagne*, IV, p. 414 et suivantes).

247. — En icest an, [le mcrquedi] [1] aprez la feste saint Mathieu appostre et euvangeliste, au moys de septembre, mourut ma dame Marie, duchesse de Lanbour, fille du roy Philippe de France, qui avoit esté mariée en l'an precedent au duc de Lanbourc, filz au duc de Breban. Et fut enterrée à Paris en l'eglise des Freres Mineurs Cordeliers, le samedi ensuivant xxv jours au moys de septembre.

248. — [1] Et en cest an vraiement, le vendredi premier jour d'octobre, jour de feste saint Remy, sur ung grant eschauffault à ce apparellié au Pré-aux-Clercs, à Paris, lez l'abbaie de Saint-Germain-dez-Prés, maistre Pierre Rogier[1], archevesque de Rouen, prescha, devant tous lez prelaz du royaulme et grant partie dez barons, du saint voiage d'oultremer. Et prist le roy de France la croix, et mont grant multitude de barons et du peuple du royaulme de France, à aller en la sainte terre d'oultremer, present le duc de Breban, Philippe le roy de Navarre, le duc de Bourgongne, le duc de Bourbon, et plusieurs aultrez[2] qui aussi se croiserent, avec grant foison de peuple.

249. — Et le samedi ensuivant ij jours au moys d'octobre, Jehanne la roynne de France eust ung filz, qui tantost mourut, et sans baptesme si comme l'en dist[1].

250. — En ycest an, par plusieurs foiz, les messaigez du roy d'Engleterre en la court par devers le roy de France faisant leur messaige, que le roy de France toute Gascongne avec Normendie et lez leveez et yssues il delivrast paisiblement au roy d'Angleterre[1].

251. — En icest an, le merquedi xij jours au moys de janvier,

---

247. — 1. 22 septembre (Saint Mathieu, le mardi 21). C'est cette date du 22 que portait l'épitaphe de la duchesse de Limbourg (Du Breul, p. 524).

248. — 1. Pierre Roger, né dans le Limousin, d'abord moine de la Chaise-Dieu, abbé de Fécamp en 1326, évêque d'Arras en 1328, archevêque de Sens en 1329 et de Rouen en 1330, cardinal en 1337, pape sous le nom de Clément VI en 1342, mort en 1352.

2. Le Contin. de Nangis, II, p. 134, ne cite que Philippe de Valois et le patriarche de Jérusalem (Pierre de la Palu).

249. — 1. « Jean, mort en bas âge, le 2 octobre 1333, ainsi que le porte une inscription qui est dans le chœur des religieuses de Poissy » (P. Anselme, I, p. 103).

250. — 1. Rien, dans Rymer, ne concerne cette ambassade.

maistre Raymont Cirault, jadiz maistre monnoier du roy, que pource que il avoit deceu le roy au fait de la dicte monnoie[1], et le quel avoit esté prisonnier au Chastelet de Paris, en la prison où il estoit, si comme l'en dist, comme desesperé, de son braieul[2] se estrangla. Et pour ce, le jeudi ensuivant, fut traynné, et au gibet de Paris penduz[3].

252. — Aprez ce en icest an, le conte de Flandrez et le duc de Breban [se combatirent] à grant assemblée de gens d'armez[1], et fut en karesme[2]. Et en l'aide du duc estoient Philippe le roy de Navarre et conte d'Evreux, Charlez son frere conte d'Estempez[3], Charlez conte d'Alenchon frere du roy de France, et plusieurs aultrez ; et prindrent d'une part et d'aultre triefvez, et puis firent paix[4].

*L'AN M. CCC. XXXIIII.

253. — *En l'an de grace[1] m. ccc. xxxiiij, merquedi premier jour de juing, Philippe de Moustiers, maistre escuier du roy[2], qui, par xxxvj ans ou environ, avoit tant servi le conte de Valloiz comme le roy Philippe son filz, pour plusieurs larrecins faiz

---

251. — 1. Raymond Syran (Voy. paragraphe 195) était maître des monnaies dès 1329. Ordre de l'arrêter fut donné au sénéchal de Carcassonne le 19 mai 1332, et, le 4 juin suivant, d'instruire son procès (Registre $\frac{X\,2A}{3}$ des Arch. nationales, f°s 150 et 152).

2. *Braieul*, ceinture.

3. Les *Grandes Chroniques* et le Contin. de Nangis ne disent rien de Raymond Syran. La *Chronique française de G. de Nangis* porte seule cette mention laconique : « Et cel an xxix, fist le roy nouvelle monnoye par Raymon de Bedicis, qui puis comme desperé se pendi » (Ms. Fr. 17267, f° 124 r°).

252. — 1. Le comte de Flandre disputait au duc de Brabant l'avouerie de Malines.

2. Entre le 9 février et le 26 mars 1334, n. st.

3. Charles d'Évreux, second fils de Louis Ier.

4. Une sentence arbitrale fut rendue, sur une partie seulement des difficultés soulevées, par Philippe de Valois, le 27 août 1334. Le 31 mars 1336, v. st., les deux adversaires convinrent de posséder en commun l'objet du litige (*Art de vérifier les dates*, IV, p. 198).

253. — 1. Pâques 1334, le 27 mars.

2. « Philippes des Moustiers fut garde du séjour, puis premier écuyer du corps et maître de l'écurie du Roi depuis le 1er août 1330 jusqu'au 5 mars 1333 » (P. Anselme, VIII, p. 466).

au roy de ses chevaux de sejour[3], les quieux iceluy escuier disoit estre mors, et il lez vendoit, et pour plusieurs injurieuses parollez qu'il avoit dictez du roy et de la roynne, c'est assavoir, à ung menger qu'il fit, il dist à ceux que il avoit semons à disner avec luy, et les quieux il cuidoit qu'ilz fussent ses amys, en ceste magniere : « Ceste roynne est une mauvaise fame[4], et je sçay bien par qui m'en vouldroit croire que elle et le roy seroient departis; et il seroit bon à faire. » Et ces parolles dictes ainssi tantost furent rapportées au roy et à la roynne de ceux à qui il les avoit dictes, qui avoient disné avec luy. Et pour ce, du commandement du roy, fut iceluy Philippot de Moustiers tantost prins et emprisonné; et luy demanda l'en compte dez chevaux du sejour, le quel il rendi honteusement, car il avoit tousjours compté les chevaux du roy pour mors, et il les avoit venduz et l'argent recheu, et les aultrez il les faisoit traire et labourer en ses heritages, et les aultrez donnoit. Et encore d'abondant, luy emprisonné, en la presence des sergens qui le gardoient, dist le meschant ainssi : « Adecertez cest Arragonnoiz[5] me veult destruire aussi qu'il a destruit lez aultrez[6]. » Et pour ces choses, du commandement du roy, le dist merquedi premier jour de juing bien matin, au commun gibet des larrons fut, à tout sa chemise et ses braies, au plus hault penduz.

254. — *L'an mil. ccc. xxxiiij, messire Naynli, prestre[1], et frere Henry, prestre, moynne de l'ordre de la Trinité, curé d'eglise[2], seyvans mons. Robert d'Artoiz, se partirent hors de la conté de Namur, ung poi aprez la Pasque l'an dessus dit, du service du dit mons. Robert, et par lez espieurs du roy de France furent pris et saisis, et à Paris au Temple amenez; et illec, par

---

3. L'hôtel dit du séjour du Roi, qui ne servait cependant qu'à faire séjourner ses chevaux, était situé près de l'église Saint-Eustache (Lebeuf, I, p. 108).

4. Voir, dans le même sens, la *Chronique de P. Cochon*, p. 59, et la *Chronique des quatre premiers Valois*, p. 17.

5. Allusion au titre de roi d'Aragon, qu'avait porté momentanément le père de Philippe de Valois par don du pape Martin IV en 1283.

6. Robert d'Artois, par exemple.

254. — 1. Naynli, plus loin Naynmy. Les copistes ont défiguré ainsi le nom de Jehan Aimery, prêtre du diocèse de Liège.

2. Frère Henry Sagebien ou Sagebran, religieux Trinitaire et « curé Droge-église (*curatus ecclesie de Brussica, diocesis Leodiensis*). » — Tout

devant mons. Guy Baudet, doyen de Paris, jadiz official de ce lieu[3], commissaire de l'evesque[4] de Paris Guillaume de Chenac, mons. Guy Chevrier[5], maistre dez comptez du roy, Jehan de Milon[6] et Nicholle de Buchet[7], tresorier du roy, maistre Jehan de Savoye[8] et maistre Jehan Salembien, tabellions de Romme, confesserent que le dist mons. Robert, depuis qu'il se fut departis de France, estoit en la conté de Namur, et estoit tousjours en maisons de fortresses et au chastel de Namur plusieurs fois; et là estoient mont de son acointance et familiarité plusieurs dez nobles du pais, et entre lez aultrez mons. Hue des Jardins[9] et l'advoué de Huy[10], chevaliers. Et l'an m. ccc. xxxiij, mons. Robert en tapinage, contre la voulenté des diz chevaliers, vint en France à sa fame; et n'y demoura, que en allant que en venant que en sejournant, que xv jours, et puis s'en retourna arriere en la conté de Namur, car la contesse de Namur estoit sa seur[11]. Et lors luy dist le dist advoué que sa fame la contesse de Biaumont

---

ce que relate le chroniqueur est tiré de la déposition de ce moine; celle de Jehan Aimery roule tout entière sur les sollicitations qui lui furent adressées, de la part de Robert d'Artois, pour baptiser un *voult*.

3. Guy Baudet, doyen de Paris de 1331 à 1336, chancelier de France en 1334, évêque de Langres en 1336. Il n'est pas nommé dans les registre et ms. précités, mais bien l'évêque de Paris lui-même.

4. Ms. A : de *leur* evesque.

5. Ms. A : Guy Chlr ; mais plus loin et mieux : Guy Chevrier.

6. Alors trésorier. Voir la fin du paragraphe.

7. Nicolas Buchet, Beuchet ou Behuchet, avait été maître des forêts dès 1328 et l'était encore en 1330 (Registre $\frac{X\ 2A,}{3}$ f° 135 v°, Arch. nat.); il devint maître des Comptes en 1338 après la mort de Guy Chevrier, puis amiral (Voy. *Actes normands de la Chambre des comptes*, p. 182, 190 et 259). Le ms. U. 41 de Rouen, f° 121 r°, le dit natif du Mans, et M. Siméon Luce d'origine normande (Froissart, I, ccxvii).

8. Ms. A : Jehan de Savoye, *tabellion*. Le registre U 787 et le ms. Leber désignent ainsi les deux notaires apostoliques : *Johannes Ruſl de Cruce, clericus Lausanensis diocesis, et Jacobus Frassus, clericus Mediolanensis diocesis.*

9. Lancelot (*Mém. de l'Acad. des Inscriptions*) ne parle pas de ce personnage, mais les registre et ms. précités en font mention.

10. Gautier.

11. Jeanne de Valois, sœur consanguine de Philippe VI, avait épousé Robert d'Artois en 1318. — Quant à la sœur de Robert, c'était Marie d'Artois, troisième fille de Philippe d'Artois, laquelle avait épousé, en 1309, Jean de Flandre, comte de Namur, dont elle était veuve depuis 1331.

luy avoit fait perdre lez honneurs de France, et après luy feroit
perdre le corps se il ne se tenoit en paix. Et luy demanderent
lez diz chevaliers se il cuidoit avoir sa paix par devers le roy [12];
et il leur respondit que ouyl, et que il luy venoit en avision plusieurs foiz qu'il avoit sa paix par menues gens. Et lors le dist
mons. Hue des Jardins et plusieurs aultrez chevaliers et escuiers
de l'Empire luy disrent que ilz feroient une chevauchie en France
pour luy, et il leur respondi que il n'avoit pas conseil de ses
amys de France de ce faire. Et toutesfoiz à Rains et à Laon furent
lez diz chevaliers et escuiers, et gens forjugiez [13] comme banniz, et
entrerent dedens le royaulme. Quant l'advoué le sceult, si leur
manda que ilz s'en retournassent, et ilz s'en retournerent [14]. Et par
tout le temps dessus dit, le dist mons. Robert n'aqueilloit entour
luy ne n'avoit cure de nulles gens que il cuidoit qu'ilz se sceussent
aider d'experimens [15] et de voulz [16]; et en eust entour luy qui luy
firent plusieurs voulz et breveiz [17] pour la roynne de France,
pour le roy et pour leur filz enorter à faire mourir. Et n'eurent
point d'effait, car ceux qui s'en mesloient ne s'en savoient pas
bien entremeitre. Et aussi disoit le dit mons. Robert que la roynne
en avoit fait faire ung pour luy, pour le quel ses amys de France
luy avoient envoié, si comme il disoit. Et avec ce dist le dist mons.
Robert que le roy n'eust jà esté roy de France se n'eust il esté, et

---

12. Ms. A : Et par luy. — D'après les pièces du procès, la question fut
adressée à Robert par Berthelot, valet de l'avoué de Huy qui l'avait placé
auprès du comte de Beaumont.

13. Contumaces.

14. Pour s'excuser de ne pas prendre part à l'expédition, l'avoué de Huy
avait objecté qu'il était trop connu en France, « ayant servy mons. le duc
de Breban au tournoy » qui avait suivi le mariage du fils de celui-ci
(paragraphe 234), ajoutant : « Et à celle fois me donna le roy une couppe »
(Voir paragraphe 229).

15. Essais de maléfices, sortilèges ; sens omis dans les glossaires.

16. Voult. « C'est une image de cire que l'on fait pour baptiser, pour
grever ceux que l'on veut grever » (Paroles citées de Robert d'Artois). On
croyait qu'en perçant cette image avec une aiguille, on blessait mortelle-
ment, en même temps, la personne figurée.

17. Mot encore omis dans les glossaires : « Dit messire Robert à Frère
Henry : L'on m'a fait sçavoir de France qu'on a fait sur moy grief escrit
pour mettre sur mon chief; et tant que je les auray sur mon chief, je dor-
miray si fort que l'on me prendroit tout dormant là où l'on voudroit.....
Ces brieves..... » (Ms. Leber.)

qu'il luy en rendoit mal guerredon ; et que, se il avoit tué le roy
à Paris, ceux de Paris luy aideroient plus tost que aù roy ; et
que, se il avoit mestier d'argent, il avoit à Paris telz deux bourgoiz qui luy presteroient encore xx^u livres[18] ; et que ceux de
Paris l'amoient bien. Adonc luy dist le dit advoué qu'il ne se
fiast pas en telz cuidiers, ne qu'il ne dist pas telles parolles, car
nul bien ne luy en pourroit advenir. Et dist le dit mons. Robert
que il amoit mieux à tuer le deable que le deable si le tuast[19] ; et
qu'il ne haioit en France que le roy et la roynne et leur filz, le
conte de Bar, le chancelier[20], et Forget le tresorier[21] ; et que, se
le roy estoit mort, il seroit encore au royaulme de France gregneur
homme qu'il ne fut oncques, et que la roynne estoit une deablesse.
Et par tout le temps dessus dit, le dist mons. Robert estoit si
luxurieux que à poi qu'il ne perdist son membre[22] ; et en fut
malade à Namur, et illec fut gueri d'une fame. Et avoit tousjours
grant quantité de fleurins et d'argent ; et n'estoit tousjours que en
maisons de fortresses et de deffence ; et en la place où il gesoit, et
faisoit faire son lit une nuit, il y gesoit, et le faisoit faire l'autre
nuit en ung aultre lieu. Et ces choses confesserent les diz mons.
Naynmy et frere Henry, au Temple à Paris, en la presence de
l'archevesque de Senz[23] et de l'archevesque de Rouen appellé
maistre Pierres Rogier, Charlez le conte d'Alenchon frere du roy,
l'evesque de Paris, Guy Baudet doyen de Paris, commissaire du
dist evesque, à ce lez tresoriers de France le dist Millon et Nicholle
Buchet[24], mons. Guy Chevrier maistre des comptez, le prevost
de Paris Pierres Belagent[25], et plusieurs aultrez, au moys de
juillet l'an xxxiiij[26].

---

18. « Tels cent bourgeois qui me aideroient chacun de mil livres »
(*ibidem*).

19. « Estrangler le deable que le deable m'estranglast » (*ibidem*).

20. Guillaume de Sainte-Maure, décédé le 24 janvier 1335, n. st.

21. Sire Pierre Forget (P. Anselme, III, p. 22).

22. Cette phrase, d'une crudité singulière dans la bouche d'un religieux,
ne se retrouve pas dans U. 787, non plus que dans le ms. Leber, mais
seulement l'équivalent.

23. Guillaume de Brosse, mort en 1338.

24. Ms. A : Brichet.

25. Il était encore prévôt de Paris en 1339. Conseiller du roi en 1331, il
est qualifié chevalier et lai-maître des Comptes en 1346.

26. L'interrogatoire copié dans le Registre U. 787 et dans le ms. Leber
est daté du 31 janvier 1335, n. st. ; il semble qu'il y en avait eu d'autres et

255. — Et ces choses publiées en plaine salle, en l'ostel du roy au Pont-Saint-Messant [1], et venu à la congnoissance dez bourgoiz de Paris tantost de ce que mons. Robert avoit dist de Paris, s'en allerent excuser par devers le roy moult humblement, en disant qu'il ne crust pas telz parollez que Paris eust nulle amour à luy [2] puis qu'il estoit ennemy du roy, et que avec le roy voulloient il vivre et mourir, et se metoient du tout en son aide [3].

256. — En cest an xxxiiij, Louys de Biaumont, ainsné filz de mons. Robert, mourut [1].

257 [1]. — En cest an [2], Jehan duc de Bretaigne, c'est assavoir

---

que notre chroniqueur a eu sous les yeux le premier ou l'un des premiers interrogatoires, antérieur de six mois à celui que nous avons lu et sur lequel s'est appuyé Lancelot ; de là, avec des similitudes partielles très grandes, quelques différences dans la teneur des dépositions, et d'autres dans l'indication du lieu de l'interrogatoire ainsi que des noms des assistants et des notaires.

255. — 1. Pont-Sainte-Maxence (Oise).

2. A Robert d'Artois.

3. Faits inédits.

256. — 1. Le P. Anselme constate uniquement que Louis vivait en 1326. L'*Art de vérifier les dates*, III, p. 304, qui fait de lui le cinquième fils de Robert, dit seulement qu'il mourut jeune. La *Chronique des quatre premiers Valois*, p. 2, ne donne que trois fils à Robert d'Artois..... « le tiers Louis, qui gist aux Jacobins à Rouen. »

257. — 1. Dans le ms. A, les dix-sept paragraphes ci-après se suivent, et dans cet ordre : 264, 265, 266, 267, 268, 269, 270, 271, 272, 261, 257, 258, 259, 260, 262, 263 (ici sont intercalées les variantes que nous donnons en note sous les paragraphes 264, 265 et 270), et 273. L'ordre chronologique vrai nous a forcé de les transposer, par les motifs suivants : les faits racontés dans les paragraphes 257 à 260 sont certainement de l'année 1334, et non de 1335 comme le laisserait croire l'ordre indiqué. Le paragraphe 261 porte en lui-même la preuve qu'il doit être rangé sous cette première année, la fête de l'Annonciation étant tombée un samedi en 1334, v. st. seulement (un lundi en 1335, v. st.). Les paragraphes 262 et 263, les seuls où soit nommée la fête de l'Ascension 1335 (le 25 mai cette année-là), doivent nécessairement précéder le paragraphe 264, qui se réfère à une énonciation antérieure de cette fête (*la dicte* Ascencion). Nous laissons les autres paragraphes rangés dans l'ordre relatif qu'ils occupent au ms. A. — Dans le ms. B, on passe du paragraphe 240 aux paragraphes 270, 257, 258, 259 et 273 abrégés, rangés dans l'ordre où nous les présentons ici, ordre qui prouve que la transposition de ces paragraphes était ancienne et qu'elle existait dans le manuscrit copié par le transcripteur de B, comme dans celui copié par Raveneau.

2. Ms. B : Ou dit an [1335].

au moys de juing et de juillet, fut en Engleterre, et du roy
d'Engleterre fut honnourablement recheu, et adonc de la conté
de Richemont au roy d'Engleterre fist hommaige[3].

258. — En cest an vraiement[1], fut grant planté de blefz et de
vins, et très grande mortalité de gens tant en Languedoc, en
Thoulouse, en Caours[2], en Avignon, en Gascoigne, et comme en
France et ailleurs[3]. Et commencha ceste mortalité environ la
Penthecouste, et dura environ la saint Andrieu ensuivant[4].

259. — [*]Et en ycest an[1], jour de feste saint Nicholas d'iver[2],
en la cité de Avignon en Prouvence, pappe Jehan mourut. Aprez
le quel incontinent[3] [fut] pappe Benedic le xij[e], qui, avant ce que
il fût esleu, avoit nom mons. Jaques et en nom de baptesme, et
estoit le cardinal blanc pour ce qu'il estoit de l'ordre de Citeaux[4].
Et, si comme il le proposa en son sermon, avoit esté filz à ung
peletier; et fut nez ice pappe Benedic en la cité de Thoulouse[5].

260. — En ycest an[1], si comme l'en dist, Jehan le duc de Bretaigne, pour aucun debat qui entre ses hoirs s'esmut à ce que
chacun voulloit avoir sa partie, et pour ce que yceluy duc n'avoit
nul hoir de son corps, vendi sa duché de Bretaigne, si comme l'en
dist, au roy de France. Maiz aprez ce, si comme l'en dist, par le
conte de Montfort, frere au dit duc, et aultrez qui le contredirent,
le marchié fut fait nul et du tout mis à noient.

261. — En cest an, en ung samedi jour de feste Nostre Dame
en mars[1], ung homme et une fame avec une aultre fame, donc le

---

3. Jean III succédait, dans le comté de Richemont, à son oncle, Jean de
Bretagne, mort sans postérité le 17 janvier 1334, n. st. — V. Rymer, II,
3ᵉ et 4ᵉ parties, p. 113 et 116, aux 24 mai et 4 juillet 1334.

258. — 1. Ms. B : En celui an [1335].

2. Cahors, Quercy.

3. Voy. Contin. de Nangis, II, p. 142, sous l'année 1334.

4. La Pentecôte, le 15 mai 1334. La Saint-André, le 30 novembre.

259. — 1. Ms. B : Ou dit an m. ccc. xxxv.

2. Le 6 décembre (1334). Jean XXII mourut l'avant-veille.

3. On rapporte au 16, au 19, au 20 ou au 21 décembre (ou même au 30,
Ms. U. 41 de Rouen, fᵒ 120 rᵒ) l'élection de Benoît XII (Jacques Fournier).

4. Il avait, quoique cardinal, conservé l'habit blanc des Cisterciens.

5. D'autres le disent fils d'un boulanger de Saverdun au comté de Foix.

260. — 1. Le Continuateur de Nangis, II, p. 144, raconte ces faits sous
l'année 1334.

261. — 1. Voir la note 1 du paragraphe 257. — Le 25 mars, fête de
l'Annonciation de la Sainte-Vierge.

premier avoit nom Jehan de Rie, et Belon sa fame, et la tierce Laurence La Prevoste, niepce de Guillaume Du Doit[2], qui avoient porté faulx tesmoingnage pour le dist Guillaume Du Doit et à la priere d'iceluy Guillaume, en une cause que iceluy Guillaume avoit au Chastelet de Paris contre ung aultre homme appellé Nichole Le Bouiz; chacun des trois faulx tesmoingz, une desguiseure en leurs poitrines devant et au doz desriere, où il avoit ung visaige et une longue langue triant, et chacun une couronne de párchemin en sa teste, furent mis et liés sur iij eschielles dreschiés devant l'uys du dit Chastelet, là où l'on vent lez trippes[3], et apprez d'illec ostez, et menez en une chareite ès halles de Paris, et là mis au pillory, et puis rostez et ramenez au dist Chastelet en prison. Et au ij[e] jour aprez ensuivant furent banniz de la visconté de Pariz. Et le dist Guillaume Du Doit, qui prisonnier estoit au dist Chastelet pour ceste cause, le jeudi absolut ensuivant[4], aux generaux delivrances du dit Chastelet faictes pour la sollempnité de Pasquez[5], à l'ayde de mons. Huguez de Crusy et d'aultres seigneurs de la court du roy, fut eslargi de prison dedens lez portez de Paris[6].

[L'AN M. CCC. XXXV.]

262. — ᵃEn l'an[1] M. CCC. XXXV, pour ce que les personnes cy aprez nommées avoient porté faux tesmoignage pour messire Robert d'Artoiz, c'est assavoir Sohier de Leonichie, Jehan Le Blont, Girart l'Alogeur et Guillaume Coffin[2], en sourpeliz ou en

---

2. Un Nicolas Du Doit fut l'un des fondateurs de la confrérie établie en 1350 dans l'église de Saint-Jacques-de-l'Hôpital (*Mém. de la Soc. de l'Hist. de Paris*, I, p. 214).

3. D'où la rue de la Triperie, entre la Boucherie et le Châtelet (*Paris sous Philippe le Bel*, p. 264).

4. Le jeudi saint, 13 avril 1334, v. st.

5. Ces grâces étaient cependant accordées, dit-on, le vendredi saint, et non la veille.

6. C'est ce que le chroniqueur appelle, dans le paragraphe 27, la large prison.

262. — 1. Pâques 1335, le 16 avril.

2. Sohier de la Chaucie ou Chaucée, sergent du roi en la prévôté de Beauquesne, qualifié ailleurs d' « escuyer, de la paroisse de Houdain en la conté d'Artois, » — Jehan Le Blont, clerc du bailli de Sens. — Girart l'Alogeur, ou Guerart de Juvigny ou de Soissons, ollogeur ou orlogeur (horloger), demeurant en l'hôtel du roi au Louvre. — Guillaume Coffin (notre chronique seule lui donne ce nom) ou de la Chambre, ci-devant

costes [3] de toilles blance, et en leurs poitrines et au doz desriere avoient testes paintez traians de leurs bouches une longue langue rouge, et avoient yceux iiij tesmoings chacun une couronne de parchemin en sa teste [4], furent par devant le peuple, en la presence de Jehan de Milon, tresorier, mons. Hugues de Crusy, chevalier, maistre Simon de Bucy [5], procureur du roy, et aultrez plusieurs familiers du roy, mis et tournés au pillory, ès halles de Paris, le samedi xx jours au moys de may, le quel samedy fut devant l'Ascencion [6].

263. — Et le dimence ensuivant, xxj jour de may, une damoiselle qui estoit appellée damoiselle Jehanne des Quesnes [1], pour le fait des faulses lettres de quoy mons. Robert d'Artoiz s'estoit voullu aidier à avoir la conté d'Artoiz, et pour ce que elle avoit pourcaché faulx tesmoing pour le dit mons. Robert pour la dicte conté, devant grant foison de peuple de Paris, en la presence des dessus·nommés, fut arse en la place des Pourceaux, iij ans et v sepmaines après ce que la dicte damoiselle de Divion, sa maistresse, fut arse [2].

264. — Et en cest an m. ccc. xxxv, en l'abbaie royal de Nostre-Dame-de-Maubuisson delez Ponthoise, là où grant et merveilleux appareil et coustement estoit fait de preaux, de treilles, de pavillons de traillez en ceps de vigne, pour la gesine de la roynne Jehanne fame du roy, le dimenche ensuivant d'après la dicte Assencion, lequel dimence fut xxviij jour du moys de may, la dicte roynne eust ung filz mort-né, aprez le vj[e] filz mort-nez [1] que elle avoit euz.

---

valet de chambre de la femme de Philippe le Bel, demeurant à Saint-Germain-en-Laye.

3. Ms. A : ou en *en* costes.

4. Voir l'arrêt du 13 mai 1335, cité par Lancelot.

5. Président en la grand'chambre du Parlement en 1344, chevalier et conseiller du roi en 1347.

6. L'Ascension, le jeudi 25 mai 1335.

263. — 1. Jeannette Desquenes ou de Charennes ou Dupré était damoiselle ou meschine (servante) de la Division. — D'après Lancelot, elle aurait été condamnée le samedi 20, et brûlée le jour même.

2. Ici notre chroniqueur, dans sa passion pour les rapprochements de dates, s'est trompé (si l'erreur n'est pas imputable à ses copistes) : il y eut trois ans sept mois et quinze jours d'intervalle entre les deux supplices (Voir paragraphe 226).

264. — 1. Ce mot « mort-nez » ne se retroùve pas dans la variante ci-après, que le ms. A renferme à la suite du paragraphe 263 : « En cest

265. — En cest an, en la sepmaine devant la feste de la Nativité saint Jehan-Baptiste[1], commencha l'en, au jardin du palaiz
de Paris, à faire traillez, preaux et pavillons, aussi comme l'en
avoit fait en l'abbaie de Maubuisson ; et fut ce fait, du commandement du roy, pour la gesine de dame Bonne[2], fame mons. Jehan
de France, et pour le demourer[3] aussi du dit mons. Jehan[4].

266. — Et en ycest an, en la court du palaiz de Paris, le desrain
jour de moys de juillet, maistre Pierres Rogier, archevesque de
Rouen, prescha, devant le roy et devant grant quantité de peuple,
du saint passage, et, entre lez aultrez choses, — pour ce que le roy
Philippe le Grant qui mourut à Longchamp et le roy Charlez
avoient enconvenanché à f[air]e aux messagiers dez Escoz que il
leur feroient aide et confort contre lez roys d'Engleterre, et pour
ce que le roy d'Engleterre avoit desherité ung gentilz homme qui
estoit à hostel au Chastel de Gaillart, le quel homme appellé David
de Bruis[1], filz Robert de Bruis jadiz gouverneur, coagiteur et
roy d'Escoce, le quel David avoit espousé la seur au roy d'Engleterre, — que le roy de France, comme qui ne leur eust riens
enconvenancié, maiz pour acomplir lez faiz de ses devanciers lez
diz roys de France, aideroit au dit David de vj^x hommez d'armes
à le convoier et meitre dedens sa terre [d']Escoce, non pas que ce
fût, si comme le dist archevesque disoit en son sermon, que ce

---

an, en l'abbaie royal Nostre-Dame-de-Maubuisson delès Ponthoise, fist
l'en grant jardin et praeries de pavillons et de treilles, où il avoit ceps de
vigne, pour la gesine de la roynne Jehanne de France, la quelle, le dimence
ensuivant d'aprez ladicte Ascencion, le quel dimence fut xxvij jours audit
moys de may, ladicte roynne eust ung filz mort-nez aprez le vj° qu'elle
avoit euz. »

265. — 1. Saint-Jean-Baptiste, le samedi 24 juin 1335.

2. Ms. A : bonne dame.

3. Jean de France avait été gravement malade à Taverny depuis la
mi-juin (Contin. de Nangis, II, p. 145).

4. Le ms. A fournit encore cette variante, à la suite de celle que nous
avons reproduite en note du paragraphe 264 : « Et en cest an, la sepmaine
devant la feste de la Nativé saint Jehan-Baptiste, commencha l'en à faire,
au jardin du palaiz de Paris, toute itelle prarie comme l'en avoit fait en
ladicte eglise de Maubuisson ; et furent toutes ces praries faictes du commandement du roy de France. »

266. — 1. David Bruce avait quitté l'Écosse en 1332, quand Édouard III
eut placé sur le trône son compétiteur, Édouard de Baillol, fils de Jean.
Philippe de Valois lui avait donné pour résidence le Château-Gaillard.

fust contre le roy d'Engleterre[2] ne que le passaige d'oultremer en fût retardé.

267. — Et estoit lors le roy d'Engleterre, à grant et infeni host, bien parfont en la terre d'Escoce; et vainqui à la bataille lez Escoz[1]. Incontinent Philippe le roy de France, ennormant[2] la partie d'Escoz, contre loyaulté et en tapinage, envoia aux Escoz par mer ij^u hommes garnis d'armeures, de blefz et de lars, et d'aultre vitailles; et se mirent en mer à Lescluse en Flandrez, et y avoit environ bien xx nefz; et tantost dez gens d'Engleterre, c'est assavoir dez pors, furent prins et saisis, et leurs testes couppées sur lez boutz des nefz; et leurs nefz avec les vitailles et lez garnisons en amenerent en Angleterre[3].

268. — En cest an, pour lez pourcessions que les gens de Paris faisoient pour prier à Dieu pour la santé du filz du roy, mons. Jehan de France, le roy donna à la ville de Paris x^u livres de la taille que ycelle ville debvoit au roy pour la feste de la chevalerie[1] du dit mons. Jehan. Et fut cest don fait au moys de juillet[2].

269. — Après en ycest an, au moys de septembre, pour le voiage d'oultremer, la dicte ville octroia au roy l'aide que il demandoit pour ledit voiage, c'est assavoir, de lors jusques à iiij ans, de xl^u lb. à cueillir tantost comme il se mouveroit à aller oultre mer[1].

270. — En cest an m. ccc. xxxv, furent beniz les hostieux[1] de

---

2. Cette casuistique paraît assez peu goûtée du chroniqueur.

267. — 1. En 1334, les Écossais avaient forcé Édouard de Baillol à se réfugier à Carlisle. Au printemps de 1335, Édouard III pénétra jusque dans les provinces septentrionales de l'Écosse. Puis, le comte d'Athol, laissé par lui comme gouverneur, ayant été tué, il fit, en 1336, une quatrième expédition où il exerça de grands ravages (Rapin Thoiras, I, p. 374).

2. *Ennormant*, mot inintelligible. Peut-être l'original portait-il *ennarmant* ou mieux *enarmant*, armant, fortifiant, ou bien *ennortant*, encourageant, ou plutôt encore *en nourrissant la partie d'Escoz* (Voy. paragraphe 95).

3. Faits racontés par notre chroniqueur seul.

268. — 1. Cette aide était, comme on le sait, une des quatre dues à tout seigneur, et qu'on appelait aides chevels.

2. La guérison de Jean de France était antérieure au 7 de ce mois (Continuateur de Nangis, II, p. 147). — Ces faits sont inédits.

269. — 1. Faits pareillement inédits. — M. Hervieu, *Recherches*, p. 200, cite une obligation analogue prise par la ville de Niort en février 1336, n. st.

270. — 1. Ms. B : les auteulx.

l'ospital Saint-Julien [2], assis à Paris en la grant rue Saint-Martin, dedens lez murs; et y commencha l'en à chanter la première messe, et y furent deux cloches penduez au clocher, le dimenche jour de feste [3] saint Remy, premier jour du moys d'octobre; le quel hospital lez jugleurs fonderent aprez la feste et joustez que les bourgoiz de Paris firent en la cousture Saint-Martin en l'an mil ccc. xxx [4].

271. — Et en cest an m. ccc. xxxv, le vendredi [1] au soir, vigille de la Typhaine, xvj boulengiers amenoient le pain à Paris de Corbeul [2] par yaue en leurs bastiaux; par ung soufflememt de vent, qui en celle nuit se leva, furent en Sainne noiez.

272. — Et l'endemain qui fut jour de samedi, jour de la Typhaine, environ heure de vespres, une estoille du ciel fut veue et congneue de mont de gens de Paris et ailleurs [1].

[L'AN M. CCC. XXXVI.]

273. — 'En l'an [1] m. ccc. xxxvj, fist grant seicheresse en l'esté, et en alerent les pourcessions; et fut le Lendit en la gregneur partie tout ars, especialement la draperie et la baterie (donc plusieurs marchans cheirent en povreté), espicerie, telles, pelleterie, et aultrez marchandisez [2]. Et fut ceste douleur au Lendit le vendredi aprez la beneichon [3], xvij ans aprez ce que plusieurs drape-

---

2. Saint-Julien-des-Ménétriers. Sur la fondation de cet hôpital, voir Du Breul, p. 990.

3. D'après Du Breul, p. 994, cette première messe aurait été chantée le dimanche avant la Saint-Remy, 24 septembre 1335.

4. La première acquisition faite par les fondateurs est du 7 octobre 1330. — Voir paragraphe 212. — Le ms. A renferme encore cette variante, qui fait suite à celle rapportée en note du paragraphe 264 : « En cest an furent beneiz les hosticux de l'ospital Saint-Julien, assis à Paris, en la grant rue Saint-Martin ; et y fut la première messe chantée, à ij clochez penduez au clocher, le dimence jour de feste saint Remy, premier jour d'octobre, le quel hospital fonderent les jugleurs l'an devant nommé xxx. »

271. — 1. 5 janvier 1336, n. st.

2. Corbeil.

272. — 1. Les autres chroniqueurs ne disent rien de cette étoile.

273. — 1. Pâques 1336, le 31 mars.

2. Dans le ms. B, les mots « donc plusieurs marchans cheirent en povreté » suivent le mot « marchandisez. »

3. La bénédiction était donnée par l'évêque de Paris venu en procession avec son clergé. Le vendredi qui la suivit, en 1336, tomba le 14 juin (Conf. Cont. de Nangis, II, p. 153). Ce fut à la suite de l'incendie de 1336

ries, la nuit de la feste de la Nativité saint Jehan-Baptiste, furent arses[4].

274. — Après ce, en icest an, le lundi premier jour de juillet, au Bois-de-Vincennes, Jehanne la roynne de France eust ung filz, qui eust à nom Philippe[1].

275. — En cest an, mons. Hugues de Crusy, jadiz prevost de Paris et tenant aprez le siege en parlement et rendant les arrès, pour plusieurs malefachons que il avoit faictes, tant luy estant prevost comme en parlement[1], et contre lui prouvées, — du commandement du roy à luy baillié inquisiteurs, c'est assavoir mons. Jehan Mouton[2] sire de Blainville, Bouchart de Monmorenci sire de Saint-Leup et de Nangis[3], chevaliers, mons. Guillaume de Villiers[4], chevalier, docteur en lays, conseiller du roy, — par jugement, le [deusiesme] dimence d'aprez, la veille[5] de la Magdaleine, à grant compagnie de gens de Paris à pié et à cheval, fut au plus hault du gibet de Paris, en une robe de pers[6] et en ses chausses et souliers, fut penduz.

276. — Aprez ce, la roynne de France, qui de Philippe son filz gesoit au Boiz-de-Vincennez (où grant appareil avoit à grant machonnerie de galleries et de pavillons qui y estoient mis, et y

---

que la foire fut transférée sur le territoire même de la ville de Saint-Denis (Voir Sauval, *Antiquités de Paris*, I, p. 667).

4. Voir paragraphe 32.

274. — 1. Le ms. B ajoute : qui fut après duc d'Orliens. — Philippe fut, en effet, duc d'Orléans et de Touraine, et comte de Valois; il mourut en 1375, sans enfants légitimes (Voir paragraphe 173, note 2). Le Continuateur de Nangis le fait naître le 2 juillet, et le ms. latin 4641 B de la Bibl. nat. à la Saint-Jean-Baptiste.

275. — 1. Ms. B : et depuis président en parlement..., tant lui estant prevost comme président.

2. Jean II de Mauquenchy dit Mouton, seigneur de Blainville (Seine-Inférieure). Il avait été sénéchal de Toulouse de 1298 à 1316, et mourut après 1344.

3. Bouchard II de Montmorency, seigneur de Saint-Leu, de Nangis-en-Brie et de Deuil, grand panetier de France, — ou Bouchard III, seigneur de Saint-Leu, de Nangis et de la Houssaye, conseiller et chambellan du roi, inquisiteur sur les eaux et forêts. Le P. Anselme dit seulement que le premier « vivait encore le 31 décembre 1333. »

4. Dominus G. de Villaribus, cité dans des ordonnances de 1335 et 1341 (*Recueil*, II, p. 104 et 172).

5. Le 21 juillet était le deuxième dimanche d'après (la naissance de Philippe de France, lundi 1er juillet).

6. Ms. B : en une cotte de pers. — Plusieurs des détails fournis par ce paragraphe le sont par notre chronique seule.

avoit l'en fait grant logeis pour faire grant feste le dimence aprez
cez relevailles, lequel dimence fut devant la saint Laurens,
iiij jours au moys d'aoust, xv jours aprez la mort mons. Hugues
de Crusy, ung grant orrage qu'il fist le samedi precedant, iij jours
au dit mois d'aoust, et fut de pluye, de vent et de grosses pierres [1]
qui chairent du ciel, donc il eust si grant tourment au Boiz que
lez dictes galleries, loges et pavillons chairent à terre, et y eust
plusieurs ouvriers qui les faisoient mehaingniés), et non obstant
ce, la dicte roynne fist grant feste le dit dimence; et y eust bien
L bourgoiz de Paris que elle y fist semondre à y venir; et y furent
en robes de vert cendal, et si avoit chacun ung chappeau d'or sans
couronne en sa teste.

277. — Après ce, en icest an, Charlez conte d'Estempes, qui
estoit en une guerre que le duc de Bourgongne avoit contre
mons. Jehan de Challon [1], mourut [2]. Et estoit iceluy conte frere
de Philippe roy de Navarre.

278. — Et aprez ce, en icest an, le mardy aprez la feste saint
Berthelemieu, xxvij jours au moys d'aoust, Jehan de Bus, prevost de Mont le Hery [1], pour plusieurs desroberies qu'il avoit
faictes, estant prevost du dit lieu, de pourceaux et d'aultres
choses, et aultrez mallefachons contre luy prouvées et de luy
confessées, fut le dit jour de mardi au gibet de Paris penduz [2].

279. — Aprez ce, lez messaigiers du roi d'Engleterre au roy de
France envoiez, c'est assavoir l'evesque de Duresme et l'evesque
de Vincestre [1], pour la besongne de Gascoingne et de Normendie.

---

276. — 1. Le Continuateur de Nangis ne parle pas de cette chute de
pierres. — Ms. A : le samedi precedant, iiij jours...

277. — 1. Jean II de Chalon. Sa sœur étant décédée en 1333 sans postérité, le comté de Tonnerre lui avait fait retour (Voir paragraphe 235,
note 3).

2. Le comte d'Étampes mourut au siège du château de Pimorain, le 5 septembre 1336, selon le P. Anselme et l'*Art de vérifier les dates*, le 24 août
selon son épitaphe (Corrozet, p. 81).

278. — 1. L'abbé Lebeuf, X, p. 182, ne fait remonter qu'à 1379 l'érection de la prévôté de Montlhéry.

2. Fait inédit.

279. — 1. Richard, évêque de Durham, et Adam, évêque de Winchester, partirent d'Angleterre le 12 juillet et y furent de retour le 29 septembre
(Rymer, II, 3° et 4° parties, p. 149 et 153). D'après leurs lettres de créance,
ils devaient traiter du passage en Terre sainte et de toutes difficultés nées
et à naître entre les deux rois de France et d'Angleterre, sans plus spécifier.

280. — Après ce, en ycest an, Jehanne de Joigny, contesse d'Alenchon, fame Charlez le conte d'Alenchon frere du roy de France, au Boiz-de-Vincennes, le mardi [1] avant la feste saint Michel, mourust; et le vendredi ensuivant, en l'eglise des Freres Mineurs, present son mary, le roy [de Navarre Philippe] et la roynne de France Jehanne d'Evreux [2], et plusieurs aultres, fut honnourablement enterrée.

281. — En ycest an, le premier jour de janvier [1], le roy par son conseil ordena que sa monnoie seroit plus floibe qu'elle n'avoit esté, pour doubte de la guerre de luy et du roy d'Engleterre; et fist faire blanches mailles de viij deniers chacune. Et fut crié que elle eust cours le samedi aprez la Chandeleur en ycest an.

282. — Et en cest an m. ccc. xxxvj, le samedi jour de feste saint Pierre en frevrier [1], au Boiz-de-Vincennes, la contesse d'Estempes [2] eust ung filz, en elle engendré du dessus nommé feu Charlez le conte d'Estempes [3], et du quel filz la dicte contesse estoit enceinte quant Charlez le conte d'Alenchon, de l'octroy son frere Philippe le roy de France, à Paris, à l'ostel du Louvre, espousa. Et le quel filz yceluy roy de France, frere le dit conte d'Alenchon, tint sur fons; et eust nom Philippe [4] en baptesme.

283. — Et le lundi ensuivant [1], iij jours au moys de mars en

---

280. — 1. 24 septembre, — le 2, selon le P. Anselme, I, p. 270. D'après l'*Art de vérifier les dates*, la comtesse d'Alençon serait morte le 21 novembre et aurait été inhumée dans l'hôpital de Joigny, fondé par elle.

2. Jeanne d'Évreux, veuve de Charles le Bel, morte en 1370. La place occupée par les mots « le roy » nous fait croire qu'ils désignent, non Philippe de Valois, mais le frère de Jeanne.

281. — 1. L'ordonnance du 1er janvier 1336, v. st., est au *Recueil*, VI, p. j. C'est la dernière que cite notre chroniqueur, bien qu'il y en ait eu d'autres de rendues sur la matière avant la fin de 1339.

282. — 1. La Chaire de saint Pierre à Antioche, 22 février.

2. Marie d'Espagne, fille de Ferdinand II d'Espagne dit de la Cerda et de Jeanne de Lara. Son contrat de mariage avec le comte d'Alençon fut passé en décembre 1336, suivant le P. Anselme, I, p. 270.

3. Cette *confusion de part* est évidente, puisqu'entre le décès de la première femme du comte d'Alençon, 24 septembre 1336, et la naissance de l'enfant, 22 février 1337, n. st., il s'était écoulé moins de cinq mois. Si l'on accepte la date du contrat indiquée par le P. Anselme, l'enfant serait même né deux mois à peine après le nouveau mariage de sa mère.

4. Ce Philippe serait-il l'évêque de Beauvais, depuis archevêque de Rouen et cardinal, que le P. Anselme donne pour second fils au comte d'Alençon ?

283. — 1. Le lundi suivant le baptême.

cest mesmes an, le devant dist conte d'Estempes, qui en celuy an estoit mort, et enterré comme en garde en l'abbaie de Clugny en Bourgongne, le corps de luy fut apporté à Paris, et en l'eglise des Freres Mineurs, en yceluy jour, le lundi, au pourcas et instance de sa seur la roynne Jehanne d'Evreux, seur du roy de Navarre Philippe, fut honnourablement enterré[2].

284. — Et en yceluy jour de lundi fut l'esclipse du solleil[1].

285. — Et en ycest an, Edouart le conte de Bar mourust en mer[1]; aprez le quel Henry, son filz de la fille Edouart le viel jadiz roy d'Engleterre, fut duc[2].

[L'AN M. CCC. XXXVII.]

286. — L'an M. CCC. xxxvij[1], au moys de juing[2], le conte de Haynnault mourust; aprez le quel Guillaume, son filz, fut duc[3]. Et aussi en ycest an, en la premiere sepmaine de juing, Jehan le conte de Dampmartin mourut[4].

287. — En cest an, en la saison d'esté, Jehan de Marigny, evesque de Beauvaiz[1], Jehan[2] conte de Eu, connestable de France, gouverneurs de l'ost adonc nouvellement commenché pour prendre et saisir Gascongne en la main du roy de France, eux envaissant Gascoigne, debatirent la montaigne que l'en

---

2. Cette inhumation provisoire dans l'abbaye de Cluny n'a pas été connue du P. Anselme, non plus que la date de l'inhumation définitive.

284. — 1. L'Art de vérifier les dates relate cette éclipse.

285. — 1. Le P. Anselme, V, p. 511, dit qu'il mourut « en l'isle de Chypre, en 1336. »

2. Henry IV comte de Bar, mort en 1344. Notre chroniqueur se trompe en le disant né d'une fille d'Édouard I" roi d'Angleterre. Alianor d'Angleterre était son aieule, comme femme de Henry III comte de Bar, mort vers 1301.

286. — 1. Pàques 1337, le 20 avril.

2. Le 7 juin.

3. Ms. A : son filz, mourut. — Guillaume II ne mourut qu'en 1345; il faut donc lire : fut duc.

4. Jean II de Trie, comte de Dampmartin. Le P. Anselme dit seulement qu'il mourut « avant 1338. »

287. — 1. Archevêque de Rouen en 1347, mort en 1351.

2. Raoul. — Il fut envoyé en Languedoc et en Gascogne dès le 23 mai 1337 et en revint le 2 novembre suivant (Chronique Normande du XIVᵉ siècle, édition Molinier, p. 244).

appelle Primerot[3], la quelle ilz prindrent, et en la main du roy
la mirent, avec une aultre petite villéite. Et de là s'en allerent et
mirent le siege entour la ville de Saint-Maquaire[4], où ilz furent
mont longuement; et getoient en la ville à perrieres et à mangon-
neaux, maiz riens n'y faisoient, ne point ne la prindrent. Et en
yceluy host, de la partie du roy de France estoit le conte d'Armi-
nac[5] et le conte de Foiz[6], chacun à tout grant host. Aprez, si
comme l'en dist, bien xl[m] hommes, que de pié que de cheval, qui
dedens Bordeaux estoient, quant ilz virent l'ost de France approu-
cher de leur cité, si yssirent hors et leur demanderent se ilz lez
voulloient rechevoir à bataille, car ilz en estoient tous prestz.
Adonc le connestable leur respondi que nennil. Lors furent
treves données d'un costé et d'aultre. Et estoit Gascoigne bien
garnie de gens. Et s'en revindrent en France le dist evesque et
connestable pour ce que le roy lez manda pour estre avec luy à
Amyens, où entendoit à estre le roy d'Engleterre, qui en Haynnault estoit.

288. — Tantost que l'ost dez Franchoiz s'en fut revenu et trait
arriere, l'ost du roy d'Engleterre, qui tousjours s'efforchoient de
plus en plus à garnir Gascoingne, tout ce que nostre gent avoient
gaigné, excepté la dicte montaigne de Primerot, le demourant
prindrent arriere et mirent en la puissance du roi d'Engleterre,
avec ung chastel du roy de France[1] qui oncques mais n'avoit
esté au roy d'Engleterre; donc Arnault de Miremonde[2], chaste-
lain d'iceluy, qui le rendi aultrement que bien si comme l'en
dist, à Paris, par jugement, le samedi[3] vigille des Brandons, en

---

3. Puymirol (Lot-et-Garonne, arrondissement d'Agen). Cette place capi-
tula le 17 juillet 1337 (*Ibidem*, p. 208). On sait que *puy* est synonyme de
montagne.

4. Le siège de Saint-Macaire (Gironde) durait encore le 24 juillet 1337
(*Ibidem*, p. 209). — Sur les diverses causes de la guerre, voir une note de
MM. Molinier, p. 242.

5. Jean Ier comte d'Armagnac, mort après 1361.

6. Gaston II comte de Foix, mort après 1339.

288. — 1. Parcoul (Dordogne, arrondissement de Ribérac; *Paracolum*,
dans le Contin. de Nangis, II, p. 157).

2. Les *Grandes Chroniques* le nomment Ernaut de Miraude ou Mirande,
le Cont. de Nangis Renaldus de Normannia, et le ms. latin 4641 B de la
Bibl. nat. Arnault de Normandie. Ce même ms. dit qu'il était neveu de
l'évêque de Saintes (cet évêque était Thibaud de Chastillon).

3. 8 mars. Les autres chroniqueurs ne précisent pas le jour, sauf toutefois l'auteur du ms. 4641B.

la place aux Pourceaux eust sa teste trenchée[4]. Et aussi en celle
empointe l'ost d'Engleterre ardi grant partie de la seneschaucie
de Yantonge[5] et des villes que feu mons. Charlez jadiz conte de
Valoiz, pere du roy de France, prist quant il fut en Gascoingne,
et de la ville de la Riolle, si comme l'en dist, grant partie abatirent.

289. — Aprez en cest an, iij[x] ou environ de Genevoiz, que le
roy de France fist entrer en mer, furent des Aingloiz ochiz[1].
Aprez, en Lescluse en Flandrez, le navire d'Engleterre mont
grant dommaige firent; et grant multitude d'Engloiz descendirent à terre[2], et fut l'assault grant, et y eust bien de Flamens,
si comme l'en dist, viij[c] ou environ de occiz; et prindrent le bastart de Flandrez, frere du conte de Flandrez[3], et aultrez chevaliers, que eux en Angleterre menerent. Et aprez, lez Angloiz qui
dedens le navire d'Engleterre estoient prindrent bien, si comme
l'en dist, xxiiij nefz chargées de vins et d'aultres denrées qui
venoient en France.

290. — En ycest an, entre Nostre-Dame-des-Champs et Paris[1]
fut fondé ung hospital de Saint-Jaquez, des freres du grant hospital Saint-Jacques-de-hault-pas d'Espaigne[2]; et acheterent les
terres et les vignes où le dist hospital est assis, et leur amorti le
roy. Et fut appellé cest nouvel hospital Saint-Jaques-de-hault-
pas[3].

---

4. Le même manuscrit fournit quelques renseignements supplémentaires
(f° 133 v° et f° 134 r°) : « Et depuis son corps et sa teste furent pendus au
gibet de Paris. Et fu pour ce qu'il dut estre traître le roy et qu'il avoit
la dicte ville de Paracol mise en la main des ennemis par les enseignes de
croix de croie (craie) et de charbon qu'il avoit deu faire par nuys aux
entrées des hostelz de ladicte ville. Et après sa mort, si comme l'en dit,
en fut il trouvé innocent; si fut despendu et emmené en son païs à grant
honneur. »

5. Saintonge.

289. — 1. Ce premier échec n'est pas relaté par les autres chroniqueurs.
— *Genevoiz*, Génois.

2. Il s'agit là de l'affaire de l'île de Cadsand, entre l'Ecluse et l'île de
Walcheren (le 10 novembre 1337, d'après Froissart, I, p. 132).

3. Guy, bâtard de Flandre (Voir Rymer, II, 4° partie, p. 74). Le
P. Anselme le dit fils (et non frère) du comte de Flandre, Louis dit de Crécy.

290. — 1. Ms. A : à Paris. — Ms. B : entre Paris et Notre-Dame-des-
Champs.

2. Lire : d'Italie.

3. Les termes de notre chronique nous paraissent confirmer entièrement

291. — En icest [an], vigille de feste saint Vincent[1], martir, au moys de janvier, premier jour de la lune[2], au Boiz-de-Vincennes, Charlez[3], filz de mons. Jehan de France duc de Normendie et de ma dame Bonne, sa fame, fille le conte de Lucembourc[4], fut nez.

292. — En ycest an, le mercredi devant la saint Climent[1], au Boiz-de-Vincennes, Jehanne la roynne de France eust une fille, qui eust nom Jehanne[2] en baptesme et mourut l'endemain ensuivant.

293. — En ycest an, la sepmaine peneuse[1], le filz[2] mons. Mille de Noiers, chevalier, conseiller du roy de France, ès parties d'Allemaigne, où il alloit pour jouster si comme l'en dist, fut pris.

[L'AN M. CCC. XXXVIII.]

294. — 'En l'an M. ccc. xxxviij[1], Nicholas Buchet, jadiz tresosier du roy de France, avec plusieurs gens d'armes dedens grant

---

l'opinion de Lebeuf, I, p. 247, et de Sauval, II, p. 364, d'après laquelle la fondation de l'hôpital de Saint-Jacques-du-Haut-Pas, dans le quartier de Notre-Dame-des-Champs, ne serait pas antérieure à 1337. Du Breul, p. 576, pensait le contraire; et, en effet, il existe des lettres de Charles le Bel, de mars 1332 (*Ordonnances*, VI, p. 32), par lesquelles il prend sous sa sauvegarde « la Maison-Dieu de l'hôpital de Saint-Jacques-du-Haut-Pas » (celui que notre paragraphe 290 appelle le *grant hospital*); mais, si cette maison était située à Paris, ce que n'indiquent pas les lettres, elle devait l'être dans un autre quartier.

291. — 1. Saint Vincent, le 22 janvier. — Ms. B : le jour de sainte Agnès (21 janvier).

2. Notre chroniqueur avait-il foi aux « vertus de la lune, » comme l'auteur du premier fragment que contient le ms. A (« Et des enffans qui naquissent en croissant dient les philosophes qu'ilz sont plus *saiges* et plus gracieux et plus *eureux* de bien avoir que ceulx qui naquissent en decours ») ? L'événement l'aurait confirmé dans sa croyance.

3. Charles, depuis Charles V le Sage.

4. Le roi de Bohême, comte de Luxembourg de son propre chef.

292. — 1. Saint Clément Ier, pape et martyr, le dimanche 23 novembre, ou saint Clément d'Alexandrie, docteur de l'église, le jeudi 4 décembre.

2. Cette Jeanne n'est pas mentionnée par le P. Anselme.

293. — 1. Du 5 au 11 avril 1338, n. st.

2. Miles VII dit le Bossu, fils aîné, ou Gaucher, fils puîné de Miles VI, seigneur de Noyers, maréchal, porte-oriflamme et grand-bouteiller de France (P. Anselme, VII, p. 649).

294. — 1. Pâques 1338, le 12 avril.

foison de nefz, si comme l'en dist, entrerent en aucunes islès de Normendie qui sont au roy d'Engleterre et en la conté de Cornouaille, sur le rivaige de la mer, et illec ardirent plusieurs villeites. Et pour ce que les ge[n]s du païs, quant ce apperchurent, s'assenblerent pour venir à eux, lors tantost le dist Nicholle et nos gens entrerent en leurs nefz et s'en vindrent par dechà en France[2]. Après ce, en ycest an, environ l'Ascencion[3] Nostre Seigneur, le dist Nichole Buchet, Hue Cole[4], et plusieurs aultrez, devant Calaiz ung port sus mer qui est au roy de France[5], yceluy Hue Cole et grant foison de nostre gent furent dez Aingloiz ochiz, et le dist Buchet et sa gent s'enfouirent incontinent.

295. — Environ[1] ce fait, le roy de France manda par plusieurs foiz par ses lettres et fist crier par le royaulme de France que chacun fût prest et apparellié avec luy à Amyens la cité, en armes et en chevaux, pour le royaulme et la couronne de France deffendre, au premier jour d'aoust, contre le roy[2] d'Engleterre qui luy avoit mandé qu'il estoit mieux roy de France que n'estoit celuy qui de France se disoit roy, c'est assavoir Philippe de Valoiz[3].

296. — Au temps que mons. Philippe de Valoiz fut recheu à estre roy de France par la succession de sa niepce[1], fille le roy Charlez de France, desrainnement mort, et estoient eschevins de

---

2. Voir *Chronique Normande du XIV° siècle*, p. 245, le Contin. de Nangis, II, p. 258, et le ms. U. 41 de Rouen, f° 121 et 122. Ces deux derniers rapportent une partie des faits à l'année 1337. Aucun d'eux ne mentionne l'expédition dans le comté de Cornouailles.

3. L'Ascension, le 21 mai 1338.

4. Nous n'avons trouvé ce personnage cité nulle part ailleurs. — En 1296, l'une des six nefs du port de Veulettes (Seine-Inférieure), qui étaient au service de Philippe le Bel, était commandée par Robert Cole (*Mémoires de l'Académie des inscriptions*, XXX, p. 398).

5. *Qui est.* On voit que notre chroniqueur écrivait avant 1347.

295. — 1. Ms. B : Environ l'Ascention.

2. Ms. A : *entre le roy.*

3. Édouard III était parti d'Angleterre le 16 juillet 1338. Sa lettre de défi avait été présentée à Philippe de Valois par l'évêque de Lincoln dès la Toussaint 1337 (Rymer, II, 4° partie, p. 28 et 192).

296. — 1. « Par la succession de sa niepce. » — Le mot *niepce* s'applique ici à une cousine de Philippe de Valois, sa nièce à la mode de Bretagne, dont le père, Charles le Bel, était cousin germain de Philippe VI. Quant à l'expression *par la succession*, il faut la traduire par *aux lieu et place* (Voir paragraphe 178).

Paris[2], et les quieux le rechurent à roy, Jehan La Pie, prevost des marchans de Paris, Guieffroy de Fleury, qui depuis fut tresorier[3], Guillaume Pisdoe-Boufart, Garnier de Tremblay, drappier, et Guillaume Coussac[4].

297. — Et en ycest an, fist le roy une grant taille sur tous les advocas et procureurs du royaulme, et qui oncques maiz ne fut que gens de conseil feussent taillez; de la quelle taille le roy eust grant somme de deniers. Aprez ce, fist le roy une aultre taille sur les Angloiz du royaulme, et fut ceste taille que le roy eust, de chacun Engloiz tenant feu, le tiers de ce que il avoit vaillant. Et juroient chacun sur sains combien ilz avoient vaillant aprez toutez debtez paiées, et se ilz avoient nulz enffans (et tout tel serment avoient fait lez dis advocas et procureurs). Et fut cest subside dez Engloiz fait sans eux emprisonner, xij ans aprez ce que le roy Charlez, son devancier, avoit lez Angloiz emprisonnez et en la moitié de ce que chacun avoit vaillant [taillez]. Et aussi tous lez riches hommes que l'en sçavoit par le royaulme avoient aussi presté au roy de France grant somme d'argent, l'un cent livres, l'autre ij[c], l'autre iiij[c], chacun selon son avenant, non obstant la maletoute qui par le royaulme couroit et qui otroié estoit de ceux de Paris et dez aultres bonnes villes du royaulme, c'est assavoir de iiij deniers pour livre. Et aussi en icest an, furent taillées toutes les petites villeitez du royaulme de France, et finerent chacune petite villeite [selon] son povair et faculté. Dez quellez taillez et subsidez le roy eust si grant somme d'argent que à paine la pourroit l'en nombrer; et les Angloiz, qui crestiens sont, encacha. Et aussi en cest an, eust le roy des lombars usurier trop grant somme de deniers. Toutez les quellez sommes de deniers tournerent tousjours à mal prouffit[1].

---

2. Ce paragraphe rétrospectif comble une lacune dans la liste des échevins et prévôts des marchands de Paris, ceux de l'année 1328 manquant dans l'*Hist. de l'hôtel de ville de Paris*, de M. Leroux de Lincy, 2ᵉ partie, p. 203.

3. Argentier de Philippe le Long en janvier 1317, n. st., anobli en 1320, trésorier de France en 1339 (Douët d'Arcq, *Comptes de l'argenterie des rois de France*, p. 73 à 76).

4. Le ms. porte bien Coussac. Mais d'autres documents citent des Parisiens du nom de Toussac.

297. — 1. Tout ce curieux paragraphe s'applique à des faits entièrement passés sous silence par le Continuateur de Nangis et par les *Grandes Chroniques*. Seule, la *Chronique française de G. de Nangis* fournit des ren-

298. — Avec ce, le mardi [1] aprez la saint Laurens, en ycest mesmes an, du commandement du roy, prist l'en en tous [2] lez hostieux des Angloiz toutez les armeures qu'ilz avoient, feussent espées ou cousteaux ou quelques aultrez armeures, pour ce, si comme le roy manda par ses lettres au prevost de Paris, que l'en luy avoit donné à entendre que lez Aingloiz s'efforchoient de jour en jour de acheter armeures [3].

299. — Et assembla le roy de France grant host de gentilz hommes, bien par ij fois ij [cu], sans gens de pié [1], à la quinzaine de la mi aoust, en la cité d'Amyens. Et pour ce que ceux de la cité de Paris n'allassent pas en l'ost, ilz paierent au roy une grande somme d'argent, et par marchié fait entre eux et le roy, et jusques à ung an d'illec ensuivant, que ilz ne seroient pas contrains de aller au dist ost [2].

seignements intéressants qui confirment ou complètent la *Chronique parisienne :* « Le roy de France, laissiés gens d'armes ès frontières, s'en retourna à Paris et donna congié à son host; et, pour ceste assemblée, il tailla moult durement son peuple, quar il leur fist paier subside au double du subside qu'ilz avoient paié l'an devant; et disoient les impositeurs que s'estoit pour l'arrere-ban que il avoit fait crier dès le commancement d'esté, combien que en vérité il ne peust estre dit arrère-ban, quar nul ost n'estoit alé devant. Et oultre telle taille commune, l'en fist faire à chascun du peuple monstrée en armes; si mettoit l'en sus aus riches hommes qu'ilz ne s'estoient pas monstré souffisamment; si convenoit qu'ilz finassent. Et en cest an le pape Benedic, qui lors estoit, octroïa au roy de France le x [e] de deux ans, par celle condicion qu'il ne demanderoit autre subside au clergié; mais la condicion ne fu pas gardée, car il y ot peu de clers, de quelque estat ou condicion qu'ilz feussent, qui ne convenist faire ayde d'autre part au roy; et aus propres clers de son parlement, de sa chambre des enquestes, des comptes, et aus chevaliers mesmes de son hostel demanda il que ilz luy prestassent leurs vaisselemens d'argent pour faire monnoye, les quiex le firent, et en fist grant coppie de monnoye; et puis avant que l'an passast, leur rendi l'argent que le marc avoit esté prisé; et empira continuelment sa monnoie, et fist divers florins. » (Fr. 17267, f° 130 r°, sous l'année 1338, mais le passage cité s'applique à plusieurs faits d'une date antérieure et que relate la *Chronique parisienne* en leur lieu.)

298. — 1. 11 août 1338.

2. Ms. A : prist et entra en tous.

3. Faits pareillement inédits.

299. — 1. *Exercitum quasi innumerabilem* (Contin. de Nangis, II, p. 160). — Faut-il lire : sans *les* gens de pié ? ou le chroniqueur a-t-il signalé ainsi la tendance qui amena Philippe de Valois et son fils à renoncer aux services de l'infanterie des communes ?

2. M. Siméon Luce (Froissart, I, CLXXXV) cite des lettres de Philippe de

300. — Et estoient lors lez cardinaux à Arras affin que les deux roys ne assemblassent [1]; car le roy d'Engleterre estoit lors à ost venu d'Engleterre en Haynnault. Et lors l'ost du roy de France, ainssi grant comme je vous diz, assemblé en la cité d'Amyens et environ, le roy de France, qui avec son grant host estoit en la dicte ville d'Amiens, par mont de conseux fist crier parmy iceluy host et par ban, le mardy aprez la feste Sainte-Croix [2] en septembre, l'an dessus dit mil ccc. xxx. huit, que chacun widast et s'en allast en son lieu, et que chacun se tînt garny d'armeures et de chevaux, et qu'ilz feussent tous prestz toutesfoiz que le roy les manderoit, et que lez chevaliers qui vouldroient demourer illec aux gaigez du roy, chacun airoit pour jour vj s., et chacun escuier iiij s.[3]; et ainssi se desraina l'ost, et s'en revint chacun en son repaire, à grans cousteemens, sans riens faire; lez quieux cousteemens, si comme l'en dist, au roy de France fraiz, montoient bien ij^{cm} lb. et plus. Et furent lors les gentilz hommes trop grevez.

301. — Et tantost [1] au commencement de l'ost, le roy d'Engleterre manda à nostre roy de France, ainssi comme l'en dist : « Dictez de par moy à Philippe le conte de Valoiz, d'Angou et du Maine, que tout vraiement, avant que je passe la mer, et je saiche bien certainement qu'il die en sa compagnie xx^{m} hommez d'armez, et je n'aye avec moy que vj^{m}, si me combattrai ge à luy en plain champ. »

302. — Aussy au commenchement de cest host, mons. Jehan de Haynnault, oncle du conte de Haynnault, connestable de l'ost au roy d'Engleterre, fist crier, par toute Haynnault et Hollende, que tous ceux qui aymoient mieux la partie de Philippe le conte de

---

Valois, suivant lesquelles les bourgeois de Paris s'engagèrent à fournir aide de 400 hommes de cheval, c'est-à-dire à en payer la dépense, « laquelle aide cesseroit se par aventure le commun alloit audit host, » mais ces lettres, données à Gisors, sont du 7 mai 1337.

300. — 1. Voir Contin. de Nangis, II, p. 157.

2. L'Exaltation de la sainte Croix, le lundi 14 septembre 1338.

3. Les chiffres ordinaires étaient 20 sous pour les chevaliers bannerets, 10 sous pour les chevaliers bacheliers, et 5 sous pour les écuyers (Documents originaux cités, pour 1294 et 1335, par Boutaric, *La France sous Philippe le Bel*, p. 372, et M. Hervieu, *Recherches sur les premiers états généraux*, p. 199).

301. — 1. Le contenu de ce paragraphe et des deux suivants paraît inédit.

Valoiz que le roy d'Engleterre, qu'ilz widassent tantost et sans delay.

303. — Et sachez que, en cest an M. CCC. xxxviij, crust bien petit de vin.

304. — En ycest an, la sepmaine de la saint Remy, trois nefz ou quatre [1] du roy d'Engleterre, où il avoit bien vij[c] hommez, furent des Genevoiz prins en soursault, sans ce qu'ilz s'en donnassent de garde et sans ce qu'ilz feussent armés; et furent desconfiz, et bien une grant quantité, qui dedens les dictes nefz estoient, se rendirent leurs vies saulves à Ycton Dore [2] [et] mons. Charlez des Germains [3], connestables des dictes gens, lez quieux connestables les livrerent à mons. Hue Queret [4], amiral de la mer de par le roy de France; le quel, tantost comme il les eust, faulsement leur fist à tous les testes coupper [5].

305. — Aprez ce [1], yceux Genevoiz à ung des pors d'Engleterre appellé Senrenhenton [2] en soursault arriverent, et les faubours ardirent, et la ville eussent arse se lez murs n'eussent ésté bons et fors quy y estoient; et se combatirent à ceux de la ville, et là fut ochiz ung des sergens d'armez du roy de France, appellé Bernart de la Massoure [3].

306. — Après ce, en ce comptens et en cest mesmes an M. CCC. xxxviij, fut le jour de Nouel au vendredi [1].

---

304. — 1. Il s'agit là sans doute de la prise des navires que le Continuateur de Nangis, II, p. 161, nomme *Christophora* et *Eduarda*, sans préciser la date du combat.

2. Ayton Doria, de Gênes (v. *Chronique normande du XIVe siècle*, p. 210).

3. Charles des Grimaux, Charles Grimaldi (*Actes Normands de la Chambre des comptes*, p. 228).

4. Hue ou Hugues Quiéret, seigneur de Tours-en-Vimeu, chevalier et amiraut du roi en 1336 (*Actes Normands*, p. 145).

5. Si le fait que notre chroniqueur impute à Hue Quiéret était exact, on s'expliquerait que ce dernier ait été égorgé de sang-froid par les Anglais, après s'être rendu, à la bataille de l'Écluse en 1340.

305. — 1. Froissart place le pillage de Southampton vers le 8 septembre 1337, mais le Contin. de Nangis et la *Chronique Normande* le datent aussi de 1338.

2. Southampton.

3. Bernard de la Massoure avait été chargé, en 1337, de « pourchasser avoir à Monègue (Monaco) vingt galées armées. » (*Chronique Normande*, p. 213. — Voir aussi *Actes Normands*, p. 223, 224 et 226.)

306. — 1. Ce fait s'était déjà présenté en 1321, 1327 et 1332, sans que le chroniqueur en fît la remarque. Ce paragraphe est une interpolation, et

307. — Aprez ce, grant multitude de Genevoiz qui, en l'esté desrainement passé [1], avoient gaigné ung chastel du roy d'Engleterre ès isles de Gernesy [2], et aloient conquerir l'autre chastel du roy d'Engleterre en une aultre isle, furent dez gens d'Engleterre decachez, tuez et detrenchez, et le chastel qu'ilz avoient gaignié en l'esté perdirent; et en la seigneurie et puissance du roy d'Engleterre fut par les Aingloiz remis arriere; et illeuc fut ochis ung des cappitaines dez diz Genevoiz appellé mons. Charles des Germains, chevalier [3].

308. — Après ce, pour ce que le roy d'Engleterre avoit fait faire sa semonce de gens d'armes à estre, le vendredi [1] devant Nouel, entre Mons et Bins [2] en Haynnault, le roy de France fist aussi sa semonce de gens d'armes, et envoya son frere à Tournay, Charles le conte d'Alenchon, et le roy de Navarre, avec grant foison de gens d'armes, et son filz mons. Jehan de France, duc de Normendie, aussy avec grant foison de gens d'armez à Peronne. Et pour ce que le roy d'Engleterre contremanda sa dicte semonse [et] se ravala dedens Allemaigne, l'ost et les gens d'armes qui estoient à Tournay et à Peronne le dist vendredi avant Nouel s'en revindrent, et s'en alla chacun à son repaire [3].

309. — En cest an mil ccc. xxxviij, furent mont grant foison de Genevoiz, qui estoient ès gallies comme soudoiers du roy de France, tuez et ochiz des Angloiz. Et en Gascoingne, bien xxiiij ou xxv, que chevaliers bannerès que escuiers [1], furent des Gascoings, prins et emprisonnez.

---

les mots « en ce comptens » devaient, dans le ms. original, être le début du paragraphe 307.

307. — 1. Voir le paragraphe 294.

2. Guernesey.

3. Un Charles de.Grimauls (Grimaldi) était encore au service de Philippe de Valois en 1342 (*Actes Normands*, p. 342). Peut-être y avait-il deux Grimaldi portant le même prénom. D'autres se nommaient Agamelon et Tade (*ibidem*, p. 226 et 219).

308. — 1. 18 décembre 1338.

2. Binche.

3. Voir Contin. de Nangis, II, p. 161.

309. — 1. Ms. A : que chevaliers que escuiers bannerès. — Ces faits, racontés d'une manière peu précise, semblent inédits.

[L'AN M. CCC. XXXIX.]

310. — ¹L'an mil ccc. xxxix ¹, au moys d'apvril, Blaives et
Bourc ², deux villes de Gascoingne, furent des gens du roy de
France par force prinses, et bien xij chevaliers ³ et xiiij escuiers,
qui dedens yceux villes estoient de par le roy d'Engleterre, se
rendirent, et furent amenez et emprisonnés, aucuns au Chastel
Anemaux ⁴, les aultrez au chastel de Mont le Hery, et les aultrez
au Temple à Paris, la sepmaine devant la Penthecouste ⁵.

311. — Et après ce, environ iij sepmaines ensuivant ¹, grant
multitude de Genevoiz qui conduissoient vins de Gascoingne et
d'Espaigne et de Mallaigres ² à arriver à Lescluse, environ
vj nefz chargées dez diz vins, furent des Angloiz aucuns des diz
vins prins et amenés en Angleterre, et le remenant des aultrez vins
furent perduz en mer; et les Genevoiz furent des Angloiz tuez;
et prindrent les Angloiz bien xj des galies aux diz Genevoiz, et
prindrent avec grant avoir de poix, que lez dis Ainglois prindrent
sur les vainturiés ³ de Mallaigres, les quieux vainturiers avoient
chargé le dist avoir en leurs nefz à Lescluse et le voulloient mener
au royaulme de Maillogrez.

312. — Aprez ce, en ce mesmes an, le mercredi vij jours au
moys de juillet, environ heure de nonne ¹, fut l'esclipse de solleil,
en telle magniere que le solleil se fendi parmy; et sembloit que
ce feussent deux croissans, l'ung d'une part de la fente et l'autre
de l'autre, et dedens la fente avoit grant obscurté très grandement
noire.

---

310. — 1. Pâques 1339, le 28 mars.

2. Blaye et Bourg-sur-Gironde (Gironde). Ces deux villes furent prises
les 18 et 22 avril 1339. Les *Grandes Chroniques* ne précisent pas le mois.

3. Le Contin. de Nangis cite le seigneur de Caumont et le frère du seigneur de Labret (d'Albret).

4. Nom défiguré par les copistes. Il faut lire probablement « au chastel
à Nemoux » (Nemours en Gâtinois, où furent emprisonnés aussi les enfants
de Robert d'Artois; *Grandes Chroniques*, col. 1311).

5. La Pentecôte, le 16 mai (Voy. P. Anselme, VII, p. 745).

311. — 1. Vers le 10 juin.

2. *Mallaigres, Maillogrez*, Majorque.

3. Voituriers par eau.

312. — 1. L'*Art de vérifier les dates* indique cette éclipse comme cen-
trale et comme ayant eu lieu à une heure après midi.

313. — Après en ycest an, le mardi[1] aprez la feste saint Jasques et saint Cristofle, au moys de juillet, au Boiz-de-Vincennes fut né Loys[2] le segond filz de mons. Jehan de France duc de Normendie.

314. — *En cest an, environ la feste de la Nativité saint Jehan-Baptiste, fut assise Bordeaux-sur-Gironde[1], la maitresse cité de Gascoingne, et y fut le siege environ iij sepmaines. Et à cest siege avoit c[x] hommes, que de pié que de cheval; et y estoit mons. Pierres de Bourbon, chevalier, filz ainsné au duc de Bourbon Louys, le daulphin de Vienne[2], le conte d'Armignac, le conte de Savoye, mons. Jehan de Marigny, evesque de Beauveiz, l'archevesque d'Aux[3], toute la commune de Thoulouse, et tout le povair du roy de France de Languedoc, sans rien excepter que l'en povait avoir pour or [et] pour argent. Et pour ce qu'ilz mouroient de fain, ne n'avoient que mengier ne que boire ne ne povaient avoir, se leva à grant deshonneur cest siege, et s'en alla chacun en son lieu et en son repaire. Et ceux de la cité estoient bien garniz et bien hourdés. Et estoient bien dedens la cité, si comme l'en dist, que de pié que de cheval, bien xxx[u] hommes.

---

313. — 1. 27 juillet, — le 23 d'après le P. Anselme, I, p. 226.

2. Ms. A : Charlez. — Ms. B : Loys. Ce dernier ms. ajoute : lequel ij[e] fut duc d'Anjou. (Il le fut, en effet, en 1356.) — Adopté depuis par Jeanne Ire, reine de Naples et de Sicile, il fut couronné roi en 1382.

314. — 1. Ce siège est rappelé par M. Henri Martin, dans son *Histoire de France;* mais il n'est mentionné dans aucune chronique imprimée ou manuscrite que nous connaissons.

2. Humbert II, successeur de Guigues VIII, son frère. Ce fut lui qui céda le Dauphiné au roi de France en 1343 et 1344.

3. Guillaume de Flavacourt, archevêque d'Auch.

TABLE GÉNÉRALE ANALYTIQUE.

Les chiffres romains désignent les paragraphes de la *Première partie*, les chiffres arabes les paragraphes de la *Deuxième partie*, et les chiffres supérieurs les notes. — Quand un ou plusieurs chiffres supérieurs, suivant un nombre, n'en sont pas séparés par une virgule (94 [1], 123 [2,3]), ils renvoient uniquement aux notes du paragraphe désigné; quand la virgule existe (63, [4], 181, [3-8-9]), il y a renvoi au texte du paragraphe comme aux notes.

ERRATA.

Page 3, lignes 23 et 24. — Lisez : Saint-*Denis.*

Page 7, ligne 28. — Lisez : *du* Lendit.

Page 11, note 2. — La dernière phrase n'est pas de l'éditeur.

Page 14, 1ʳᵉ ligne des notes. — Lisez : *des* Carmes.

Page 20, ligne 22. — Lisez : *deꝫ ourmeꝫ.*

Page 29, ligne 10. — Lisez : *jenne.*

— ligne 19. — Lisez : *sen* (sens) devant.

Page 31, ligne 8. — Lisez : *jenne.*

— ligne 11. — Lisez : *Piquegny.*

Page 47, note 8. — Lisez : Voir paragraphes *3 et 11.*

Page 59, ligne 28. — Lisez : *Sainte-Aldegonde.*

Page 103, note 5. — Lisez : *Hippolyte.*

Page 108, ligne 4 des notes. — Lisez : *170.*

Page 124, dernière ligne des notes. — Lisez : (l'oie *ou* l'œuf) ?

Page 133, 1ʳᵉ ligne. — Lisez : avec la bonne, *la quelle* chose.

Page 158, ligne 14. — Lisez : de nulles gens [*se non de ceux*] que.

Page 167, ligne 14. — Lisez : le [*troisiesme*] dimence.

— note 5 du paragraphe 275. — Lisez : *troisième* dimanche.

www.ingramcontent.com/pod-product-compliance
Lightning Source LLC
Chambersburg PA
CBHW070609100426
42744CB00006B/436